中华剑道

主 编 张 波 李培金

天津大学出版社
TIANJIN UNIVERSITY PRESS

图书在版编目（CIP）数据
中华剑道 / 张波，李培金主编. -- 天津 : 天津大学出版社，2025. 4. -- ISBN 978-7-5618-7969-6
Ⅰ. G852.24
中国国家版本馆CIP数据核字第2025YU5047号

出版发行	天津大学出版社
地　　址	天津市卫津路92号天津大学内（邮编：300072）
电　　话	发行部：022-27403647
网　　址	www.tjupress.com.cn
印　　刷	廊坊市海涛印刷有限公司
经　　销	全国各地新华书店
开　　本	787mm×1092mm　1/16
印　　张	13.5
字　　数	235千
版　　次	2025年4月第1版
印　　次	2025年4月第1次
定　　价	56.00元

编委会

顾　问　马廉祯

主　编　张　波　李培金

副主编　李轩轩　栾彦茹　吴魏魏

编　委　平少康　刘红军　董逢威　黄银伟

李　斌　冯进勇　阮文翩　陈海东

冯香红　景　雪　虞泽民　申　可

剑指强健人生，武蕴文化自信

——《中华剑道》序

马廉祯

欣闻李培金老师新作《中华剑道》即将出版，倍感振奋！这部作品凝聚了作者的多年心血和实践经验，是对中国传统武术剑术及其相关历史文化脉络的一次全面梳理，更是一套系统、规范、实用的教学体系。它的出版，又恰逢中华民族伟大复兴和传统文化复兴的时代浪潮，可谓意义深远。

近年来，中国武术的发展现状令人忧虑。套路表演的盛行，使武术原本的竞技价值被严重忽视，“武”的本质逐渐消散，甚至沦为花拳绣腿式的表演。社会大众对武术的认知也多被影视作品中的虚构形象所扭曲，飞檐走壁、刀枪不入的神功，这些都与真实的武术相去甚远，也让武术的文化价值被严重低估。中国武术正处在十字路口，急需一次拨乱反正的变革。正是在这种背景下，李培金老师以其对中华剑道的热爱和执着，撰写了这本教程。他回归武术的本源，强调实战对抗，并试图将中华剑道重新纳入现代体育竞技体系之中，使其焕发新的活力。

书中所称“中华剑道”，实质上即为武术短兵，只是在名称上有所调整。之所以选择“中华剑道”而非沿用“武术短兵”的旧称，是基于以下几方面的考虑。

首先，“剑道”二字更能体现这项运动的文化内涵和精神追求。“剑”在中国文化中并非仅仅指兵器，更象征着一种君子之风、侠义精神，而“道”则代表着一种规律、方法和境界。“中华剑道”这一名称更强调其文化属性和哲学意蕴，使其不仅仅是一项体育运动，更是一种修身养性、传承文化的方式。其次，“中华剑道”有助于更好地与西洋击剑和日本剑道进行区分。“武术短兵”的称谓容易让人误解为是西洋击剑或日本剑道的分支，“中华剑道”则突出了其中国特色和独立性，避免了混淆和误解。最后，“中华剑道”更具时代感和传播力。相较于“武术短兵”这一略显传统的称谓，“中华剑道”更简洁、更响亮，更易于被大众接受和传播，也更符合当代社会对传统文化复兴的期待。

总而言之，选择“中华剑道”这一名称，并非是对“武术短兵”的否定，而是希望在传承其技艺精髓的同时，更赋予其新的时代内涵和文化价值，使其能够更好地融入现代社会，并在更广阔的舞台上绽放光彩。

本书共分为五章，循序渐进，层层深入。第一章“理论知识篇”，梳理了中华剑道的历史发展脉络，并对“剑”“短兵”等核心概念进行了辨析，阐明了中华剑道的文化渊源和独特魅力。第二章“基本技法篇”，详细讲解了中华剑道的基本步法、持握方法、击打技术、防守技巧和攻防战术，并配以大量图片和视频资料，力求清晰直观，易于理解和掌握。第三章“教学实践篇”，结合作者多年的教学经验，对中华剑道的教学目标、内容、方法和原则进行了深入探讨，并提供了一套完整的教学大纲和教学设计，为广大剑道爱好者和教练员提供了宝贵的参考。第四章“训练提高篇”，则从实战对抗的角度出发，对中华剑道的训练方法和策略进行了深入分析，包括身体素质训练、技术动作训练、战术策略训练和心理素质训练等，旨在全面提升运动员的实战能力。第五章“竞赛实践篇”，对中华剑道的竞赛规则、段位等级设置等进行了详细介绍，并提供了一套完整的题库和答案，方便读者自测和复习。

诚然，武术短兵的发展并非一帆风顺，近代以来，由于种种原因，它一度沉寂，几近失传。直至改革开放之后，才在马贤达、马明达等先生的努力下，重新焕发出新的生机。如今，随着全民健身的兴起和传统文化的复兴，武术短兵正迎来新的发展机遇，我们要抓住机遇，乘势而上，让这门古老的武艺在新的时代绽放出更加绚烂的光彩。

培金是我的弟子，这是一个非常努力的年轻人。他自幼习武，刻苦钻研传统武术，勤奋不辍，技艺精湛，在同龄人中脱颖而出。更难能可贵的是，他对中国传统武术的热爱并非流于表面，而是深入探究其文化内涵和精神价值，致力于挖掘和整理散落在民间的武术瑰宝。近些年，他积极参与中国传统武术和传统射箭的社会实践，身体力行地推广中华武艺文化，做了大量工作，展现出一名青年人对传承和弘扬中华优秀传统文化的责任感与使命感。

本书的出版，旨在为广大中华剑道爱好者和研究者提供一本实用、翔实、深入的参考书，同时也希望能够借此机会，抛砖引玉，引发更多人对中华武术的关注和思考，共同推动中华武艺的传承与发展，为增强中华民族的文化自信贡献一份力量！

前　　言

刀剑的发展，历史悠久，源远流长。在中华五千年的文明历程中，刀剑扮演了战争、祭祀、健身、娱乐等多重角色。《汉书·艺文志》中的《剑道》三十八篇记录了剑技及相关理论，《庄子·说剑》则对剑技理论进行了详尽且精妙的阐述，同时明确了斗剑娱乐与剑术教学、实践的形式，称之为“剑道”与“说剑”。司马迁在《史记》中亦对剑的大道进行了记载，明确了武学四德的内涵与意义。自古以来，中华剑道运动便独具“以杖代剑”的竞技形式，因此，自民国时期至今，亦称为短兵运动。作为中国式击剑，中华剑道兼武融文，汲取了健公书院新一代武学教育理念和马氏通备武学的技战术训练技巧，构建了集修身养性、礼仪教育、武德培养、身心合一、智慧与技巧、传承与创新于一体的综合教育体系。改革开放后，在中华剑道经历了长时间的沉寂后，以温敬铭、马贤达、马明达等为代表的人物，致力于恢复中国传统武术的兵器格斗项目，并在高校中持续推动，使得中华剑道在辉煌而悠久的武学传统中独树一帜，以其独特的风格和内涵深受世人热爱。

自2018年以来，在以马廉祯教授为代表的健公书院创始人的器材赞助和技术指导下，我们开设课程，指导训练，开展学术研究，举办培训，繁忙之中充满了喜悦。这也激发了我们对中华剑道项目的发展热情。在此过程中，本教程亦得到了志同道合之人的帮助与鼓励，以及对技术规则活动的不断探索与创新发展。

本教程以马廉祯教授主编的《中国短兵教程》为参照，立足于现代化武学转型与创新，以中西兵器格斗交融碰撞所衍生出的技术整合为根基，从教学实践出发，依据《单刀法选》《武备志》《纪效新书》《剑经》等武学经典，以传承并弘扬中华本土剑道文化为己任，旨在为广大中华剑道爱好者提供一套系统且深入的学习指导。本教程通过对中华剑道理论知识、基本技法、基础教学、训练提升、实战战术及竞赛实践等多方面的深入探讨，使读者得以领略中华剑道的独特魅力与深邃智慧，继承千年武道传统，追寻中华刀剑对抗的传说与奇迹。同时，本教程在传统国术短兵教学的基础上，进行了一系列创新。

首章理论知识篇“以剑为源”，旨在追溯中华剑道发展脉络，使读者深入理解其起源、发展与演进。同时，对中华剑道概念进行深度诠释，凸显其独特文化内涵与时代价值，系全面展现中华剑道的传承与创新之作。其次，本教程从教学角度深入探讨，突破传统技术教学束缚，强调中华剑道教学不仅局限于技术传授，更包含深层次理解与趣味性体验。通过教学方法的创新，激发学习者的思考与创造力，使习练者在中华剑道中收获丰富的心灵体验。最后，中华剑道源远流长，其融合中华文明而博大精深。自古以来，自战争武技至修身练心，剑在中国武术演变中举足轻重。本教程通过深入挖掘历史文化，不仅传授技术本源，更使每位练习者在中华剑道道路上领悟传统文化内涵。这种深刻理解将助力培养学习者的全面视角，使其在中华剑道修行中收获深远体验与成果。

在第二章的基本技法篇中，本教程对中华剑道进行了系统的分类，延续了“击、刺、格、洗”四大体系，并强调这些基本技法之间的关联与相辅相成之关系。这种创新的分类方式有助于习练者更深入地理解中华剑道的本质，提升其技术水平。中华剑道的基本技术是学习者迈向高级层次的基石。本教程通过对基本技术的系统分析和详尽讲解，为初学者提供了一条清晰、易懂的学习路径，同时为已有基础者提供了更深层次的指导。本教程着重强调身体与武器的协调，动作的流畅与灵活，使读者在掌握基本技术的同时，能够体验到中华剑道独特的审美价值。通过对礼仪、姿势、步法、节奏、击刺格洗技术、竞赛、规则等方面的讲解，本教程揭示了中华剑道中蕴含的深邃而宝贵的技术精髓。这些技法的细致解析不仅有助于学习者掌握动作要领，还加深了他们对中华剑道技术的理解和运用，为他们修行中华剑道打下了坚实的基础。

第三章的教学实践篇中，本教程不仅强调了硬件保障和基本规范，还将现代教学理念融入其中。通过明确目标定位、选取科学内容以及灵活的教学方法，本教程致力于构建一套既符合传统教学要求，又能满足现代习练者需求的教学体系。在教学实践方面，本教程力求创新与拓展。利用现代信息技术，通过多媒体手段为学习者提供直观、生动的示范和讲解。通过线上线下相结合的方式，试图打破传统教学的时空限制，使学习者能够更加灵活地安排学习时间。同时，本教程强调以习练者为中心的教学理念，以激发习练者的兴趣和主动性。通过引导习练者在实践中不断提高技术水平培养个人素质。这种综合性的教学方法旨在为学习者提供更具深度和广度的学习体验，使其在中华剑道的修行中获得更为全面的发展。

第四章的训练提高篇在理论剖析、规律探讨和训练方法等方面展开了深度探讨。特别值得注意的是，在训练计划制定方面，本教程强调了周期划分与集训示范，为学习者提供了更为科学、合理的训练计划。通过详尽的理论分析，教程深入挖掘了训练的规律性，使学习者能够全面理解技能培养的过程。在制定训练计划时，教程注重周期划分，以确保训练有序进行，实现优良效果。同时，教程通过提供集训示范，将抽象理论具体化，便于学习者将知识应用于实际训练。这不仅有助于他们更好地理解理论，也为实际操作提供了引导。本章还针对实战战术进行了深入剖析，为习练者提供了更为灵活和实用的战术方法。综合来看，第四章旨在通过深入的理论剖析和科学合理的训练计划，为学习者提供系统、有效的培训，以提升技能水平。

第五章竞赛实践篇重点关注竞赛实践环节操作，将其视为衡量中华剑道技艺的关键环节。内容包括竞赛组织、段位及级位的评定、等级考核等，同时为学习者提供提升自身水平的宝贵机会。竞赛实践篇充分展示了中华剑道在实际应用中的价值。在竞赛组织方面，本教程秉持“信、廉、仁、勇”的理念，构建了“艺体兼修”“德礼并重”的竞技体系。此体系不仅关注技术水平，更强调运动员的道德修养。通过对抗实践与裁判相互学习，教程实现了共同进步，形成了团队协作的理念。同时，本教程倡导多元思维的教学模式，为中华剑道竞技的发展注入了新的活力。

本教程在编写过程中，得到了马廉祯等专家前辈的悉心指导与支持，在此表示由衷的感谢。编者在参加中国大学生长短兵教练员培训及健公书院教练员培训期间，受益良多，并将所学应用于教材第二章内容的修订。本教程的资料整理，得到栾彦茹、平少康、刘诺蕾、赵诗睿等人的鼎力相助。国术短兵俱乐部汇聚了热衷于中华剑道的各专业优秀学生，第二章动作示范由李培金、吴魏魏等完成，体能部分示范与动作描述则由李轩轩、田颖等负责。本教程图片由徐浩程、张函悦、刘晓琳等拍摄整理，特别感谢国术短兵俱乐部同学们在插图拍摄与排版方面付出的辛勤努力。需要特别说明的是，教程中的部分片源于网络，且无法与作者取得联系，在此表示歉意并敬请相关图片作者与本书作者联系，以商量版权事宜。本教程系上海对外经贸大学精品校本教材、上海市教育科研项目（C2023106）“文化自信引领下中华传统体育德育价值探索与传承研究”阶段性成果之一，并得到学校线上线下混合式课程与课程思政教育教学改革项目的资助出版。尽管本教程编写时间紧张，但编者力求精益求精。因水平所限，书中难免存在疏漏，恳请广大读者批评指正。

目　录

第一章　理论知识篇

第一节　剑道纵观

一、概念诠释

民国学者唐豪在《中国武艺图籍考》中曾说："其所以名为剑者，盖中国古以剑为重。"向恺然则进一步注曰："俞虚江所著《剑经》，以棍为基，而通其法于各器。其以'剑经'名篇者，盖以剑为诸器之祖，而兹篇棍法之所自出也。"可以看出，剑是古代中国最看重的冷兵器，是万兵之祖，万兵之首。作为最被看重的冷兵器，"剑"的概念是随着历史的发展不断变迁、丰富的。首先是从原始社会的狩猎工具发展为奴隶社会的防身兵器。汉唐时代，剑被寄托以传统道义，剑从"器具而已"发展为佩剑者的地位象征，乃至中华民族的精神象征，同时代，剑道大盛剑文化出现。到了明代，剑和剑法被军事家们广泛运用于战争中。明茅元仪的《武备志》有云"古之言兵，必言剑"，剑乃兵之代称。明代抗倭名将俞大猷则称习棍"如读《四书》"，并云"若能棍，则各利器之法从此得矣"。这一点在别人的论著中也有相同表述。明代少林弟子程宗猷则将棍称为"艺中魁首"，"凡武备众器，非无妙用，但身手足法，多不外乎棍"。由此可见，剑及作为剑法源头的棍法在军事家们心中的重要地位。

在涉猎中国剑术格斗技艺、探究其丰富文化内涵之前，首先需了解何为中华剑道。首先，我们需要了解"剑"这一概念随着历史变迁而不断丰富与演变。最初，剑是从原始社会的狩猎工具逐渐演变为奴隶社会的防身兵器。在汉唐时期，剑被赋予了传统道义的内涵，从简单的"器具"升华为地位的象征，乃至成为中华民族的精神象征。与此同时，剑道盛行，剑文化应运而生。

"剑，检也，所以防检非常也。"如《释名》中所说，剑是奴隶社会最主要的卫体兵器。两汉时代，随着斗剑之风流行，剑术和剑技开始繁荣发展，剑文化的内容也不断丰富。不过，这一时期的剑文化基本上是"实学"，是从剑的制作、实用、娱情、品赏等实践经验中提升出来的真实可信的学问和理念。《吕氏春秋·剑伎》云，剑伎乃"持短入长，倏忽纵横之术也"，《汉书·艺文志》所载《剑道》三十八篇曾记录剑技与相关理论，《庄子·说剑》也详细、精妙地记载了剑技理论，明确了斗剑取乐与剑术的教学、实践形式叫作"剑道"与"说剑"。春秋战国时代，剑士们有以"杖"代剑比试高低的记载。在著名的越女与猿公比剑的故事里，二人就是以竹杖代剑；曹丕、邓展有以甘蔗代剑的实例。古人所谓“击剑”，其实就是剑的竞技运动，是一种有条件的友好的剑技较量。两汉以前，古人就有了“说剑”“击剑”“舞剑”“论剑”“相剑”等说法，这些词语各有所指，都有特定的含义。两汉以后，由于战阵中骑兵作用明显，剑的挥砍消耗较大，不如厚背薄刃的刀，剑作为“短兵”战阵杀敌的军事地位便转给了刀。但是剑作为“君子武备，所以卫身”，习练剑术依然很普遍。隋唐以后，习剑渐趋衰落，被以舞练为主的剑术套路所替代。宋代郭茂倩《乐府诗集·短兵篇（剑俞第二）》云：“剑为短兵，其势险危。疾逾飞电，回旋应规。”元代，在禁武令的打击下，剑道的发展跌入谷底，后又于明代重新焕发生机，进入一个小高潮。明代出现大量类似于《单刀法选》《剑经》《武编》等的短器械技术与理论著作。到了清代末期，热武器从欧洲传入，逐渐替代了刀剑在战争、防卫中的重要作用，剑术、剑道乃至剑文化便逐渐没落了。近代以来，不断有有识之士致力于复兴剑道，吾辈著此书，亦是追寻先贤脚步，继往开来，意欲将中华剑道发扬光大，走向国际，走入人心。

那么，什么又是短兵呢？首先，我们要知道，“短兵”和“剑”并非完全独立的两个概念。《道德经》中有言：“短兵有刀剑匕首之异，皆所以御敌制胜也。”意思是短兵虽然有刀、剑和匕首在形制上的差异，但都是为了御敌制胜（的武器）。由此，我们可以得知，剑是包含在“短兵”这个概念之中的，二者是联系紧密的枝干关系。通过查阅古籍，我们可以得知，“短兵”一词最早出现在战国时期《商君书·境内》篇。《左传·襄公二十三年》载：“鞅用剑以帅卒。”注：“用剑，短兵接敌，欲致死。”这是一种“两两相当”的器械格斗形式。《史记·匈奴列传》中，“其长兵则弓矢，短兵则刀铤”，再次出现“短兵”一词，这是对兵器格斗的划分界定，两种含义皆说明“短兵”基本含义。明代戚继光还在其《纪效新书》中单独划分出“长兵短用说篇”以及“短兵长用说篇”。“短兵”一词能在历史长河中留存下来，其无可代替的价值定位与意义可见一斑。由于短兵有刀剑同体的特点，现今对短兵的定义就是所有短兵器的统称。值得注意的是，中国短兵与西洋击剑和日本剑道有明显的不同，因此，“短兵”并非西洋击剑的衍生，也不是日本剑道的变种，而是中华剑道的沧海遗珠。

二、剑道特色

作为中华民族的瑰宝，中华剑道历史悠久，在漫长的发展史中生长为一朵傲然的奇葩。无论是与类似的运动项目相比，还是从运动的益智性、普适性来看，中华剑道都具有不可复制、不可替代的独特性。

将中华剑道与类似的运动项目，如欧洲击剑和日本剑道做对比，我们可以发现，虽然中华剑道与后二者有共同点，如使用的器具都是长约一米的剑型兵器，但作为中华民族独有的剑术流派，中华剑道有着独特的器械、护具、技巧乃至精神特点。首先，从器具和护具上看，中华剑道使用的器具是有柔软海绵包裹的韧性钢条，与中华文化崇尚的外柔内刚不谋而合。使用这样的器具，中华剑道运动员便无须像欧洲击剑运动员（其使用全钢制兵器）或日本剑道运动员（其使用竹子质地的坚硬武器）一样佩戴全套沉重的护具。相对来说，中华剑道的器材和护具制作简便，对制作材料要求不高，场地要求也较低，具有广泛传播的潜力。其次，中华剑道的实战技巧、文化底蕴和其剑道精神也具有独特的魅力。由于中华剑道使用的武器杀伤力小，所以在对抗中击打禁忌部位少，运动员可发挥余地大；又因运动员佩戴的护具少，其在对抗中可以展现灵活的身姿。在诸多优良条件的共同作用下，中华剑道发展出了丰富多样的技巧，仅步伐一项便多达十余种，如前进步、弓步、提步等。中华剑道精神一直是传统武术独具魅力的重要因素之一。中华剑道精神讲究内外合一，身心合一。于内于心，讲究沉稳机智；于外于身，则注重力量与技巧的结合，以攻为守，以守为攻，最终达到人剑合一的境界。

在探究运动的智育价值方面，中华剑道运动展现出了其独特之处。在此运动中，力量并非决定性因素，战斗策略的运用对于胜负起着关键作用。参与兵器格斗的运动员需灵活运用多样技巧，依据形势制定策略，不断审视对手，反思自我，才有可能在高手对决中脱颖而出。由此可见，此运动与象棋、围棋等竞技项目一样，具有极高的决策智慧锻炼价值。

此外，正如前文所述，由于中华剑道器具的杀伤力较低，护具佩戴简单，场地要求宽松，因此，这一运动极易推广普及。无论男女老少，皆可参与其中；无论是豪华体育馆还是简易水泥地，只要地势平坦且开阔，均可作为运动场地。中华剑道与中国其他对抗性运动不同的是，在格斗中，一旦一方运动员击中对手，回合即刻结束，双方退后重新开始，这降低了初学者的恐惧感，是一项适合作为儿童体育和智育教育的运动项目。

第二节　历史渊源

一、剑道缘起

中华剑道之根本，在于刀剑。《黄帝本纪》记载："帝采首山之铜铸剑，以天文古字铭之。"此言证实，剑之起源可追溯到轩辕黄帝时期。当时，剑仅为人类狩猎及自卫之工具，尚未确立其武器的身份地位。

至春秋战国时期，刀剑作为武器之起源与发展逐渐显现。公元前 5 世纪，兵家代表人物孙子针对我国武术器械对抗提出理论阐述，为后世武术器械发展奠定基础，亦确立其在历史舞台之重要地位。而"短兵"一词，源于战国时期楚国诗人屈原《九歌》之中。"操吴戈兮被犀甲，车错毂兮短兵接。"此"短兵"，即古代器械对抗所用兵器。

作为我国古代兵械家族中最重要的成员之一，剑是我国武术的代表和象征。相传，剑的起源没有戟、戈、酋矛、夷矛、殳等五兵早，但剑在此后的发展中备受兵家、武艺家的重视，从而一跃成为中华文化中最具代表性的兵器和中华武术的象征，武术中常有以剑概武、以武代剑的现象。《汉书·艺文志》中曾收录《手搏》篇和《剑道》三十六篇二书名，被列为"兵技巧类"。关于"兵技巧"，班固说道："技巧者，习手足，便器械，积机关，以立攻守之胜者也。"此二书极可能是汉人对先秦以来手搏之技和剑法理论的集萃。自此以后，剑学也逐渐成为中华古老武术项目中的一门专学。从西周至东周再到两汉时期，剑的创制形式已是多种多样，有长剑、短剑；内容上亦有"说剑""论剑""相剑""击剑""剑道"；技法上有"斩剑""辟剑""击剑""遥击""斗剑""刺剑"等，方式方法多种多样。

二、剑道发展

历经春秋战国之前的“萌芽”阶段，中华剑道自秦汉时期开始迅速发展，直至大唐盛世达到巅峰。在这一过程中，剑从普通的战争与自卫武器逐渐演变成一种技艺，一种重要的体育活动，一种身份地位的象征，乃至一种历史悠久、博大精深的文化，即剑文化。

从西周初期的虎贲之士说剑，至春秋战国时期剑文化的崛起，民众对剑的尊崇在秦汉之际迅速提升，直至太史公司马迁将论剑提升至与道相契合的高度，这种尊崇达到了一个顶峰。司马迁言：“非信、廉、仁、勇，不能传兵论剑，与道同符，内可治身，外可应变，君子比德焉。”太史公认为，论剑乃一门内可治身，外可应变的大学问。这便揭示了汉代以前，剑术被誉为剑道的缘由。剑道所指早已超越了剑在临战时的击刺效用，而是强调剑所代表的人文精神以及剑独特的文化内蕴和社会教化功能。《礼记·乐记》中记载的虎贲之士说剑，据马明达教授研究，西周初期的短剑主要装备给被称为虎贲的战士。虎贲以勇猛善跑著称，是一类极度推崇个人骑勇的技术兵种，堪称现代军事概念中的“敢死队”。从字面意义来看，鉴于论剑之相通，虎贲说剑可以理解为探讨剑理、阐释剑法。

据《庄子·说剑》中记载，当时不仅有大量依附于贵族、官僚为生的剑士，还有专业传授剑法为业的武术家。东汉赵晔《吴越春秋》也描述了一位精通“剑术”的越女论剑之道。越女还曾当场表演“一人当百，百人当万”的击剑技艺。《越女论剑》中所记载的中国历史上最早的一位民间剑客，时称越女，她不仅酷爱击剑，有一身技艺高超的剑法，还有一套完整的击剑理论。越女进行剑术的传授与讲解的传说，在一定程度上反映了古代越人擅用剑和习剑。越女曾向越王勾践侃侃而谈的剑道，不但流传世代，还被后世剑术家视为剑术理论。这样渐趋盛行起来的以剑为竞技形式的击剑，不仅使剑的军事武术地位提升，还让剑受到“剑家”“剑士”“侠客”以及文人墨士的青睐。因此，长剑成为主要的短兵器，这个时候击剑、斗剑之风很是盛行，短兵已形成了一种技击体系。

汉代之后，出现了对抗性的斗剑，像司马相如、东方朔等人，年少时都好习学剑术，此即现在的中华剑道最早的表现形式。曹丕《典论·自叙》中有如是描述：“余又学击剑，阅师多矣，四方之法各异，唯京师为善。”（《三国志·魏书·文帝纪》裴松之注引）当时比武斗剑的兴盛由此可见一斑。河南郑州曾出土汉代描绘击剑场景的砖画图（见图 1-2-2-1）。

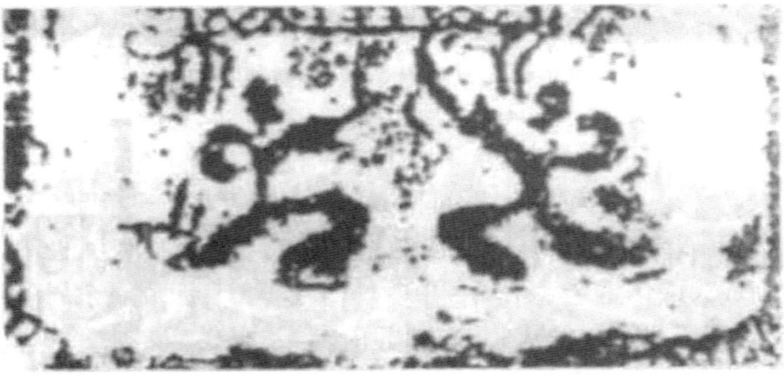

图 1-2-2-1 河南郑州出土的汉画像砖《击剑图》

西汉时环首刀兴起，剑逐渐退出战争舞台。东汉之后，剑则主要成为一种配饰，或是用以表现尊贵的身份和地位。根据《隋书·礼仪志》载："一品，玉具剑，佩山玄玉。二品，金装剑，佩水苍玉。三品及开国子男，五等散品名号侯虽四、五品，并银装剑，佩水苍玉。侍中已下，通直郎已上，陪位则像剑……"

汉代，剑在军事上的功用逐趋削减，刀成为对敌杀伐的主要武器。近人周纬所著《中国兵器史稿》中有"重刀之习，起于汉代"的提法，正点明了汉代重刀的情况。不过，以剑为主的习武之风在民间并没有停止。在河南郑州出土的汉朝画像石刻上两人击剑的场面，便佐证了汉代刀剑习武之风的流行。由于资料的缺佚，目前尚难对汉魏时期的刀法技艺进行具体描述。但按照一般理论推测，厚背薄刃的刀取代双刃的剑，象征着短兵实战技艺进一步向"砍劈"的方向偏重。因为在骑兵快速冲驰下，士兵掌握"砍劈"的技术显然要比掌握"推刺"的技术来得实用有效，同时也大大提高了兵械的使用寿命。到了三国时期，剑器发展成为人们宴会上表演和战场上搏斗的工具，且学剑者间，往往会相互交流剑道，可称之为"论剑"。

两晋南北朝时期，出现了三种剑文化现象。首先，剑被视为格斗武器。其次，剑被赋予朝仪礼器的意义。第三，剑成为道教法器。自唐代起，剑不仅是一种文化象征，而且逐渐演变为身份和权力的象征。至明代，戚继光在《练兵实纪杂集》中对刀剑技术进行提升，从而使短兵技术得到正式发展。

另外，唐代时期，剑术与道教相结合，剑作为法器用于斩妖除魔，被诠释为驱邪降妖的工具，成为实施法术的载体。同时，剑的主要功能逐渐由兵器转变为礼器和法器。在中国古代历史上，剑从实物概念逐渐转化为文化符号，其军事功能虽不断减弱，文化功能却日益凸显。还需指出的是，自汉代起，剑与道相结合，成为儒家道德文化的象征之一。因此，剑一直被视为侠义文化的代表。

与此同时，剑与道教相结合，增添了宗教神秘的色彩，成为道教文化的象征之一。如图 1-2-2-2 中道教女神仙西王母的塑像，可以清晰地看到，其身侧的道童正为其举着宝剑。

图 1-2-2-2　携宝剑的西王母像

古人常常以文章、击剑相提并论，体现了一种崇文尚武的人文精神。李白自称“十五好剑术”，三十成文章，历抵卿相，便是其中一例。剑自古以来被视为正义与美德的象征，承载着我国独特的精神寄托与道德追求。深入探索、传承并发展我国的剑文化，对于弘扬传统文化具有重要意义。

山东嘉祥出土的石击剑图系列画像石展示了两位头戴武冠、身着束腰短衣的斗剑者进行激烈交锋的场景。他们采用拗弓步持兵进击，剑在身前空中交锋。此外，山东嘉祥出土的画像石还包括《比剑格斗图》《比剑图》《斗剑图》等。其中，《斗剑图》最为激烈、生动，且最具代表性。图中四名斗剑者分为两对进行比赛，皆头戴武冠、身穿常服，一手持兵，一手持钩镶。左侧一对中，一名剑手弓步前刺，因冲击过猛身体前倾，另一手向后摆平衡；另一名剑手则大步后退，身体后仰，持兵手向上扬以躲闪。右侧一对则呈现攻守平衡之态，两人皆采用上弓步持兵冲刺，同时以另一手持钩镶防住对方刺来的剑。这些画像石充分展现了汉代击剑活动的开展面貌。

图 1-2-2-3　山东嘉祥出土汉画像石《斗剑图》

从《斗剑图》（图 1-2-2-3）中持兵站立的剑士来看，古代短兵格斗的形式是四人一队执钩镶与佩剑，按次序斗剑的竞赛方法，没有明确指出规则与场地，形象地反映了汉代击剑和现代击剑的动作有相似之处。该图也反映了汉代击剑活动的开展甚为普遍，参加观摩及比赛的人数众多。此外，成都体育学院博物馆所藏的以钩镶搏击的砖画（图 1-2-2-4、图 1-2-2-5）以及图 1-2-2-6 也明确反映了这一点。

图 1-2-2-4　以钩镶搏击的场景 1（成都体育学院博物馆藏）

图 1-2-2-5　以钩镶搏击的场景 2（成都体育学院博物馆藏）

图 1-2-2-6　山东嘉祥出土汉画像石《比剑图》局部

隋唐之时，剑文化的发展迎来繁荣阶段。基于隋唐时期的文化繁荣、对外贸易频繁、冶炼技术进步等特定的时代特点，剑不仅有了更实用的体系，得到了更广泛的传播，且被赋予了更多的内涵和功能，比如“舞剑”，这使剑文化的内容更加丰富。在后世演变中，“斗剑”发展成为现今的“击剑”比赛项目；“舞剑”则发展为现今的剑术套路和艺术舞的剑舞表现形式。在民间，由于青睐击剑强身自卫的作用，乐于习练之人增多，尤其是一些文人墨客更为青睐习练剑术。比如《新唐书·李白传》载：李白“喜学纵横术，击剑，为任侠，轻财重施”。此外值得一提的是，在此时期，中国剑文化传入了日本，为未来日本剑道的形成打下了基础。

三、剑道沉浮

自唐至清，剑道发展历经起伏。虽然在明代和清前期出现了门派林立的中兴景象，但未能持续发展，最终与清王朝一同走向衰落。宝剑沉睡于鞘中，期盼后世探寻。在宋朝，刀兵成为宋军主要短兵器，军事地位日益提升。至元朝，短兵器种类日益丰富，近战武术内容愈发多样。然而，元朝为防止民众起义，发布禁武令，导致刀剑技术遭受重创。后来，倭刀传入，使将领们深刻认识到短兵实用的重要性。关于这一点，中国的兵器专家们也有相应的论说：“明代军队里已不用剑而用刀，刀的形制，因受日本式长刀的影响，已与宋代不同……一种叫作长刀，仿日本式，刃长五尺，柄长一尺五寸，用双手握柄以砍人，利于步战。”

至明代，经历元朝禁武令的低谷，短兵发展出现小高潮。民间武术普遍发展，流派纷呈，门派林立，竞相争雄，留下诸多珍贵剑法、剑谱古籍，为后世中华剑道发展奠定基础。

进入清代，随着西方热兵器传入，冷兵器逐渐衰落，退出历史舞台。清初，民间武术虽活跃，但出现套式化趋势，技术上重演练而轻实用。虽门派众多，但过于注重风格多样，忽视短兵实用功能，实则华而不实。剑、锏、刀、杖等短兵器呈现“舞”的形式，失去实质性的利刃特点。受此影响，武术短兵器实用性被套式武术取代。

1840 年鸦片战争爆发，中国历史进入转折点，武术发展亦发生巨变。西方列强带来的火药兵器，强烈冲击短兵器类型的冷兵器。清政府开始采用热兵器，取代短兵，军旅武术也被民间武术所替代。加之清政府对民间习武的严格控制，研习教授短兵技艺的人逐渐减少，久而久之，短兵乃至中华剑道在民间逐渐式微。

相应地，中华剑道的演进过程呈现出与技术发展同步的趋势。随着火器技术的快速进步，剑道逐渐远离了传统的技击技术范畴，转而按照体育运动的标准和需求发展，主要以健身为目标。进入近代时期，中华剑道更是对原有的实战攻防格斗技术进行了细致的筛选、改造、组织及提升。这一系列的调整和创新，使原本用于实战的攻防格斗技术转化为一种具备攻防技击特点、形式多样的现代体育项目。

第三节　百年流变

一、民国时期

民国初期，随着西方体育大量涌入国门，长期封闭的传统武术遭遇到前所未有的危机。1927 年，张之江与知名人士蔡元培、李烈钧等人，经过深思熟虑，正式提出了“国术”这一术语。随后，国民政府批准中央国术馆成立，并在全国范围内设立地方性国术馆，逐步构建了一个层次分明、结构完整的国术馆体系。在张之江先生的引领下，众多国术家以日本剑道与西洋击剑为参照，结合西方体育竞赛机制，对中国武术进行了现代化竞技改革，依据武术刀剑动作与技术，开创了中国武术竞赛体制的先例。

张之江在《中央国术馆缘起》一文中说道：“我国技击之术，发达本早，代有传人。近年虽稍稍凌替，偶有能者，其方法途径，别具神妙，与国学同有优异之点，故正名曰国术。”“中国短兵”即由此而来，与日本剑道及西洋击剑的直来直往的对抗不同，中国短兵技艺更注重迂回与策略的运用，展现出刚柔并济、潇洒轻快、矫健优美的特点。这些特点不仅体现了中国短兵技术的精髓，更是中华文化精神的具体展现。

短兵运动最初受到日本剑道的启发。在初创阶段，国术班一期教授班的学员们以日本竹剑或自制短兵器为训练与竞赛工具，逐步摸索并形成了国术短兵的规则。1928 年，短兵比赛正式纳入国术考试体系。1931 年，中央国术馆颁布了国术比赛规则，其中第四章作为历史上首个正式击剑（短兵）比赛规则，极大地推动了短兵运动的发展。1933 年，南京举办的第二次“全国运动大会”将短兵运动列为正式比赛项目，此后短兵运动在全国范围内广泛传播，众多省市纷纷举办短兵比赛。然而，由于国家内忧外患和战争的影响，短兵运动的开展逐渐停滞。

二、新中国成立初期

新中国成立初期，党和国家对民族传统体育给予极高的重视，对民族体育活动予以充分的认可与鼓励，明确提出了“把民族形式体育引向更健康的、人民的道路”的指导思想。在这一时代背景下，短兵运动重新焕发生机。1953 年 11 月，天津举办了“全国民族形式体育表演和竞赛大会”，短兵运动作为正式比赛项目之一再次亮相于公众视野。

当时，由于中国拳击比赛中出现的伤亡事故，短兵类对抗性项目因易引发伤害事故而遭到限制。随着对民间武术活动的规范化管理以及对武术运动技术的大幅调整，包括短兵在内的所有武术对抗项目均被废止，短兵的研究也再次陷入停滞。

三、当代复兴

1979 年，随着国内对武术的热情日益高涨，武术这一蕴含深厚文化底蕴的传统技艺重又引起关注。为了促进其全面发展和持续传承，国家体委决定仿照竞技体育的模式，对短兵运动、散打及太极推手进行深入研究和发掘。为此，特选定北京体育学院和武汉体育学院作为先行试点，并于当年 5 月份在广西南宁成功举办了全国武术观摩交流大会。在这一盛会上，短兵运动作为中华武术的重要一环，首次进行了精彩的汇报表演。同年 10 月，在石家庄举办的第四届全运会武术比赛中，短兵运动再次精彩亮相，赢得了社会各界的广泛关注和高度评价。

随着短兵运动的逐渐普及和人们对中华武术运动的日益关注，国家体委于 1980 年 10 月组织专家团队开始起草《武术短兵竞赛规则》(征求意见稿)，并在后续进行了实验性修订。国家体育总局武术管理中心亦对兵道项目的发展给予了高度重视，并于 2020 年专门设立了兵道中心，负责管理与推广传统武术、长短兵、太极推手等项目。该中心在培养优秀武术运动员和教练员的同时，还积极组织国际比赛及文化交流活动，为传统武术文化的国际传播作出了积极贡献。

经过深入的研讨和广泛的意见征集，2001 年 2 月，国家体育总局武术运动管理中心正式确立了武术短兵竞赛的规则框架。同年 8 月，于山东青岛召开的“武术短兵竞赛”论证会上，与会专家对竞赛规则条款进行了严谨的论证，并达成共识，为武术短兵运动的未来发展奠定了坚实的基础。这一重要里程碑标志着短兵运动进入了一个崭新的历史发展阶段。随后，短兵运动在中国广州地区得到落地推广，并在 2009 年中国香港国术大会上成为瞩目的焦点，进一步推动了短兵项目的发展与普及。

健公书院积极响应国家体委和国家体育总局武术运动管理中心的号召，自 2017 年创立伊始，即深耕于传统武术的承袭与技击格斗的革新。该院通过定期举办武术、散手、射箭以及长短兵比赛等多种活动，不仅为武术爱好者提供了一个切磋技艺、展示才能的舞台，也促使长短兵和传统射箭等项目逐渐演变为比赛的重要板块。通过健公书院的国术大赛这一平台，传统武术的影响力和知名度得以进一步提升和扩散。北京体育大学、华南师范大学、暨南大学、中山大学、武汉体育学院、上海对外经贸大学等近百所全国高校亦纷纷响应，积极参与到这一文化盛事中。高校的教学与研究不仅局限于技艺的传授，更拓展到对传统武术文化、哲学及道德等深层次内涵的探讨，从而使学生对传统武术有了更全面、深入的理解。

作为中国传统文化的重要表现形式之一，兵器格斗不仅承载着传统文化的精髓与精神内涵，更在健公书院的赛事及各大高校的研究与发展推动下，使得中国传统武术、短兵及其他剑术等传统武术形式得以广泛传承与发扬。展望未来，我们有信心继续推动传统武术文化的普及与弘扬，让更多的人深入了解中国短兵、传统武术以及中华文化的博大精深。

四、高校传承

作为现代体育项目，短兵的历史可追溯至中央国术馆成立之后，并于 1928 年正式纳入国术国考体系。经过“文革”期间的停滞，自 1980 年开始，中国兵器格斗类项目逐步复苏并经历显著变革。在此期间，鉴于武术热潮的兴起及新编长拳的主导地位，专家们建议恢复散手、短兵等传统项目，以实现多元化发展。北京体院和武汉体院因此成为短兵复兴的重要基地，短兵训练及内部赛事活动日益频繁。

2003 年初，暨南大学与华南师范大学在广州联合举办了首届校际短兵比赛，吸引了百余位选手参与。此后，此类比赛逐渐规范化，并吸引了澳门科技大学、香港地区武术社团等纷纷参与。受此影响，短兵运动迅速在全国范围内传播，并进一步扩展至美国、日本、加拿大、土耳其等国家。同时，北京体育大学、武汉体育学院等学府也开始尝试恢复短兵运动。在此期间，一系列短兵教材相继出版，其中 2003 年由马贤达主编的《中国短兵》尤为引人注目，标志着短兵运动在新中国成立后的发展进入了新阶段。此后，多位学者和专家如北京体育大学的王华峰教授等也积极参与短兵教材的编写工作，推动了短兵运动的普及与发展。

2004 年，西安体育学院首次举办了全国武术短兵教练员培训班，标志着短兵运动在教育和培训领域的正式起步。随后，北京体育大学、上海体育学院、武汉体育学院、西安体育学院以及华南师范大学、华南理工大学等地方高校也相继开设了短兵课程。2009 年，国家体育总局武术管理中心在佛山举办了全国长、短兵观摩交流赛，进一步推动了短兵运动的发展。同年 7 月，中国香港国际功夫节期间举办的世界国术大赛上，短兵项目成为亮点，吸引了来自世界各地的 150 余名选手参赛，展现了短兵运动的国际影响力。

此后，武汉体育学院在多个年份举办了全国武术短兵比赛及相关培训活动，如 2012 至 2014 年全国武术短兵比赛、首届全国武术短兵比赛等。2019 年，贵州遵义市成功举办了中国大学生太极推手、长短兵锦标赛，进一步丰富了短兵运动的赛事体系。两年后，华南师范大学举办了暨大、华师两校校际 20 周年赛暨广州高校赛，进一步推动了短兵运动在高校间的交流与合作。

与此同时，全国高校正在推进课程思政建设，以培养大学生的世界观、人生观与价值观。在此背景下，学者们通过对高校武术短兵运动的 SWOT（优势、劣势、机会、威胁）分析，深入探讨了短兵运动在技术层面和文化层面的价值及其在课程思政建设中的重要作用。此外，还研究了如何在高校中有效推广武术短兵运动，以实现体育教育与思想政治教育的有机结合，彰显其重要的社会价值。近年来，上海中医药大学、上海对外经贸大学、华东师范大学、上海政法学院等上海地区的高校也陆续开设了与中国短兵、中华剑道、长短兵与太极推手相关的课程，进一步推动了器械格斗类运动在高校中的普及与发展。

第四节　经典解读

一、司马迁与剑

典籍出处：司马迁《史记·太史公自序》："非信廉仁勇，不能传兵论剑，与道同符，内可以治身，外可以应变，君子比德焉。"

原文释义：不信、廉、仁、勇，不能传兵法论说剑，与道相符，内可以修身，外可以应变，君子比德焉。

引申寓意：在西周早期，经过武王针对"修文教"目标的调整，剑的功能已超越单一兵器属性，兼具人文教化功能，实质上涵盖了健身、陶冶情操及修身养性的功效。得益于其独特功能及所蕴含的文化内涵与人文精神，剑虽历经千年仍历久弥新。"外可以应变"亦是剑在兵器谱中具有重要地位的特殊原因。此处所言"应变"，并非局限于常规攻防，而是在突发状况下随机应变，以达到防身护体之效。

马明达教授认为，这段话大致可分为三个层次。

第一层，讲"传兵论剑"者必须具备信、廉、仁、勇四种品德，不具备则不能从事于此。这当然是很高的标准，可以称之为古代的"武学四德"。在司马迁看来，"传兵论剑"是"与道同符"的大学问，不是一般的技艺，不只是"术"，而且是"道"，是高格调的节操与境界追求，故而要求从事者必须有很高的道德要求，凡庸浅学之辈没有资格游涉其间。

第二层，讲剑的功用，即"内可以治身，外可以应变"。"外可以应变"是讲剑的卫身效能，即《释名》所谓"所以防检非常也"。值得注意的是"内可以治身"一句。"治身"一词出现得并不很早，多见于汉以后学者对《易经》和《礼记》的疏解，往往与"治心"相并举，"治心"言内，"治身"言外。

第三层，"君子比德焉"，乃是最具有继承与创新意义的理念。

司马迁基于对剑的深厚情感，凭借卓越的学术修养和崇高的道德品质，记载了许多其他史家难以触及的史实。尽管部分内容看似琐碎，但时至今日，这些记载无一不显现出其珍贵的价值。若将这些零散信息加以整理、编排，我们便能大致领略到汉以前中华剑道文明的辉煌成就，洞察司马迁所倡导的剑道精神，以及从东周至秦汉数百年间令人敬仰的剑道英杰和他们尊崇的剑道境界。

二、越女论剑

典籍出处：赵晔《吴越春秋·勾践阴谋外传》记载："越王问曰：'夫剑之道则如之何？'女曰：'妾生深林之中，长于无人之野，无道不习，不达诸侯，窃好击之道，诵之不休。妾非受于人也，而忽自有之。'越王曰：'其道如何？'女曰：'其道甚微而易，其意甚幽而深。道有门户，亦有阴阳。开门闭户，阴衰阳兴。凡手战之道，内实精神，外示安仪，见之似好妇，夺之似惧虎，布形候气，与神俱往，杳之若日，偏如滕兔，追形逐影，光若佛彷，呼吸往来，不及法禁，纵横逆顺，直复不闻。斯道者，一人当百，百人当万。王欲试之，其验即见。’越王大悦，即加女号，号曰‘越女’。乃命五校之队长、高才习之，以教军士。当此之时皆称越女之剑。”

原文释义：越王问：“剑道的本质是什么？”越女说：“剑法之道，微妙而简易。剑法之意，幽远而精深。剑法的规律在于门户和阴阳，也就是守住自己的门户而设法打开对方的门户，放下外在的形式而直追内在的本质。手搏的技术在于精神的专注和身体的放松。闲静时如姣花照水，行动处似弱柳扶风。一旦得到战机就像猛虎扑羊一样迅猛出击。调整好形态和气息，让其随着精神的调度而随心所欲，意到气到力到，一气呵成。对方进攻我，就像追赶太阳一样，看似就要追到了，而实际上怎么也碰不到，永远遥不可及，就算对方有熊的力量，连碰也碰不到我，能奈我何。又像逃跑中的兔子一样，不断变化着行进路线，对方不得不跟着时刻改变方向，控制和调整速度，就算对方有豹的速度也无法打到我。我进攻对方，就像追魂索命一般，我的剑和对方的要害如影随形，不管对方逃到哪，怎么跳，也不管对方如何防守，如何抵挡，我的剑都刺在他的要害上。我的剑与对方的要害仿佛是光与影子的关系一般，只要光一出现，就如影随形，无处可逃。呼吸的技巧、攻防的技巧，纵的、横的、顺的、逆的，都一概不问，只管绕开其锋芒，直追其要害。如此剑法，出手不空回，剑剑索命。一人敌百，百人敌万。大王如果想试试，立刻就会看到效果。”

引申寓意：古人研究剑法更注重对带有规律性的“道”的追求。越女所说的“道”含义丰富，其中“其道甚微而易”指的是剑术的技术和技法，越女认为这些相对容易掌握；“道有门户，亦有阴阳，开门闭户，阴衰阳兴”则反映了剑法中的攻防阴阳变化规律，是更高层次的“道”；“凡手战之道”则进一步说明了剑法在攻防中的阴阳变化规律；“斯道者”是对前三个“道”的总结，意味着掌握“道”就能挥洒自如，所向无敌。越女认为掌握剑法运动规律的重要性超过技术本身。剑法之道，微妙而简易。剑法之意，幽远而精深。剑法的规律在于门户和阴阳，也就是守住自己的门户而设法打开对方的门户，放下外在的形式而直追内在的本质。越女论剑术，其以《易》理、《老子》思想及《孙子兵法》之战理论剑，从理论到技术、战术及心理等方面论述击剑要领，阐明了剑艺中动与静、快与慢、攻与防、虚与实、强与弱、先与后、内与外、逆与顺、呼与吸、形与神等说辩证关系，论述了内动外静、后发先至、全神贯注、迅速多变、出敌不意等搏击的根本原则。

“斗剑”作为一种武术形式，不仅仅是一种技术或战术的表现，更深层次地体现了一种哲学思想和生活态度。首先，剑法之道强调微妙而简易。这表明剑道注重细微之处、简单之道。在人生中，我们常常被烦琐的事务和复杂的关系所困扰，剑道则提醒我们要懂得简单，从微妙之处寻找解决问题的方法。其次，剑法之意幽远而精深。这意味着剑道不仅仅是一种技术动作，更包含了深邃的内涵和哲学思想。通过练习剑道，人们可以深入探索自我、世界和人生的意义，从而获得内心的平静与洞察。剑法的规律在于门户和阴阳，强调守住自己的门户，同时打开对方的门户。这体现了剑道中的互动与平衡的哲学思想，即在搏击中既要守护自身，又要寻找对方的破绽。这种平衡与调和的理念可以引申到人生中的各个方面，提醒我们保持内外的平衡，追求和谐与统一。最后，剑道的价值在于内动外静、全神贯注、迅速多变等原则。这些原则不仅适用于剑道的技术和战术，更可以指导人们在生活中保持警觉、专注和果断，以应对各种挑战和变化。

三、庄子说剑

典籍出处：《庄子·杂篇·说剑》中记载："昔赵文王喜剑，剑士夹门而客三千余人，日夜相击于前，死伤者岁百余人。好之不厌。如是三年，国衰。诸侯谋之。……曰：'臣闻大王喜剑，故以剑见王。'王曰：'子之剑何能禁制？'曰：'臣之剑十步一人，千里不留行。'王大悦之，曰：'天下无敌矣。'庄子曰：'夫为剑者，示之以虚，开之以利，后之以发，先之以至。愿得试之。'王曰：'夫子休，就舍待命，令设戏请夫子。'王乃校剑士七日，死伤者六十余人，得五六人，使奉剑于殿下，乃召庄子。王曰：'今日试使士敦剑。'庄子曰：'望之久矣！'王曰：'夫子所御杖，长短何如？'曰：'臣之所奉皆可。然臣有三剑，唯王所用。请先言而后试。'王曰：'愿闻三剑。'曰：'有天子剑，有诸侯剑，有庶人剑。'

王曰：'天子之剑何如？'曰：'天子之剑，以燕谿石城为锋，齐岱为锷，晋魏为脊，周宋为镡，韩魏为铗，包以四夷，裹以四时，绕以渤海，带以常山，制以五行，论以刑德，开以阴阳，持以春夏，行以秋冬。此剑直之无前，举之无上，案之无下，运之无旁，上决浮云，下绝地纪。此剑一用，匡诸侯，天下服矣。此天子之剑也。'

文王芒然自失，曰：'诸侯之剑何如？'曰：'诸侯之剑，以知勇士为锋，以清廉士为锷，以贤良士为脊，以忠圣士为镡，以豪杰士为铗。此剑，直之亦无前，举之亦无上，案之亦无下，运之亦无旁。上法圆天，以顺三光；下法方地，以顺四时；中和民意，以安四乡。此剑一用，如雷霆之震也，四封之内，无不宾服而听从君命者矣。此诸侯之剑也。'

王曰：'庶人之剑何如？'曰：'庶人之剑，蓬头突鬓，垂冠，曼胡之缨，短后之衣，瞋目而语难，相击于前，上斩颈领，下决肝肺。此庶人之剑，无异于斗鸡，一旦命已绝矣无所用于国事。今大王有天子之位而好庶人之剑，臣窃为大王薄之。'

王乃牵而上殿，宰人上食，王三环之。

庄子曰：'大王安坐定气，剑事已毕奏矣。'"

原文释义：当年赵文王喜好剑术，击剑的人蜂拥而至门下，有食客三千余人，在赵惠文王面前日夜比试剑术，死伤的剑客每年都有百余人，而赵惠文王对击剑的喜好从来就不曾得到满足。像这样过了三年，国力日益衰退，各国诸侯都在谋算怎样攻打赵国。太子悝请庄子着剑士的服装，前去见赵惠文王。庄子向赵惠文王陈说了击剑要领并提出其有"三剑"。所谓"天子之剑"，其实就是治理天下之道，因而具有王者气象，虚廓大度，是谈论从根本上治理国家的。而"诸侯之剑"是治理邦国之道，以用人为主，其中所显露的是霸者味道，而缺少蕴藉深沉。至于"庶人之剑"，就是赵惠文王所喜爱的击剑之术。这只不过是徒逞匹夫之勇而已，除流血伤亡之外一无所用，故而受到庄子的奚落。赵惠文王于是牵着庄子来到殿上。厨师献上食物，赵惠文王绕着座席惭愧地绕了三圈。庄子说："大王安坐下来定定心气，有关剑术之事我已启奏完毕。"

引申寓意：庄子与剑术有着千丝万缕的联系。在他的笔下，剑不仅仅是一种武器，更是一种哲学思想的载体。庄子在论述剑术时，不仅深入探讨了剑术的技巧，更将剑术提升到了哲学的高度。他提出的"后发先至"的武学观点，至今仍为后世剑家所推崇。

庄子认为，剑术的精髓在于虚实与先后的把握。他强调，在剑术竞技中，要善于运用虚实相间的策略，通过示虚以诱敌，再利用敌人攻击的瞬间，以迅雷不及掩耳之势发动反击，实现后发先至的效果。这种战术不仅要求剑手具备高超的技巧，更需具备冷静的判断力和敏锐的洞察力。

为了形象阐述这一观点，庄子还总结出了四句名言："示之以虚，开之以利，后之以发，先之以至。"这四句话被后世剑家视为经典，成为他们修炼剑术的重要准则。其核心理念在于诱敌先行攻击，剑手则根据局势的变化，运用灵活的战术，实现后发制人的目的。

在庄子的理论中，剑术被划分为三类。其中，下乘剑法类似于"斗鸡"，仅仅停留在表面的争斗与对抗；而上乘天子剑法则被形容为"直之无前，举之无上，案之无下，运之无旁，上决浮云，下绝地纪"，这种剑法超越了物质的束缚，追求的是一种至高无上的精神境界。

庄子的剑术理论，实际上是其哲学思想的一种体现。庄子通过剑术来提醒赵惠文王，不要沉迷于"物"，而是要关注内心的修养和精神的追求。正如现代人痴迷于手机一样，一旦失去，很多人便会感到茫然无措。这种现象反映出人们对物质的过度依赖以及心灵的空虚。

庄子认为，在心灵的宁静中，人们才能真正体会到内心的丰富和精神的充实。这种境界并非靠物质的堆砌所能达到，而是需要通过内心的修炼和精神的升华来实现。在这个过程中，人们可以更加专注地追求心中的目标，并具备面对生活中各种挑战的力量。

因此，庄子的剑术理论不仅是一种武学思想，更是一种哲学智慧的体现。他通过剑术来阐述人生的真谛，提醒人们要关注内心的修养和精神的追求。这种思想对于我们现代人来说，仍然具有重要的启示意义。我们应该学会在物质的诱惑中保持清醒的头脑，追求内心的宁静与丰富，从而更加坚定地走向自己的人生目标。

四、曹丕比剑

典籍出处：曹丕《典论·自叙》云："余又学击剑，阅师多矣。四方之法各异，唯京师为善。桓灵之间，有虎贲王越，善斯术，称于京师。河南史阿，言昔与越游，具得其法。余从阿学之，甚精熟。尝与平虏将军刘勋、奋威将军邓展等共饮。宿闻展善有手臂，晓五兵，又称其能空手入白刃。余与论剑良久，谓言将军法非也，余顾尝好之，又得善术，固求与余对。时酒酣耳热，方食芋蔗，便以为杖，下殿数交，三中其臂。左右大笑，展意不平，求更为之。余言吾法急属，难相中面，故弃臂耳。展言愿复一交。余知其欲突以取交中也，因伪深进，展果寻前，余却脚鄛，正截其颡，坐中惊视。余还坐，笑曰：'昔阳庆使淳于意去其故方，更授以秘术，今余亦愿邓将军捐弃故伎，更受要道也。'一坐尽欢。"

原文释义：曹丕还曾经跟随名师学习击剑，当时有着许多剑术流派，以京师的剑术最高。恒帝、灵帝时期，在京师享有盛誉的击剑家虎贲王越，把他的剑法传给河南人史阿，曹丕拜史阿为师，学得真谛，剑法娴熟。当时酒酣耳热之时，正在吃甘蔗，于是就以甘蔗为剑，下殿后对打起来，几个回合下来，曹丕连续三次都击中邓展的手臂，左右都大笑起来。邓展不觉脸红，更是不服气，要求再来一次。曹丕就说："我的剑疾快而集中，很难击中对方的面部，所以只是击中了你的手臂。"邓展说："我们再来一次进击。"邓展果然如曹丕所料，猛地冲杀过来，曹丕迅速退步闪过，出手如风，从上方截击，一下打中邓展的额角，这一下使得一同喝酒的人都禁不住惊叫起来。比剑结束后，曹丕和邓展二人继续畅饮，曹丕说："今日我看邓将军也把旧技抛弃，接受新的击剑方法吧。"话音刚落，满座都不禁欢笑起来。

引申寓意：这段文字中蕴含着许多人生哲理，尤其是关于斗剑比试和剑术的描述。首先，文中描述了曹丕在击剑比试中展现的高超剑术和以短破长的技巧。这反映了曹丕在剑术上的精湛造诣和技艺，同时也暗示了在人生中，我们需要善于灵活运用自己的优势，击破对方的长处，找到战胜困难的方法和策略。

其次，文中提到剑法的高低不在于剑的长短，而在于剑法的精妙和高超。这启示我们在生活中，我们的修养和技能水平更为重要，而非外在的条件。只有不断提升自己的能力和修养，才能在面对挑战时游刃有余，取得胜利。

另外，文中描述了曹丕以甘蔗代剑与邓展比试的场景，三次击中邓展手腕。这展现了曹丕的机敏和敏锐，在斗剑中善于抓住对方的破绽。这也提醒我们在生活中要善于观察和把握机会，以智慧和技巧应对各种挑战和困难。

五、君子武备，所以卫身

典籍出处：班固《汉书·隽不疑传》中记载："不疑冠进贤冠，带櫑具剑，佩环玦，褒衣博带，盛服至门上谒。门下欲使解剑，不疑曰：'剑者，君子武备，所以卫身，不可解。请退。'吏白胜之。胜之开阁延请，望见不疑容貌尊严，衣冠甚伟，胜之徙履起迎。"

原文释义：隽不疑头戴进贤帽，身带櫑具长剑，佩着玉环，穿着宽衣，绕着阔带，盛服到暴胜之门上拜见。守门的差役想让他解下腰上佩剑，隽不疑说："剑是有品德的人的武器装备，是用来保卫自身的，不能解下。请你们退下。"差役禀报暴胜之。暴胜之开门迎接隽不疑，远远看到隽不疑相貌尊贵庄严，衣冠整齐庄重，暴胜之急忙离开座位，鞋都没穿好，快步起身迎接。

引申寓意：剑是一种悦人娱己，卫身健体，表现尚武之气，体现豪勇精神的工具。融娱己、娱人、娱情、观赏、陶冶精神与近体防卫等实用功能于一身的短兵，自两汉以后，战场杀伐等军事功用走向衰弱，其存在发展主要依托军事武艺以外的民间而成为人们传承武艺、交流情感、防身护体、表现尚武之气的专有器物，所以，我们说后来的短兵运动的发生、发展，从某种程度上是从剑成为防卫兵器之后逐渐演变而来的。

原文蕴含着一种关于个人品格和自律的人生哲理。剑作为一种工具，除了具备娱乐和体育的功能外，更重要的是体现了人的品格和气质。在这个故事中，隽不疑以一种高尚、庄重的姿态示人，他身上的剑不仅是一种武器，更是他品德和自尊的象征。

隽不疑坚持认为，剑是有品德的人的武器装备，用以保卫自身，这表明他将剑视为一种自我保护和尚武之气的象征。他的态度体现了对自己品格和尊严的坚守，不愿轻易放弃自己的原则和信念。这种坚定的态度和自律精神使他在面对挑战时能够保持从容和尊严，展现出高尚的气质和品格。

通过这个故事，我们可以看到对自我价值观和原则的坚守是至关重要的。无论面临何种压力和诱惑，只有坚持自己的信念和品德准则，才能保持内心的清澈和尊严。这种自律和坚守不仅会让我们在人生道路上更加坚强和自信，也会为我们赢得他人的尊重和认可。因此，这段故事提醒我们要时刻保持自律，坚守自己的原则，以高尚的品德和气质面对生活中的挑战和诱惑。

六、既得艺，必试敌

典籍出处：戚继光《纪效新书·短兵长用说》中记载："既得艺，必试敌，切不可以胜负为愧为奇，当思何以胜之？何以败之？勉而久试。怯敌还是艺浅，善战必定艺精。古云，'艺高人胆大'，信不诬也。余在舟山公署，得参戎刘草堂打拳，所谓'犯了招架，便是十下'之谓也，此最妙，即棍中之连打连戳一法。"

原文释义：已经学得武艺，一定要在对抗中检验，实在不能把胜看作出众，把败看作羞愧，应当思考为什么能取胜？为什么会失败？努力并长久地在对抗中检验。畏惧敌手还是因为武艺浅薄，善于战斗的必定是武艺精深的。古人说"艺高人胆大"，相信这不是假话啊。我在舟山公署任职时，能够与参戎刘草堂练拳，所说的"犯了招架，便是十下"的说法，这是最奇妙的，也就是棍术中的连打连戳一法。

引申寓意："既得艺，必试敌"是戚继光反复倡导的军事训练理念。武艺的价值在于其在实战中的应用，因此，所修炼的武艺必须在实际战斗中得以检验。在实战对抗中，取胜或失败的原因分析是提升实战能力的关键。在现代学习生活中，获取新知识后应在实际生活中运用，以实践为依托。文章中对武艺、对抗、实践及勇气的哲学性思考，强调了通过实践与经验验证、提升和运用技艺的重要性，以及面对挑战时保持勇气与冷静的态度。

此篇文字包含了一些关于武艺与对抗的哲学思考。首先，它强调了在真实对抗中检验武艺的重要性。胜利不应仅仅被视为卓越，失败亦不应被视为耻辱，而应通过胜利与失败去反思为何能够取胜或失败，并在对抗中持续努力与检验自身的技艺。这种态度体现了对实践与经验的尊重，以及对挑战与困难的勇敢面对。其次，文章中提到，对手的恐惧可能源于自身武艺的不足。这与古人所言的"艺高人胆大"相呼应，强调了技艺精湛程度与勇气的关系。只有武艺高超的人在对抗中才能保持冷静与勇气，因为他们具备信心和能力应对各种挑战。最后，文章提到了实践中的技巧，如连打连戳一法。这种技巧的应用需要高超的技艺和对手的精准判断，同时也需要在实践中不断反复练习和检验。这体现了在武术实践中，理论与实践的紧密结合，以及技艺熟练程度对于取胜的重要性。

七、吴殳谈兵

典籍出处：吴殳《手臂录·单刀图说自序》云："单刀敌轻长之器，则避其虚而击其实，何也？枪之虚处变幻百出，必非刀所能御，而实处唯有一杆，苟能制之则无以用其虚矣。单刀敌短重之器，则避其实而击其虚，何也？大棒铁鞭、长斧木�，不可直当，必斜步偏身，避其重器，击其身手，乃可必胜。击虚之法易见，而击实之法则在斫其枪杆，枪杆被斫，不断折必粘住，杆被粘住，则不能闪赚颠提，刀更进步，必伤人矣。"

原文释义：吴殳在其《手臂录·单刀图说自序》中深入探讨了单刀的使用策略。他指出，当面对轻便且长的兵器时，使用者应采取避虚击实的策略。原因在于，枪的虚处变幻多端，非单刀所能应对，枪的实处则相对固定。只要能有效制住枪的实际部位，对方就无法利用虚处进行攻击。

另一方面，当面对短而重的兵器，如大棒、铁鞭、长斧等时，单刀的使用者则应当避实击虚。这是因为这些重兵器具有强大的直接攻击力，不宜正面硬抗。正确的策略是采取斜步偏身的方式，避开对方的重兵器，转而攻击其身手，这样方能确保胜利。

至于击虚之法，其原理较为直观。击实之法则在于巧妙地砍击对方的枪杆。一旦枪杆被砍中，要么折断，要么被粘住。无论是哪种情况，都将使对方无法使用枪进行闪躲或颠提。此时，单刀便可进一步逼近，对敌方造成伤害。

引申寓意：吴殳在讨论刀的技法时，其实也涉及一些哲学内涵。他的论述中，提到了对不同类型武器的应对策略以及攻击虚实的技巧，这可以引申出一些哲学思考。

首先，吴殳的论述强调了灵活性和变通性。他认为，面对不同类型的武器，需要采用不同的策略来应对，而针对具体情况进行变通和调整是非常重要的。这种灵活性和变通性的思想也可以应用到人生中，面对不同的情况，需要采取不同的策略和方法，而不是一成不变地坚持某种看法或方法。

其次，吴殳的论述中提到了攻击虚实的技巧。他指出，面对敌人的攻击，需要避开虚处，直击其实处；或者避开实处，攻击其虚处。这种技巧也可以引申到人生中，面对问题和挑战，需要善于辨别虚实，抓住重点，寻找解决问题的最佳方法。

此外，吴殳的论述中还强调了技能和技巧的重要性。他认为，只有通过长时间的练习和精湛的技艺，才能掌握正确的技巧和策略，从而在战斗中取得胜利。这种思想也可以应用到人生中，只有通过不断的学习和实践，才能掌握正确的方法和技能，从而取得成功。

八、孔周三剑

典籍出处：《列子·汤问》记载：孔周曰："吾有三剑，惟子所择。一曰含光，视不可见，运之不知有。其所触也，泯然无际，经物而物不觉。二曰承影，将旦昧爽之交，日夕昏明之际，北面而察之，淡淡焉若有物存，莫识其状。其所触也，窃窃然有声，经物而物不疾也。三曰宵练，方昼则见影而不见光，方夜见光而不见形。其触物也，騞然而过，随过随合，觉疾而不血刃焉。"

原文释义：据《列子·汤问》记载，孔周曾言：吾手中握有三把宝剑，愿君任意挑选其一。其一名为"含光"，其剑身之光芒内敛，肉眼难以察觉，运剑之时亦不觉其存在。剑锋所至，一切化为无形，即便触及物体，亦无迹可寻，物体亦无所觉。

其二名为"承影"，于日出之前、日落之后的微妙时刻，面向北方仔细观察，可见剑身若有似无，其形态难以名状。剑锋过处，虽有轻微声响，但所触之物并不感到锋利之痛。

其三名为"宵练"，此剑在白昼之时只见其形而不见其光，至夜晚则只见光芒而不见剑身。剑锋触及物体，瞬间而过，剑过之处，物体随即恢复原状，虽感其迅疾，却不见一丝血迹。

引申寓意：这段文献蕴含了一种道家的思想，商天子三神剑并非用于杀戮的兵刃，而是中华文化中极具象征意义的符号。这恰恰体现了中华文化内敛、平和与威严的特质，与西方世界所崇尚的霸道、暴力和杀戮形成鲜明对比。在中国古代文化中，武术的终极目的并非争斗，而是“止戈”，即平息冲突。剑作为武器，其象征意义在于尊贵与威严，而非单纯的杀戮工具。

中国的剑与日本武士刀截然不同，后者虽然在一定程度上受到中国唐刀汉剑的影响，却缺失了中国文化中最为核心的“仁”之精神。中国剑更像是一位隐者、一位得道高人，抑或一位秉持仁义道德统治天下的帝王。传说中，能够拥有并佩戴商天子三神剑的人，将具备君临天下、统治万邦的权威与力量。从另一个角度解读，即它们代表了一种通过技能和自我修炼实现对自我和世界的认识与掌控的道理。这种道理强调了技能和自我修炼的重要性，只有通过不断的练习和修炼，才能掌握这些“神秘”的技能，实现对自我和世界的认识和掌控。

这段文献蕴含了一种道家的思想，即通过武器技能和自我修炼实现对自我和世界的认识和掌控。这种思想在道家中非常重要，它强调了个人的成长和自我实现，同时也与道家强调的自然和宇宙的秩序相呼应。

九、单刀抗倭

典籍出处：明末程宗猷《耕余剩技·单刀说》中云：“器名单刀，以双手用一刀也。其技擅自倭奴，锻炼精坚，制度轻利，靶鞘等物，各各如法，非他方之刀可并。且善磨整，光耀射目，令人心寒。其用法，左右跳跃，奇诈诡秘，人莫能测，故长技每每常败于刀，余故访求其法。有浙师刘云峰者，得倭之真传，不吝授余，颇尽壶奥。”

原文释义：文中所述之“单刀”，乃双手操持之兵器，技艺源自倭奴。此刀质地精良，锻造精细，构造轻盈灵巧，配件亦皆依规制法度，非他处之刀所能比肩。且其磨砺得当，光泽夺目，令人望而生畏。在运用上，单刀之技法左右跳跃，变幻莫测，使人难以捉摸，因此常常能够在与敌交锋中取胜。为了探寻此技艺，我（即程宗猷）特地向浙江的刘云峰师父求教，他得自倭奴的真传，毫无保留地传授给我，使我对单刀的奥妙有了更深的理解。

引申寓意：这段文献详细阐述了单刀的制作技艺与使用方法，突显了其卓越的工艺和非凡的威力。单刀不仅是战斗中的利器，更是技艺与精神的传承象征。其独特的制作技艺和精湛的使用方法，往往成为决定胜负的关键因素。对于技艺的追求和精进，需要坚定的信念和持续的努力，这正如人生道路上，我们需要像运用单刀一样，灵活应变，无往不胜。

在哲理意义上，单刀象征着高超的技艺和深厚的文化传承。通过对其制作与使用的描述，我们可以窥见人类对技艺和武术的不懈追求以及传统文化的延续与发展。单刀所蕴含的奥秘与神秘，反映了人类对未知和超自然力量的探索与向往。在单刀的运用中，其灵活多变的技巧和策略，体现了人类对智慧和谋略的追求以及面对挑战时保持机智与灵活的重要性。

因此，单刀不仅是一种实战武器，更是一种文化象征，代表着技艺、文化传承以及人类对智慧与力量的追求。通过研究和掌握单刀，在深厚的爱国主义精神的支撑下，我们能够更深入地了解人类文化的多样性和丰富性以及人类对技艺和智慧的不懈探索。

十、长兵以卫，短兵以守

典籍出处：《司马法》认为："兵不杂则不利。长兵以卫，短兵以守，太长则难犯，太短则不及，太轻则锐，锐则易乱，太重则钝，钝则不济。"

原文释义：各种兵器不配合使用，就不能发挥威力。长兵器可掩护短兵器，而短兵器适用于近身战斗。兵器长度亦需适中，过长则使用不便，过短则无法有效打击敌人。同时，兵器之重量亦应平衡，过轻则显得脆弱，易于损坏；过重则可能牺牲其锋利性，影响其战斗效能。总之，需综合考虑各种因素，以实现兵器之最佳效能。

引申寓意：这段话所蕴含的智慧不仅局限于军事领域，其深远意义同样适用于我们的日常生活。它启示我们，在处理任何事务时，都应全面权衡各种因素，以追求最佳效果。以个人的职业发展为例，若想在职场中脱颖而出，单纯依赖专业技能是不够的。我们还需要培养出色的人际关系、领导才能和沟通技巧等多元化的素质。过分强调某一方面而忽视其他方面，可能会引发不平衡，进而影响整体发展。因此，在追求个人成长的过程中，我们需要全面考虑各种要素，以实现个人潜能的最大化。同样地，这一原则也适用于人际关系。若我们只关注自身利益和需求，而忽视他人的感受和需求，便可能破坏人际关系的和谐。在处理人际关系时，我们应兼顾双方的需求和利益，以建立长期稳定的联系。

这一思想是一种极具实用价值的指导原则，可广泛应用于各种情境。它提醒我们，要善于全面考虑各种因素，以实现最佳效果。在实践中，我们需要从整体角度出发，协调各方力量，以取得更好的成果。此外，这一理念还蕴含着深刻的哲学思考，即整体的力量来源于个体的协同。只有当各个部分相互支持、紧密配合时，才能发挥出最大的效能。

十一、醉里挑灯看剑

典籍出处：醉里挑灯看剑，梦回吹角连营。八百里分麾下炙，五十弦翻塞外声，沙场秋点兵。马作的卢飞快，弓如霹雳弦惊。了却君王天下事，赢得生前身后名。可怜白发生！辛弃疾《破阵子·为陈同甫赋壮词以寄之》

原文释义：醉梦里挑亮油灯观看宝剑，梦中回到了当年的各个营垒，接连响起号角声。把烤牛肉分给部下，乐队演奏北疆歌曲。这是秋天在战场上阅兵。战马像的卢马一样跑得飞快，弓箭像惊雷一样，震耳离弦。（我）一心想替君主完成收复国家失地的大业，取得世代相传的美名。可怜已成了白发人！

引申寓意：辛弃疾通过回忆梦中的战斗场景和自己收复中原的理想，表达了自己的苦闷和无奈。他一直渴望施展自己的才华，为国家作出贡献，但由于历史的错位与主和派的阻挠，他无法实现自己的理想。然而，辛弃疾并没有放弃，他把自己的军旅经历和收复中原的理想熔铸到剑的意象中，通过词作表达了自己的英雄壮志和爱国热情。

我们应该珍惜自己的机会和能力，不断追求自己的理想和目标。即使环境不利，我们也不能放弃，要寻找机会和方式去实现自己的价值和梦想。同时，我们也应该像辛弃疾一样，把自己的理想和信念熔铸到生活中的各个方面，通过自己的努力和行动去为国家与社会作出贡献。在实现梦想的过程中，我们还应秉持爱国热情和英雄精神，时刻不忘为国家和人民付出。这些精神和价值，都是我们当代所需要弘扬和传承的。

十二、季札挂剑

典籍出处：季札之初使，北过徐君。徐君好季札剑，口弗敢言。季札心知之，为使上国，未献。还至徐，徐君已死，于是乃解其宝剑，系之徐君冢树而去。从者曰："徐君已死，尚谁予乎？"季子曰："不然。始吾心已许之，岂以死倍吾心哉！"

原文释义：季札首次出使，途经北方的徐国。徐君对季札所佩之剑流露出浓厚的喜爱之情，然未直言相告。季札心里知道（徐君喜欢自己的剑），但是他还要出使别国，所以没有把剑送给他。待其出使归来，徐君已辞世，季札便将宝剑解下，悬挂于徐君墓前的树上。他的随从说："徐君已经死了，这是要送给谁呢？"季札说："不是这样的，我当初心里已经决定要把这剑送给他了，怎么能因为他死了而违背自己的诺言呢！"

引申寓意：季札因挂剑留徐、恪守诚信的高尚品质，在诸侯间广为传颂，徐国民众对其敬仰之情倍增。此事迹不仅是季札个人的荣耀，更是恪守诚信之典范，为后世所称扬。后人以"挂剑""悬剑""延陵许剑""许剑""死生一剑"等典故，表达对亡友的怀念与敬意和对诚信精神的珍视。

这一故事深刻诠释了承诺与诺言的重要性，以及坚守个人行为与决定的价值。它启示我们，承诺一旦作出，便应认真对待，无论世事如何变迁，都应坚守诚信，不负所托。在哲学层面，季札的行为体现了对承诺与诺言的尊重与恪守。即便徐君已故，季札仍坚持将宝剑置于其墓前，信守诺言，彰显出诚信精神的重要性。这引发我们思考：在多变的人生中，即使环境已发生改变，我们是否应始终坚守承诺？

此外，故事亦涉及时间与行为之间的关系。季札在初作承诺时，已决定将宝剑赠予徐君。即便时光流转，徐君已逝，他仍坚持履行诺言。这使我们反思：我们的行为应如何平衡过去的承诺与当前的实际情况，如何在坚守诚信与顺应时势之间寻求最佳平衡？

十三、破锋八刀

典籍出处：《破锋八刀》刀谱云："迎面大劈破锋刀，掉手横挥使拦腰。势成顺风扫秋叶，横扫千钧敌难逃。跨步挑撩似奔雷，连环提柳下斜削。左右搬拦凭快取，移步换型突刺刀。"

原文释义："面对敌人，我以大劈破锋刀迎面而上，巧妙掉手横挥，意在拦腰截断其攻势。我之势如顺风扫秋叶，势不可挡，横扫之间，千钧之力亦无法阻挡。我跨步挑撩，动作迅猛如奔雷，连环提柳之下，斜削之力足以破敌。左右搬拦，快速而准确，凭借此招，我可迅速取得优势。移步换型之间，我突刺而出，刀锋直取敌之要害。"该刀法融会了明代戚继光所著《辛酉刀法》、程宗猷所著《单刀法选》以及清代吴殳所著《单刀图说》等古典刀法技法精华，动作简捷而精炼，以大劈大砍为主，风格迅猛剽悍，充分体现出军旅实用的特色。

引申寓意：《破锋八刀》不仅是一部武术技艺的集大成之作，更是二十九军英勇抗战、保卫祖国的象征。这套刀法以冷静、果敢、勇猛的精神为核心，与二十九军大刀队的战斗精神紧密相连，彰显了中华民族在抵抗外敌入侵时的顽强毅力和坚定信念。

即便是在现代社会，破锋八刀的价值和内涵依然具有重要意义。在充满挑战和压力的现实环境中，人们需要坚定意志、勇气和毅力来应对各种困难和挑战。破锋八刀所强调的快速、准确、果断的攻击方式，为现代人在处理问题、作出决策时提供了宝贵的参考。在面对复杂多变的情况时，我们需要冷静分析、迅速判断，并果断采取行动，以抓住机遇、应对挑战。

因此，学习和理解破锋八刀不仅是对传统武术技艺的传承和发扬，更是对现代人意志品质的一种锻炼和提升。通过掌握这套刀法，我们可以更好地应对生活中的各种挑战，展现出中华民族勇敢、坚韧的精神风貌。

十四、虚实有道

典籍出处：明代唐顺之《武编·前集·拳》中载："作势之时，有虚有实。所谓'惊法'者，虚；所谓'取法'者，实也。似惊而实取，似取而实惊。虚实之用，妙存乎人。"

原文释义：《武编·前集·拳》中载述："拳术之中，虚实并存。所谓'惊法'，乃虚张声势之策；'取法'则为实际攻击之手段。有时看似惊吓对手，实则趁机出击；有时貌似攻击，实则意在制造惊慌。虚与实的灵活运用，奥妙尽在人心。"

引申寓意：《武编》是明代唐顺之纂辑的一本武术专著，其中详细论述了徒手格斗的要领和技巧。在卷五中，唐顺之特别强调了"作势之时，有虚有实"的原则，这也是武术中非常重要的一个概念。所谓"作势"，指的是在格斗中制造出的攻击或防御的姿态和动作。在这个过程中，虚实之间的运用至关重要。虚，指的是假装或佯攻，实则为了迷惑对手，使其产生误判或反应迟钝；实，则是真正的攻击或防御，需要精准而果断地执行。

唐顺之所说的"惊法"，就是一种虚招。通过制造出惊人的动作或声音，使对手产生恐惧或紧张的情绪，从而失去判断力或反应能力。而"取法"是一种实招，即以真实的攻击或防御来制服对手。在格斗中，似惊而实取，似取而实惊，灵活运用虚实之间的转换，可以使对手陷入混乱，从而取得胜利。

虚实之用的妙处，不仅在于制造迷惑和混乱，更在于对兵器格斗节奏的掌控。在攻击时，通过虚招的引导，可以逐渐逼近对手，寻找其破绽；在防御时，通过虚招的掩饰，可以化解对手的攻击，同时寻找反击的机会。虚实的运用，需要配合自身的节奏和对手的节奏，才能在器械格斗中立于不败之地。

除了唐顺之在《武编》中的论述外，我们还可以从其他武术经典中看到对虚实之用的深入探讨。例如，《太极拳谱》中就有"以柔克刚，以静制动，后发先至，四两拨千斤"的说法，这也是虚实之用在太极拳中的重要体现。太极拳强调以柔克刚，即通过柔和的动作化解对手的攻击，同时以静制动，通过静止的状态观察对手的动态，寻找反击的机会。这种以柔克刚、以静制动的技巧，正是虚实之用的精髓所在。

在中国器械格斗中，虚实之用的运用占据至关重要的地位，其作用不容忽视。通过巧妙地变换虚实，可以有效迷惑对手，制造混乱，进而掌控格斗的主动权。这种以柔克刚、以静制动的策略，常常能在关键时刻帮助选手扭转战局，取得胜利。因此，对于武术器械学习者而言，深入研究和掌握虚实之用的原则显得尤为关键。这种转换不仅需要选手具备高超的技巧和敏锐的反应能力，更需要拥有丰富的实战经验和准确的判断力。只有这样，才能在复杂的格斗环境中游刃有余，发挥出虚实之用的最大威力。

第五节　规则演变

中华剑道的原型还是短兵器项目，这项运动源自我国古代击剑活动。20 世纪 30 年代，张之江先生提倡“国术科学化”，致力于推动国术由民间传统活动向正式、有完整体制的竞技体育转变。尽管受到当时国情的制约，武术名家们仍前赴后继，但转型并未完全实现张先生的预期目标。尽管如此，前辈们的努力仍然为我们留下了如短兵这样的体育文化瑰宝。

一、探索期

1927 年，张之江创办中央国术馆，正式建立了国术考试制度。当时民国政府没有足够的财力支持，使国术事业举步维艰。但在这一事业上，凝聚着当时一批武术名家的才智心力，是有价值的民族体育文化资源。短兵的推出，就是当时的国术体系和武术竞技体制的一个组成部分，是张之江和他周围的一批武术家为武术的短器械群体设计的竞技形式。

现在所能看到的最早的短兵比赛规则是《击剑比赛细则》（简称《细则》），收录在 1931 年 4 月出版的《国术比赛规则》一书中。《国术比赛规则》是中央国术馆为争取将国术纳入当时的全国运动会所做的准备，共设置了三个项目，即搏击、率角（摔跤）、击剑，总则之外，分别设有细则。搏击是散手，击剑就是短兵。

《细则》规定，短兵比赛允许男女运动员参加，运动员按体重分五个量级。除脑后、耳部、腹部和裆部外，其他人体部位均可进攻。但又将身体分成“要害”和“非要害”两类，击中或刺中要害部位得全点，非要害部位得半点。比赛以三个回合定胜输，每击中三剑为一个回合，先击中对手两次或两次以上者胜一合，胜两合者获得本次比赛的胜利。比赛不计时间。犯规的若干规定中，最重要的一条是“以搏击和率角之方法加于对手者”，其他还有攻击禁忌部位者等。

但关于比赛的场地、器材、护具和相关礼仪等，都没有具体的规定和要求。《细则》是在缺少比赛实践的情况下制定的，反映了当时的短兵比赛还处于摸索阶段。

二、发展期

1961 年人民体育出版社出版的体育院校本科讲义《武术》，即经不断修订后沿用至今的体育系通用教材《武术》的第一版以及 1983 年版，都收录了短兵内容，其中包括技术训练和比赛方法，后者就是比赛规则。

《武术》教材 1961 年版和 1983 年版所保存的短兵内容，尽管仍有许多不足，但规则的严密性及可操作性有显著提升。同时，关于短兵比赛的场地和器材也都有了明确规定，曾经对民间自发开展这项运动起到重要的指导作用。

在比赛规则方面，比之《细则》变化较大。举例说，《细则》规定不分男女均可参赛，运动员分为五个级别，而《武术》规定“短兵比赛适用于成年男子，不分级别”。应该说这是《武术》调整失误的地方，不分级别显然不合理。再比如《武术》规定每场比赛三局，每局两分钟，局间休息一分钟，三局比赛完后计算成绩，以得分多者胜出。这比《细则》的三打二胜合理得多。总之，《武术》的规则也还存在不少缺陷，具体实行时多有难以操作的地方。

三、完善调整期

规则对技术的发展有导向作用，这是一切运动项目的通理。短兵的发展能否成功很大程度上取决于技术的发展状况的好坏，而技术的发展又在很大程度上受规则制约。规则的完善则主要基于足够的练习与竞赛，只有在不断的短兵对抗与竞训中，才可以发现现有规则的不足之处。这需要大量的实践与精心的研讨，切忌闭门造车，更要防范“嘴把式”的过多介入，以免造成武术发展中一直遭遇的外行指导内行的各种闹剧与笑话。

目前所采用的规则是在《武术》所载规则的基础上，通过近 15 年的不断调试与验证所形成的。2009 年，在中国香港举办世界中华国术大赛时，推出了对应的《世界中华国术大赛短兵比赛规则（试行）》（简称《国赛规则》），此后国内外的大多数短兵比赛规则均以此为蓝本。除此之外，武术管理中心先后组织的两次短兵交流赛也都对规则进行了适当调整。调整主要体现在短兵的形制发生了变化，采用了更为粗短的短兵，战术动作中则增加了所谓的地躺技术，即在对垒时以主动倒地作为起始动作进行进攻。我们在实践中认为这两次调整都不太符合短兵运动的基本气质，因此仍然坚持以《国术规则》作为短兵的基础规则。

第二章 基本技法篇

第一节 热身运动

在中华剑道运动的日常教学与竞赛之前，热身运动是不可或缺的环节。

热身运动的首要目的是降低肌肉的黏滞性，增强肌肉的弹性，从而有效预防运动伤害。通过慢跑、拉伸、摆臂等一系列热身动作，能够显著提升身体及肌肉的温度，进一步增强肌肉的弹性，大大降低在兵器格斗过程中可能出现的扭伤、拉伤等运动损伤风险。

此外，热身运动还有助于提高身体机能。兵器格斗要求运动员具备出色的爆发力和耐力等多种身体能力。通过热身，能够增加肌肉的氧气摄取量，优化心肺功能，从而提升整体身体机能，激发神经系统的兴奋性，使身体处于更为警觉的状态，进而加快反应速度和敏捷度，这对于在兵器格斗中作出迅速、准确的应对至关重要。

最后，热身运动还能够增强运动员的自信心。当身体感受到热身带来的活力与灵活性时，运动员的自信心和积极性也会相应提升，从而能够全身心地投入中华剑道训练与比赛中。

一、快速热身

小步跑。保持上体正直，肩部放松，两臂自然摆动。髋、膝、踝关节放松，迈步时膝向前摆出，髋部稍有转动。当一侧膝向前摆动的同时，另一侧大腿积极下压，足前掌扒地式着地，着地时膝关节伸直，足跟提起，踝关节保持弹性（见图 2-1-1-1）。

后踢跑。①上体正直或稍前倾，两臂自然摆动。②足前掌着地，离地时足前掌用力扒地，离地后小腿顺势向后踢与大腿折叠，膝关节放松，足跟接近臀部（见图 2-1-1-2）。

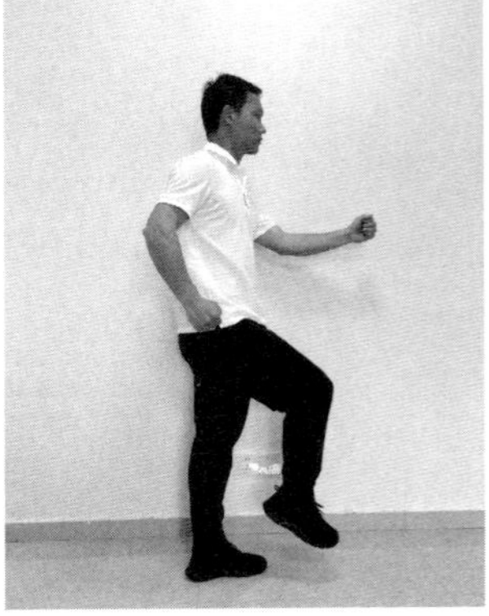

图 2-1-1-1

图 2-1-1-2

高抬腿。①上体正直或稍前倾，两臂前后摆动。②大腿积极向前上摆至水平，稍带动同侧髋向前，大小腿尽量折叠，脚跟接近臀部。③抬腿同时，另一侧大腿积极下压，直腿足前掌着地，重心提起，用踝关节缓冲（见图 2-1-1-3）。

前踢跑。上体正直或稍前倾，两臂前后摆动，左右脚交替向前踢，高度不超过膝盖（见图 2-1-1-4）。

图 2-1-1-3

图 2-1-1-4

毽子盘腿。类似踢毽子动作，上体正直或稍前倾，左右脚相互前后盘踢，速度逐渐加快，保持身体稳定（见图 2-1-1-5）。

开合跳。①身体直立，抬头挺胸，双手自然垂放于身体两侧。②向上跳起，同时双脚向两侧张开。初始时手掌心朝下，跳跃过程中可逐渐转向掌心朝前。③跳至最高处时，双手在头顶上方前后交叉，双手与双腿保持笔直，膝盖不弯曲。④落地时，脚尖先着地，膝盖微屈，重复进行（见图 2-1-1-6）。

图 2-1-1-5

图 2-1-1-6

备注。还可以通过其他热身游戏进行。如石头剪刀布等快速分辨胜负的游戏，折返跑或蛙跳等，适合男女老少。

二、常规拉伸

（1）颈部转动。保持身体直立，两手叉腰，慢慢点头，向后仰头。慢慢向左转动头部，保持眼睛看向前方，然后慢慢向右转动头部，保持眼睛看向前方（见图 2-1-2-1）。

（2）肩部绕环。保持身体直立，两臂由身体两侧慢慢画圆，慢慢过渡到画大圆。使得肩部得到充分的拉伸和运动（见图 2-1-2-2）。

图 2-1-2-1

图 2-1-2-2

（3）扩胸运动。保持身体直立，两臂平举，两手在胸前掌心朝下，慢慢做扩胸运动，随后两臂伸开掌心朝上（见图 2-1-2-3）。

（4）腹背伸展。保持身体直立，两脚开立，同时两手臂向上伸直震动。随后两脚并住，慢慢向下弯腰，双手触地（见图 2-1-2-4）。

图 2-1-2-3

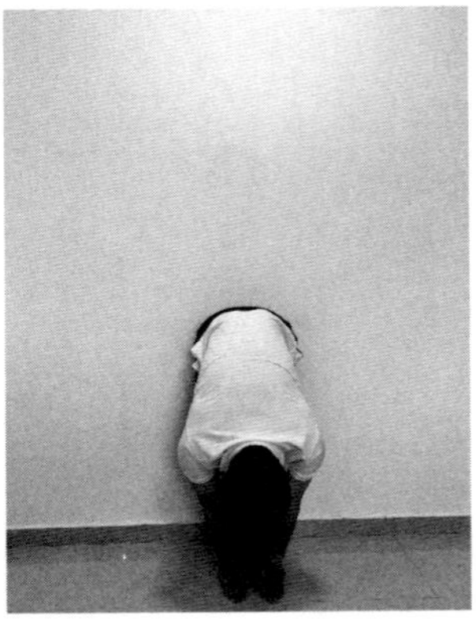

图 2-1-2-4

（5）腰部扭转。保持身体直立，两脚开立，双手叉腰，转动腰部，保持身体正直（见图 2-1-2-5）。

（6）腿部伸展。可以进行弓步压腿，也可以保持身体直立，左腿向前伸直，勾脚尖，右腿向后弯曲，双手扶住右腿（见图 2-1-2-6）。

图 2-1-2-5

图 2-1-2-6

（7）膝关节环绕。保持身体直立，慢慢下蹲，双脚并拢，然后慢慢进行膝关节左右前后绕动（见图 2-1-2-7）。

（8）手腕脚腕转动。身体直立，双手握拳，然后慢慢转动手腕，脚尖着地，同步进行踝关节慢慢转动（见图 2-1-2-8）。

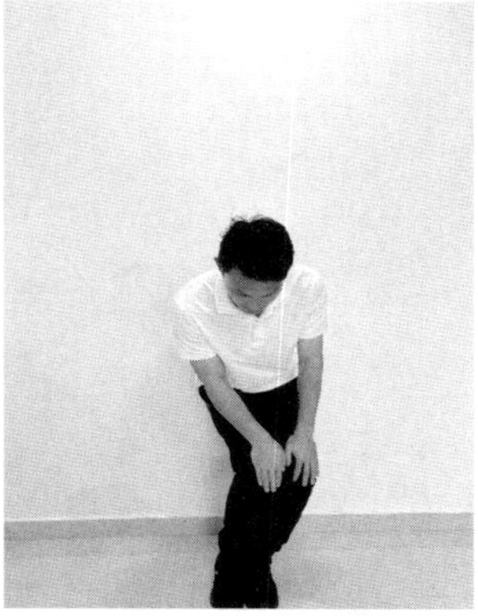

图 2-1-2-7

图 2-1-2-8

三、身步适应

弓步跳。站立姿势，双脚前后跨立，形成舒展的弓步。身体下沉，确保后侧腿的膝盖尽可能触及地面。在此过程中，保持躯干直立，两侧膝关节均呈 90 度弯曲。完成一次动作后，交换左脚和右脚的位置，重复进行（见图 2-1-3-1）。

换跳步。两脚前后开立，宽度与肩相当，左脚置于前方。跳跃时身体直立，双脚前后叉开约一肩宽。维持身体直立，自然放松肌肉，通过腰部转动带动两脚交替进行，重复多次（见图 2-1-3-2）。

图 2-1-3-1

图 2-1-3-2

急滑步。急滑步是一种迅速进攻的步法。首先，前脚抬起并贴近地面推进，随后后脚蹬地，前脚再向前迈进一步，后脚紧跟其上。在整个过程中，保持前后脚步幅相等，重心稳定（见图 2-1-3-3）。

急进步。急进步是在大弓步的基础上，以快速而轻巧的步法移动进行的，见图 2-1-3-4。

图 2-1-3-3

图 2-1-3-4

单劈手。首先，伸展腰部并提升右肩，带动右臂向前挑起至斜上方，同时保持虎口朝上。左臂则向下由屈到伸，移至身后，虎口朝下。目光注视右手方向。紧接着，上体向右翻转，带动右手向上向右，左手向下向左，两者同时抡转划弧近一周（见图 2-1-3-5）。

图 2-1-3-5

四、专项拉伸

在中华剑道的训练体系中，专业的拉伸动作占据着至关重要的地位。它们不仅能够提高习练者的身体灵活性，扩大关节活动范围，还能显著降低运动损伤的风险。在进行这些拉伸动作时，务必保持体态稳定，呼吸自然流畅，避免过度或不适的伸展。习练者应根据个人的身体条件与训练需求，选择适合自己的拉伸动作，并在训练开始前、结束后进行适当的拉伸，以及必要的休息与恢复。如果在拉伸过程中出现任何不适或特殊情况，建议及时咨询专业教练或医生，以确保训练的安全与效果。

以下是推荐的几种拉伸动作。

（1）肩部和上背部拉伸。站立或坐下，将一只手臂伸直，另一只手臂从侧面抬起并越过头部，使手臂伸直，感受肩部和上背部的伸展。保持该姿势 15~30 秒，然后换另一侧进行（见图 2-1-4-1）。

（2）侧躯拉伸。站立或坐下，一只手臂叉腰，另一只手臂从上方伸直并向侧面拉伸。保持该姿势 15-30 秒，然后换另一侧进行（见图 2-1-4-2）。

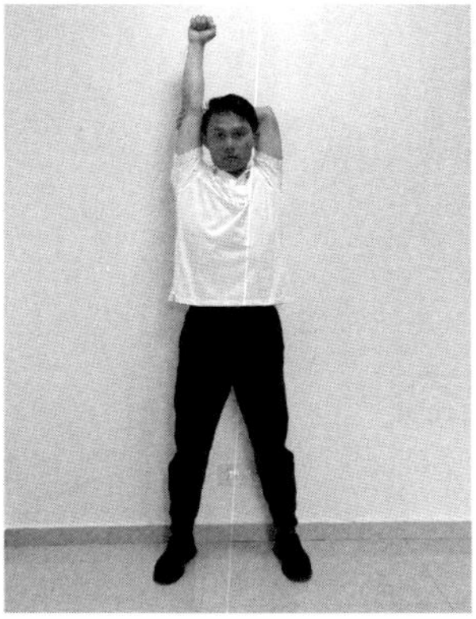

图 2-1-4-1

图 2-1-4-2

（3）下背部和臀部拉伸。坐在地上，双腿伸直并拢，然后慢慢弯腰向前伸直手臂，尽量触碰脚尖。保持该姿势 15~30 秒，感受下背部和臀部的伸展（见图 2-1-4-3）。

（4）大腿肌肉拉伸。站立，将一只脚抬高放在稳定的支撑物上（如椅子。支撑物不宜过高，与腰同高为最佳），然后向前弯腰，保持背部挺直，感受大腿肌肉的伸展。保持该姿势 15~30 秒，然后换另一侧进行（见图 2-1-4-4）。

图 2-1-4-3

图 2-1-4-4

（5）腿后肌群拉伸。坐在地上，一只腿伸直，另一只腿屈膝并将脚底贴在伸直腿的内侧大腿上，双手交叠按于伸直腿膝盖上方，然后向前弯腰，感受腿后肌群的伸展。保持该姿势 15~30 秒，然后换另一侧进行（见图 2-1-4-5）。

图 2-1-4-5

第二节　标准仪态

一、徒手姿态

基本站姿。两脚并步站立，与一般站立姿态相同，挺胸、抬头，两腿直立并拢，两臂垂于体侧，目视前方，注意力集中（见图 2-2-1-1）。

跨立姿态。与立正姿态相同，注意两臂置于身后且两脚与肩同宽（见图 2-2-1-2）。

图 2-2-1-1

图 2-2-1-2

二、持兵姿态

在站立状态下，确保躯干与腿部保持稳定。抬头挺胸，收紧腹部肌肉，以维持正确的体态。两脚并拢，保持身体平衡，并目视前方，以维持专注和警觉。左手应紧握剑的护手部分，确保兵刃朝下，剑身与地面形成约 45 度的角度。

图 2-2-2-1

三、进退仪态

孟献子曾言："礼，乃身之干也；敬，身之基也。"同样，孟僖子亦强调："礼，人之干也。无礼，无以立。"以上皆出自《左传》记载。在中华剑道这一武术教学与训练的重要组成部分中，师生间的礼仪显得尤为关键。它不仅是中华传统文化的体现，更是维护教学训练秩序、增进师生间互动与信任的重要纽带。每当师生初次相见、课前、练习开始与结束，以及离别之际，习练者均应向教师、教练员或同伴行鞠躬礼，以表达尊重、感激与敬意。

礼仪作为一种日常行为规范，对于营造良好的学习氛围、促进教学训练的顺利进行具有不可替代的作用。同时，这些礼仪也有助于培养学生的礼貌与尊重他人的品质，为他们未来的生活与工作奠定坚实的基础。参赛运动员向裁判、观众行礼，并非简单的仪式，而是对比赛、对手、观众及自身职业精神的深刻尊重，展现了崇高的体育精神。

（一）准备

（1）在日常训练或等待准备上场发令期间，双方运动员应自行整理护具，并持兵站立，确保装备整齐、状态良好。

（2）运动员在持兵后，应以持兵之礼站在指定位置，展现出对比赛的尊重和专业的态度（如下图示）。

图 2-2-3-1

图 2-2-3-2

（二）入场（行礼势）

运动员在入场及比赛过程中，需遵循一系列规范的礼仪。首先，当运动员被介绍上场时，他们需首先向场上裁判长鞠躬致敬，随后再转向观众鞠躬。这一礼仪既体现了运动员对裁判的尊重，也向观众表达了谢意。其次，双方运动员在行完礼后，应站在指定的准备区域内，等待裁判发出比赛开始的指令。在整个过程中，运动员应展现出严谨、稳重的态度，遵守比赛规则，以理性的方式参与比赛（鞠躬礼如图 2-2-3-3 所示）。

图 2-2-3-3

在两人或多人一组的练习过程中，无论是训练还是实战，都应注重相互之间的礼节。课间休息和课程结束时，全体学生需统一向教师、教练员行礼，以彰显师生间的尊重。

在需要相互行礼的场合，双方运动员应面对面行“鞠躬礼”，以此表达对彼此的敬意。此外，在自行演练动作时，运动员应持兵站位，两腿微屈，呈实战准备姿态。右手持兵，左手成掌，大小臂自然伸直，略高于肩。同时，保持含胸拔背的体态，目视前方。只有在触兵之后，才能正式开始竞技，以体现竞技的公正性和严肃性。

（三）竞赛

（1）在中华剑道实战对抗中，采取合适的准备姿势至关重要。预备式，即四六步，是一种常用的准备姿势。执行此姿势时，应确保两腿微屈，以保持稳定性和灵活性。右支撑腿与地面形成的角度约为 135°，而后支撑腿与地面的角度则约为 120°。身体重心的分配应遵循“前四后六”的原则，确保在保持平衡的同时，能够快速应对各种实战情况。在保持此姿势时，目视前方，以观察并应对可能出现的威胁。通过熟练掌握四六步预备式，可以提高实战中的应对能力和效率（如下图示）。

图 2-2-3-4

图 2-2-3-5

图 2-2-3-6

（2）场上裁判已对双方运动员的护具进行了详尽的检查，确认无误后，随着裁判的手势发出，两位运动员面对面站立，以“鞠躬礼”的方式表达了对彼此的尊重。此刻，做好实战的充分准备，随时准备迎接即将到来的兵器对抗。

（3）短兵相接势，或称“触兵礼”，乃竞赛之初的必要礼仪。当竞赛即将开始，两位选手均应采取预备姿态，依照所给图示，静待裁判发令以进入实战状态。裁判以立掌为信号，象征比赛正式开启。双方随即进行短兵相接仪式（即“触兵礼”），表示各自已就绪，可以展开竞赛。此举不仅为比赛的开始，亦体现对竞赛的尊重与认真对待（短兵相接的触兵礼如图 2-2-3-7 所示）。

图 2-2-3-7

（4）在竞赛过程中，一方得分并经过判罚，参赛者需等待裁判员的指令。当听到“开”的口令时，双方应使用仿真剑进行轻轻的触碰，以示确认，并随即恢复比赛。若比赛过程中发生任何意外或突发事件，无论是对方还是己方，都应遵循裁判员的指示。在这种情况下，双方应相互鞠躬致意，以表达尊重和礼貌，待问题解决后，再继续进行比赛。

（四）收兵入鞘势

在《左传》中，楚子曾言：“夫文，止戈为武。武王克商，作《颂》曰：‘载戢干戈，载櫜弓矢。我求懿德，肆于时夏，允王保之。’”（《左传·宣公十二年》）这一言辞表达了一种对于武德的理解与推崇，其中“止戈”之意，亦可以理解为“停战”或“收兵”。

在比赛场上，当裁判宣布比赛结束时，双方运动员即刻停止竞技，如同“收兵止戈”。他们身体直立，双脚并拢，左手向前成剑鞘状，兵器指向身体内侧，仿佛在寻找一个恰当

的位置。随后，调整兵器的尖端，使其与置于腰间的左手位置相碰，左手成空心握拳状，兵器从空隙中穿过，

最终呈现持兵式的姿态。在整个过程中，他们的目光始终平视对方，站在场上裁判的两侧，展现出一种稳重、理性的竞技风范。

这种结束比赛的方式，不仅体现了运动员对于比赛规则的尊重，更展现了他们内心的谦逊与自持。他们通过一系列规范的动作，向观众和对手传达了一种“止戈为武”的精神内涵，即竞技虽重要，但武德更为关键。这种精神，正是《左传》中楚子所言的“我求懿德，肆于时夏”的真实写照。

以下系列配图为结束比赛后收兵动作。

图 2-2-3-8

图 2-2-3-9

图 2-2-3-10

收刀人鞘势

图 2-2-3-11

图 2-2-3-12

（五）退场

比赛结束后，双方运动员需按照礼仪规范，在裁判的指示下，面向观众行鞠躬礼以表达敬意。随后，运动员之间亦应相互行鞠躬礼，以示尊重。最后，还需向裁判行鞠躬礼，以示感谢裁判的公正判决。在完成这些礼仪动作后，运动员方可有序退场。在退场过程中，可以选择以拥抱或其他友好形式来表达彼此之间的友谊和尊重（见图 2-2-3-13）。

图 2-2-3-13

四、实战姿态

在任何实战场合，一个正确的持兵姿势对于胜负而言皆具有至关重要的作用。无论是刀、枪、剑、戟，还是其他任何类型的兵器，只有姿势正确，才能确保攻击和防守的有效性。以剑术为例，一个标准的实战姿势应该综合考虑持兵的手法、身体的姿势、脚步的站位以及眼神的聚焦等多个方面。

一个理想的实战姿势应当满足以下三个基本条件：首先，它必须有利于发动迅速而有力的攻击，使剑手能够在关键时刻发挥出兵器的最大威力；其次，姿势应当稳固而平衡，能够提供良好的防守基础，使剑手能够有效地抵御来自敌方的攻击；最后，姿势还应具备一定的灵活性，以便剑手在需要时能够迅速调整位置，灵活躲避敌方的攻击或寻找合适的反击机会。

（一）预备持兵架势

（1）单手持兵器的实战姿势。在剑出鞘，使剑挥至身前，兵身斜置。同时，左脚向后迈出一步成半马步，脚的距离稍大于肩，身体重心落于两脚之间，右脚尖向前，左脚尖向左前方，前后脚水平距约半脚。上体保持正直，含胸收腹；右臂微曲，手心向左，兵刃与额头同高位置（见图 2-2-4-1）。

图 2-2-4-1

（2）双手持兵器的实战姿势。

双手持兵的基本姿势。可以进行左看鞭势、右看鞭势和左定膝鞭势、右定膝鞭势两种形式。

左看鞭势图说。左脚在前形成半马步的姿态。握把的方式右手在前左手在后，兵器的刃段指向对方。

此开右边门户，肩、面俱空，饵彼枪扎人，将鞭往右格开彼枪，进左步，上右步，即压一鞭，复勾一鞭，剪步抢人击杀（见图 2-2-4-2）。

右看鞭势图说。与左侧相反，动作相同。

此开左边门户，侧身，肩、面俱空，饵彼枪扎入，鞭往左边一格，进右步则成左看势，即剪步勾鞭抢入击杀（见图 2-2-4-2）。

左看鞭势　　右看鞭势

图 2-2-4-2

左定膝鞭势图说。将鞭推出，按在左膝上。如彼枪往右拿，将身仰后伏下，则成右看势。如彼枪往左拦，即退左步又成左看势。俟彼如何扎入，随机应杀（见图 2-2-4-3）。

右定膝鞭势图说。将鞭推出，按在右膝上。如彼枪扎我左边，用鞭斜劈开。如彼枪扎我脚，用提鞭。如彼扎我面，用缠搅紧进步，跳入击杀（见图 2-2-4-3）。

右定膝鞭势　　左定膝鞭势

图 2-2-4-3

第三节　持兵握法

一、单手握法

单手器械练习与拳术在架势和基本规范方面均需严谨对待，这一点在杨炳所著的《习武序》中亦有体现："把者，握也，操也；势者，因利而制权。"对于中华剑道而言，兵器的握把技巧占据着举足轻重的地位。采用恰当的握把方式不仅能够有效提升练习效果，还能够显著减轻手指与手腕的疲劳感，并预防潜在损伤。推荐采用最为舒适的持握方式，多数情况下以单手持兵开握法为主。当面对力量较大或对抗性较强的情形时，应适时加强对器材握把位置的控制。具体握法为：拇指自然张开，指尖轻轻抵触护手盘，其余四指并拢紧密握住剑柄。此种开握法有助于刺、挑、撩等技法的流畅施展。大拇指与其他四指协同工作，四指自然弯曲握住剑柄，整体手部稳固贴合剑的护手部位。

具体握持方式如下图所示。

图 2-3-1-1

图 2-3-1-2

明末清初的吴殳昔年曾从渔阳老人学过剑，并称其剑术“只手独运捷于电”，可见是单手持兵。另外，他在《剑诀》中指出，剑为短兵，应以臂为柄，其进退关键在于足，故必须“足如脱兔身如风”，才能“三尺坐使丈八废”，足见吴氏剑技完全秉承了古代剑技“持短入长，倏忽纵横”的特点。还有，吴殳在《后剑诀》中强调，“剑器轻清，其用大与刀异”，故技术上，剑是“直行直用是幽元”，决不能像刀那样砍斫，说明吴殳深得用剑之道。

二、双手握法

俞大猷的《剑经》讲：“阴阳要转，两手要直。”吴殳在《手臂录》中也说：“两腕封闭，阴阳互转，百法藏于其中，神妙莫测，为枪之元神也。”（《手臂录·卷一·石沙杨马少林冲斗六家枪法说》）这些都说明了双手持握兵器与变化的重要性。

当使用双手兵器时，双手握剑把的技巧，适用于双手剑与鞭杆的使用。建议参考《单刀法选》或《纪校新书》以获取更深入的了解。以右手为例，应使拇指、食指、中指与无名指紧密围绕剑柄，左手则握持兵柄尾端，两手掌应适度贴合。双手剑的握法需灵活应变，依据不同剑型及战术需求调整握把方式。需强调的是，此握法需经长期训练方能得心应手，务必勤加练习，方能熟练掌握。

双手握法如图所示。

图 2-3-2-1

图 2-3-2-2

第四节　基本步法

一、技术要点

武术中所谓“手法、眼法、身法、步法”的说法由来已久，古已有之。如戚继光在《纪效新书》中就有如下的记载：“长枪，单人用之，如圈串，是学手法；进退，是学步法、身法。”（《纪效新书·或问》）因此，无论是使用长枪、大刀、双手剑还是其他类型的兵器，均强调身法与步法的协调一致。武术谚语中讲“教拳不教步，教步打师父”说明了步法的重要性，在兵器训练中，步法的灵活性同样至关重要。不同的武术门派会根据所使用的兵器和格斗风格，发展出各具特色的步法训练体系。

在中华剑道的实战应用中，步法的基本规范、组合方式以及速度变化对技术攻防效果具有直接而深远的影响。因此，在进攻与防守的技术训练中，步法的灵活性至关重要。要把握时间差、调整距离，都需要依靠步法的精准移动。步法的执行要求快速、灵活、稳定且准确，以确保进攻的有效性。

遵循何良臣《阵纪》的指导原则即“切去了走跳虚文”，中华剑道中的腾空动作，如跳跃等，基本被剔除。常用的步法主要分为进攻性步法和防守性步法两大类，包括进步、退步、左移、右移、提步、抢步、跳步、垫步、并步等。一旦掌握了这些基本步法，便可以根据攻防动作的特点和要求，在不同的时机、距离和条件下，迅速而灵活地转换步法和调整姿势（如下图示）。

图 2-4-1-1

图 2-4-1-2

（一）固定步法

固定步法，指的是在兵器格斗过程中，双脚或身体维持相对固定位置的步法。此类步法常见于使用长剑、大枪等较长兵器的对抗场合。固定步法注重身体的稳固性和力量的有效发挥，通过身体的旋转和臂力的运用，实现对对手的攻击（如下图示）。

图 2-4-1-3

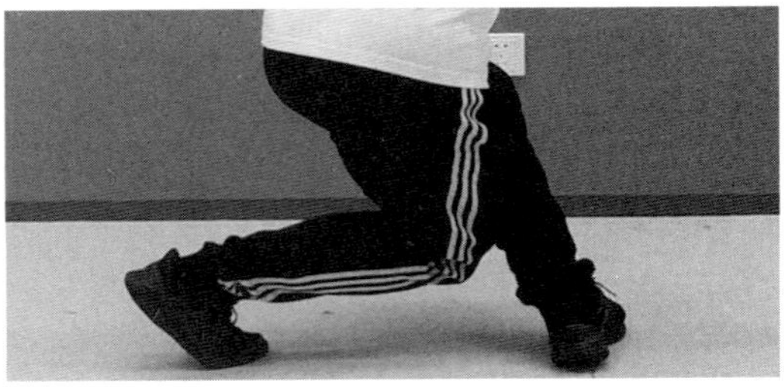

图 2-4-1-4

（二）移动步法

《手臂录·剑诀》载："长兵之进退，须手法灵巧如神；短兵之进退，则须步履矫健便捷。"所谓转移步法，乃是在格斗之际，通过调控体重及调节脚步位置以实现灵活位移的技法。而踏步法，则是指在格斗过程中，借助前进、后退及左右移动来调整攻防之间的距离，此法尤适用于中华剑道竞技，如刀剑、棍棒等兵器的使用。此法之精髓在于灵活性与机动性，通过迅速的脚步移动，可以有效地改变攻击与防御的态势。在运用此法时，两腿应开立与肩同宽，采取右腿在前、左腿在后的半马步站姿。身体重心需保持低位，自然蓄势，两腿适度弯曲，重心置于两腿之间。两腿不得交叉，脚尖与身体朝向应保持一致。

1. 前进步

前进步法是一种重要的进攻移动技巧，其执行过程要求严谨、稳重和理性。在执行此步法时，首先要用后脚蹬地，紧接着前脚向前迈出半步，随后后脚再跟进半步。在整个过程中，前后两脚必须依次连续移动，以确保重心稳定和步伐的连贯性。

这个过程中，此步法不仅可以独立使用，还可以与其他步法有效连用，以便在需要时进行反击。在执行前进步法时，前脚先起，贴地推进一步，后脚随后跟进，前后脚的步幅要保持相等，以确保身体的平衡和稳定。

图 2-4-1-5

图 2-4-1-6

2. 后撤步

后撤步是一种重要的躲闪步法，其主要动作为前脚蹬地，后脚先向后退半步，随后前脚也迅速后退半步，两脚依次、连续移动。这种步法可以有效地避开敌方兵器的攻击，并为我方创造反击的机会。在执行此步法时，后脚先动，紧贴地面后退一步，前脚则紧随其后，保持前后脚步幅相等，以确保身体重心的稳定（如下图示）。

图 2-4-1-7

图 2-4-1-8

3. 左闪步

左闪步法，要求右脚首先施加力量蹬地，紧接着左脚以贴近地面的方式向左迈出一步横向移动作为起始动作。紧接着，右脚以相同的步幅向左横向移动，与左脚保持同步，以保持整体的稳定性与协调性。它常用于有效化解对手的正面攻势。在执行这一系列动作时，必须确保步伐转换流畅，实现移步换型的目标（如下图示）。

图 2-4-1-9

图 2-4-1-10

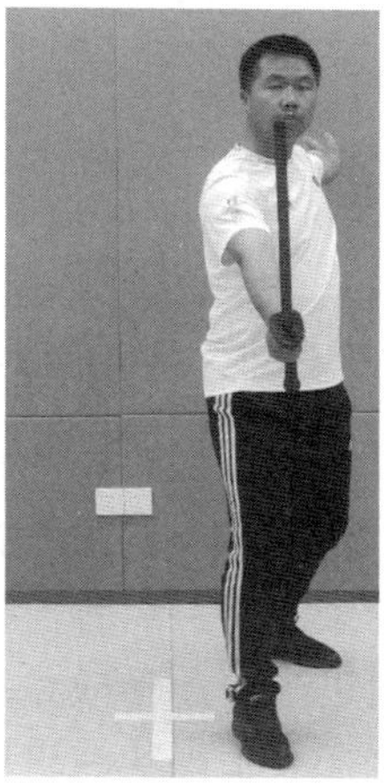

图 2-4-1-11

4. 右闪步

右闪步是指，右脚首先发动，贴近地面向右迈出一步，随后左脚向右横向移动并跟上，前后脚步的幅度需保持一致，步型维持不变，重心保持稳定。对于右滑步，要求右腿向右侧迈出一步后，左腿顺着这一动作向右侧滑动。在整个过程中，需要特别注意步伐的轻盈与灵动，以营造出滑动的感觉（如下图示）。

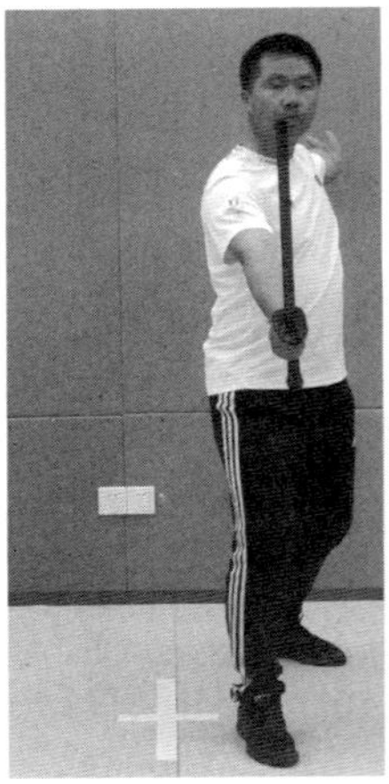
图 2-4-1-12

图 2-4-1-13

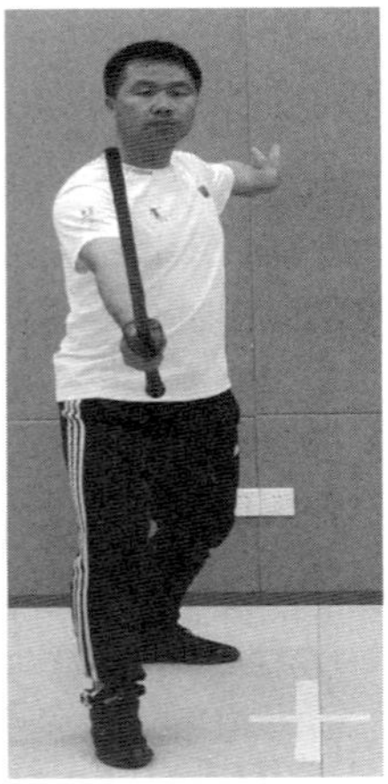
图 2-4-1-14

5. 大弓步

大弓步主要应用在进攻技术中，其具体动作为：若以右脚为例，则左脚用力蹬地，前脚（右脚）大幅度地向前跨步（右脚向前迈出一大步），随后将后脚蹬直，形成稳固的大弓步姿势。（如下图示）

图 2-4-1-15

图 2-4-1-16

变化一：抢步。此步法之关键在于捕捉进攻的时机与空间，以迅雷不及掩耳之势发动攻击。抢步与大弓步在形式上有所相似，但实则存在步伐幅度大小及实战目的间的差异。在执行抢步时，后脚保持稳定，后脚掌用力蹬地，身体重心前移，推动前脚（右脚）迅速向前迈进半步，形成弓步姿态。由于抢步的速度迅捷，它在双方交锋中往往能发挥突然袭击或试探对手虚实的重要作用。

6. 后跳步

后跳步是一种常用的向后闪避位移技巧。在执行此动作时，运动员首先利用后脚起跳，紧接着前脚蹬地并快速收起，随后跟随后脚的跳跃动作，实现整体向后的跳跃。在此过程中，后脚首先接触地面，紧接着前脚落地，确保步幅保持相等，从而维持身体重心的稳定。后跳步的应用不仅有助于运动员在比赛中迅速调整位置，还能有效躲避对手的进攻，提高比赛的应对能力（见图 2-4-1-17）。

图 2-4-1-17

7. 交叉步

交叉步，在整个动作流程分为前后（类似于盖步）、左右交叉步。初始阶段为基本步型起跳，当身体腾空后，后支撑腿应顺势前伸，而原本的前支撑腿则进行后转。在此过程中，上半身需保持朝向前的方向，以确保身体平衡与稳定。落地时，左右脚的位置将互换，重新形成基本步型，从而完成整个动作流程。

前交叉步：

图 2-4-1-18

图 2-4-1-19

图 2-4-1-20

后交叉步：

图 2-4-1-21

图 2-4-1-22

图 2-4-1-23

变式一：跃步。跃步，作为交叉步的腾空动作变式，其执行方式包括前跃步和后跃步两种。在前跃步中，运动员需将左脚经过右腿内侧，向前跃出一步。紧接着，右脚也应经过左腿内侧，向前跃进相同距离的一步。相对而言，后跃步的动作则是右脚经过左腿内侧，向后跃出一步，随后左脚经过右脚内侧，向后跃进同样距离的一步。跃步的灵活运用，能够有效地帮助运动员躲避对方的大幅度攻击，并兼顾左右方向的变化，确保自身的运动安全与攻击效率。

8. 前击步

在进行前击步时，首先要确保前脚先离地，并迈出一步迅速向前推进。随后，后脚需紧跟前脚的动作，以保持身体平衡。在此过程中，击向前脚跟的位置。整个动作需流畅而协调，确保力量的有效传递（如下图示）。

图 2-4-1-24

图 2-4-1-25

9. 后提步

后提步，在提步过程中，后脚保持稳定不动，前支撑腿则需迅速弯曲膝盖并提起，同时保持目视前方。这一提腿动作是前支撑腿受到攻击时的有效防御手段，由于其迅速的动作特点，为反击提供了有力支持，常常使反击行动取得成功（如下图示）。

图 2-4-1-26

图 2-4-1-27

此动作步伐移动幅度较小，因而具有较高的隐蔽性。在动作执行过程中，重心偏向左腿，有助于稳定身体并提升防御能力。此外，该动作能有效化解来自正面的攻击，为反击创造有利空间。整体而言，此动作既注重防御又兼顾反击，展现出稳健而高效的战斗技巧。

在实战训练与对抗中，所使用的“法”中，“手法”指的是以手操控剑（或短兵器）的具体技巧与规范，它因应对不同情形而有所差异。而“步法”或“脚法”则涉及脚步移动的策略与准则。至于“身法”，则是指身体躯干的动作与要求。历史上的武术家们，对于手法与步法的阐述，经常结合具体的动作进行说明。然而，对于身法，他们通常选择独立论述，并不深入探讨具体的技击方法，或者说，不涵盖每一个具体的技击手段。

张孔昭在《拳经》中论及眼时说：“眼者身之主，宜精神注射，破敌全凭之。故认腿认势皆赖乎眼也。兼视一身，上下相顾，前后左右相防，皆不可不用眼。”（《拳经·周身秘诀十二项》）在双方对峙时，眼睛不仅要观察对方的动态，洞悉其发起进攻的具体部位和时机，还需敏锐捕捉对方的破绽，以便精准地选择己方的进攻时机和相应的应对策略。单独依赖眼睛的功能是远远不够的，它必须与手、身、步协调配合，才能有效地实现攻防转换。因此，眼法的运用既需灵活多变，又应遵循一定的规范。拳术谚语有云：“眼前无人当有人”，这正是在强调，即使在单人练习时，每一个动作，包括眼法的运用，都不能随心所欲，而应如同眼前有一个真实的对手，双方你来我往、相互较量，这样才能更好地体现出攻防技术的规范性。

二、易犯错误

在步法训练中，常见的错误主要有以下几个方面。

（1）脚步不稳定。保持脚步的稳定是步法训练中的核心要素。常见的错误表现有脚步摇摆不定、站立不稳固，以及脚步着地时力度不当等。这些错误会导致身体失去平衡，进而影响到技术的发挥和动作的精准性。

（2）步伐大小不一致。在步法训练中，步伐的大小应维持统一。若步伐大小不一，会破坏身体的平衡和稳定性，导致动作流畅度受阻，并可能妨碍后续技术的顺利施展。

（3）步伐节奏不准确。在步法训练中，节奏的准确性对于动作的协调性和连贯性至关重要。常见的错误包括步伐速度过快或过慢，以及步伐与呼吸的配合不协调等。这些错误会影响技术的发挥和动作的流畅度。

（4）步法方向错误。确保步伐的方向准确无误是步法训练中的关键。常见的错误有步伐偏离正确方向、错位或方向感混乱等。这些错误会导致身体姿势失准，进而影响到技术的发挥和动作的效果。

（5）步法与上半身不协调。在步法训练中，步伐与上半身的协调配合至关重要。常见的错误包括步伐与手臂、腰部等部位的配合不协调，导致动作连贯性受损或力量无法充分发挥。此外，移动速度缓慢和身体动作不连贯也是常见的错误表现。

在步法训练中，避免这些常见错误至关重要，以确保技术的准确发挥和动作的流畅性。

三、练习方法

为了提升步法训练的水平与效果，纠正现有错误，持续的练习与不断的改进是不可或缺的。在训练过程中，务必保持专注与耐心，坚定不移地持续努力。为确保训练的正确性，应特别注重以下几点。

（1）夯实基本功训练，这包括站立姿势、脚步平衡、步伐大小与节奏的练习。这些基本元素是构建稳健步法的基础。

（2）在训练中，身体的平衡与稳定性至关重要。保持整体身体的协调性，有助于提升步法的流畅性与准确性。

（3）学会观察并纠正自己的错误是至关重要的。可以借助镜子或教练的指导来辅助调整，确保每一步都符合规范。

（4）反复练习与深入反思是提升步法训练效果的关键。通过不断的实践，我们能够改进步法的准确性，并使其更加流畅自然。

关于梅花桩步法练习，建议根据不同的间距和位移大小，参考各门派的规范来进行训练。在空间较为有限的情况下，可以考虑采用两仪四向步法。同时，1、2、3、4、5 定点步法练习也是一种有效的方法，可以结合图示与文字描述进行练习。

此外，利用九宫格进行步法训练也是一种值得推荐的方法。九宫格可以是圆形或方形，具体设计取决于个人喜好与训练场地。通过移动图示的设计，我们可以更加直观地了解步法的移动路径与要点，从而更加高效地提升步法训练的效果。

四、典籍介绍

（1）“比枪：先单枪试其手法、步法、身法、进退之法，复二枪对试，真正交锋。”（《纪效新书·比较武艺赏罚篇第六》）

（2）“（枪）其短用法，须手步俱要合一，一发不中，缓则用步法退出，急则用手法缩出枪杆，彼器不得交在我枪身内，彼自不敢轻进。”（《纪效新书·长兵短用说篇第十》）

（3）“学拳要身法活便，手法便利，脚法轻固，进退得宜。”（《纪效新书·拳经捷要篇第十四》）

（4）“枪法有三件大病”，其中“身法不正是一大病”便是指在习枪的整个过程中身法不正都是一个很大的毛病。而吴殳的《手臂录》中在这句话下面特地加了一个注脚：“著有身法，工夫纯粹，严师琢磨，方免此病。”（《手臂录·古论注》）

（5）“持龙（枪）之道，身心为本，身法不正，则心无主　　而手足失措。”（《手臂录·治身篇》）

（6）“身法乃艺之门户，进退盘旋，皆由身法。身法既正，则十二倒手、十八扎法，无不应心矣。”（《手臂录·身手法篇》）

中华剑道，源远流长，乃我国古武术之瑰宝。长剑舞动，进退之间，手部的灵动已达神妙之境；短兵相接，其疾如风，须得步履矫健以制胜。此乃《手臂录·剑诀》所揭示的剑法精髓。其技术动作之体系，独具匠心，定位明确，涵盖击、刺、格、洗四大要领。此四者，攻守兼备，共同构筑剑道技术之坚实基础。近来有的学者提出了新的见解，认为“俞氏可能将长剑技法融入了棍法之中”，“不然何以称棍法著作为《剑经》”。通读《剑经》，俞氏将短兵剑技融于棍中的技术特点也是不难体会到的。首先，俞大猷提出，“若能棍，则各利器之法从此得”，可见其棍兼有长短之利，而戚继光更将棍列为短兵，“一入长兵之内，惟我短兵纵横”。

如唐顺之的《武编》中记有古剑诀十五句，并对有的剑诀进行了阐释。另外一位茅元仪，更是“博搜海外”，从朝鲜寻回了一部原由中国传出的双手剑谱。该剑谱“法势具备”，无疑是研究中国古代剑法的一份珍贵材料。

论及击打体系，乃以兵器各部位施力击打，务求迅速且精准，以击退敌手，夺得先机。击打之时，需力道沉稳，速度敏捷，发力精确，方可实现攻防一体的效能。

刺体系者，乃中华剑道的核心技术。直刺动作，兵刃所指，力道贯穿始终，动作连贯，如行云流水。此直刺之法，既能进攻，亦能防守，为剑道攻防转换枢纽。

再谈格挡体系，此乃以兵身或兵刃抵挡敌手攻击，为防守反击创造有利时机。格挡之际，需把握时机，反应迅速，灵活应变，以达攻防转换目的。在中华剑道实战中，格挡的运用，对于提升战斗生存能力至关重要。最后论及洗体系，此乃在防守之际，迅速反击敌手的技法。“洗”包括防守反击、反击防守等多种变化。执行洗的动作时，需兵身灵动，步伐稳健，眼神果断。无论敌手攻击之强弱，皆能迅速作出反应，实现防守与反击的完美融合。

中华剑道技术动作体系以击、刺、格、洗四个大部为核心，既有攻击性，又有防守性。无论双手剑还是单手剑，都能在这套体系中找到适合自己的技术动作。这套体系不仅有助于剑道爱好者在练习中提升技术水平，还能让他们在实战中体验到剑道的魅力。随着我国武术事业的蓬勃发展，中华剑道必将绽放出更加绚丽的光彩。《史记·曰者列传》中曰：“齐张仲、曲成侯以善击刺学用剑，立名天下”，汉代经学大师郑玄解释说：“伐，谓击刺也，一击一刺为一伐。”“一击一刺为一伐”，显然是指两种不同兵器之间的配合。但是明显显示出击刺格杀技能概念已经展现在武术技术体系本身。还有一种是“象舞”。《诗经·周颂·维清·序》云：“《维清》，奏象舞也。”《毛诗正义》注曰：“文王时有击刺之法，武王作乐，象而为舞”。皆有击刺概念存在。那么在军事战阵上，时人有“人马逼战，刀不如棒”的说法！特定的环境改变了格斗技术体系，茅元仪在《武备志》中详细总结“击刺格洗”的技术内容。　　因此，中华剑道的技术环节仍然定位在这四个内容，并遵循“法欲简，立欲疏”的原则。

第五节　击打要义

一、技术要点

击，作为中华剑道技术体系中的核心技法之一，其实战应用频率尤为突出。其技术特性显著，体现在击打范围广泛、力度强劲，以及在比赛中易于得分，实用性极高。以人体解剖姿势为基准，我们将兵器从不同方向到达人体中心的击打动作细分为三种：劈击，即兵器从上至下的动作；横击，兵器从左向右或从右向左的动作；以及撩击，兵器从下至上的动作。这三种动作共同构成了“米”字形击技法的丰富内涵。

（一）劈击

在基本的站立姿势中，以右手持兵为例，运动员需首先通过左脚蹬地发力，紧接着上右脚跨步形成弓步，同时身体重心前移。在这一过程中，持兵的右手需抬肘并向下劈，兵刃由上至下击出，当兵刃越过胸口后，需适时收力并进行控制。与此同时，左手在体侧自然随动，以维持身体平衡，“举落疾速，不使人乘隙得犯为上等”（见下图）。

根据不同的向下劈出角度，可以将其细分为右斜下劈、下劈、左斜下劈和三种类型。

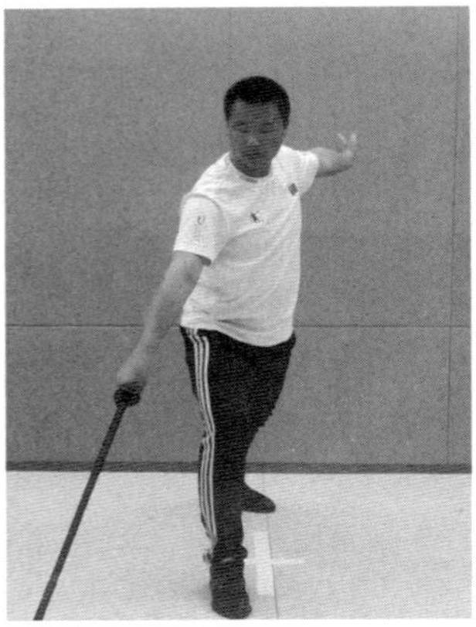

图 2-5-1-1

图 2-5-1-2

图 2-5-1-3

变式一：点击（见下图）是一种与劈击技术动作相似的剑术动作。其唯一区别在于，在执行点击动作时，手臂不需要抬肘，而是通过手腕的下点动作，将力量传递到兵刃，从而实现点击的效果。这种技巧在剑术中具有独特的地位，需要练习者熟练掌握。

图 2-5-1-4

图 2-5-1-5

（二）横击

横击动作可根据起始位置分为左横击和右横击两种。

在进行左横击时，选手需保持基本站立姿势，以右手持兵为例，左脚蹬地发力，随后右脚上步形成弓步，重心前移。同时，持兵手腕外旋使手心朝上，兵刃向左击出，待兵刃超过身体中线后，需适时收力控制，左手在体侧自然摆动以维持平衡。

而对于右横击，其基本姿势与左横击相同。选手同样以右手持兵为例，左脚蹬地发力，右脚上步形成弓步，重心前移。此时，持兵手腕需内旋至手心朝下，兵刃则由身体左侧向右击出。当兵刃越过身体中线后，亦需适时收力控制，左手在体侧自然摆动以维持平衡。

总体来说，左横击和右横击在动作流程上相似，主要区别在于兵刃的击出方向及手腕的旋转方向。选手需熟练掌握这两种技巧，以便在实战中灵活运用。

图 2-5-1-6

图 2-5-1-7

（三）撩击

在基本的站立姿势下（以右手持兵为例），左脚用力蹬地，随后右脚向前跨步形成弓步，同时身体重心前移。持兵的右手手腕内旋，使兵刃朝上，随后兵刃经过身体腰腹位置向上挥出。当兵刃上撩至头部高度时，需适时收力以控制剑势，左手则自然地在体侧随之动作。

按照向上撩击的角度可分为：左斜上撩、右斜上撩、提撩。

左斜上撩图示：

图 2-5-1-8

图 2-5-1-9

右斜上撩图示：

图 2-5-1-10

图 2-5-1-11

提撩图示：

图 2-5-1-12

图 2-5-1-13

图 2-5-1-14

二、易犯错误

（1）在执行动作时，弓步后退时膝关节未充分伸展，手臂肘关节弯曲未保持适当的张力。

（2）在发力过程中，力量未能从脚底顺畅传递至兵刃，需确保力量的连贯性和流畅性。

（3）身法方面存在不规范之处，如弯腰、含胸、塌背等不良姿势，需调整身体姿态以提高整体协调性。

（4）手腕的灵活性需要进一步加强，避免过于放松或僵硬，以确保剑术动作的精准和流畅。

（5）在兵刃到达预定位置后，未能有效控制兵刃的稳定性，需加强练习以提高兵刃的控制能力。

三、练习方法

（1）长时间静力性固定动作：通过保持特定姿势，提高身体稳定性和控制能力。

（2）原地快速出拳：加强拳法的速度和爆发力，提高出拳的精准性。

（3）击固定靶与移动靶：结合固定和移动目标的打击练习，增强反应速度和击打准确性。

（4）快速反应练习、脚步灵敏性练习：通过多样化的反应和移动训练，提升身体的协调性和敏捷性。

（5）重器械练习：借助重器械进行力量训练，增强整体力量和肌肉耐力。

（6）手腕关节的力度与灵活性练习：专门针对手腕关节进行力量和灵活性训练，提高击打效果和技术表现。

四、典籍介绍

茅元仪在其《武备志》中收录了“好事者”得自海外的一套朝鲜双手剑法，“击”是其主要技法之一（击法有五：豹头击、跨左击、跨右击、翼左击、翼右击），其中第三势“左翼势”有云：“左翼势即左翼击也，法能上挑下压，直杀虎口。”

（1）左翼势者，即“左翼击”也。法能：上挑，下压直杀虎口，右脚右手“直符送书势”向前，掣步逆鳞刺。

（2）右翼势者，即“右翼击”也。法能：剪杀两翼，左脚右手“雁字势”向前，掣步腰击。

（3）豹头势法能：豹头势者即“抱头击”也。法能：劈击上杀，左脚左手“泰山压顶势”向前，挑刺。

图 2-5-4-1

图 2-5-4-2

图 2-5-4-3

（4）跨左势者，即“跨左击”也。法能：扫掠下杀，右脚右手“提水势”向前，进步双剪。

（5）跨右势者，即“跨右击”也。法能：撩剪下杀，左脚右手“绰衣势”向前，进步横击。

（6）展旗势者，即“展旗击”也。法能：剪磨上杀，左脚左手“托塔势”向前，掣步点剑。

图 2-5-4-4

图 2-5-4-5

图 2-5-4-6

（7）看守势者，即“看守击”也。法能：看守诸器，攻刺守定，诸器难进，相机随势滚杀，左脚右手“蹲势”向前，进步腰击。

（8）钻击势，即“钻击”也。法能：钻格抢杀，鹅形鸭步奔冲，左脚左手“白猿出洞势”向前，掣步腰击。

（9）腰击势者，即“腰击”也。法能：横冲中杀，身、步、手、剑疾若迅雷，此一击者，剑中之首击也，右脚右手“斩蛇势”向前，进步逆鳞。

图 2-5-4-7

图 2-5-4-8

图 2-5-4-9

（10）展翅势者，即“展翅击”也。法能：绞格上杀，撩掠下杀，右脚右手“偏闪势”向前，掣步举鼎格。

（11）掀击势者，即“掀击”也。法能：掀挑上杀，抢步钻杀，左脚右手“朝天势”向前，退步坦腹刺。

（12）敛翅势者，即“敛翅击”也。法能：佯北诱赚，左右手脚“拔蛇势”倒退，进步腰击。

图 2-5-4-10

图 2-5-4-11

图 2-5-4-12

（13）横冲势者，即“横冲击”也。法能：疾奔颡闪滚杀，进退两手两脚，随势冲进，制步撩掠。

（14）揭击势者，即“揭击”也。法能：剪格上杀，步步套进，左脚左手“虎坐势”向前，退步冲洗。

图 2-5-4-13

图 2-5-4-14

李良根在《剑经注解》对“一打一揭”解释道：打，即自上而下压人之棍或击人之身；揭，即自下而上挑人之棍或撩击人之身。“打杀高低左右接”打者，击也；杀者，灭也，毁也。“打剪急进凿，后发胜先实”打剪者，击彼之棍也。

第六节　直刺要诀

一、技术要点

张海鹏在《手臂录·跋》中说：“盖修龄（吴殳）留心击刺三十余年，手臂纯熟，技进乎道。” 在技术层面，剑术运用应遵循“直行直用是幽元”的原则。吴殳深谙剑术，明确区分了剑与刀的运用方式，强调剑不宜采用砍斫等动作，这充分展示了其对剑道精髓的深刻理解。《说文解字》中提到：“君杀大夫曰刺。刺，直伤也。”刺是一种直线进攻方式，俗称“仙人点画”，以兵刃为着力点，是诸多进攻招法中最为有效和攻击力最强的一种。刺击要求力达于兵刃，动作迅捷，进攻无预兆，尤其是中平刺最难防守，类似于枪法中的中平枪。要发挥刺的威力，需要快速、准确和有力的技术，包括直刺和斜刺两种，以及上、中、下三盘和左、右两侧的进攻方位。刺的动作要求进攻者向前突进，利用垫步、跨步等动作缩短与对手的距离，为上肢进攻创造有利位置。以直刺为例，可根据步法的不同分为小弓步刺和大弓步刺。

（一）直刺

弓步平刺动作的标准执行为：以右手持兵为例，起始于右势基本姿势。随后，将右脚提起并向前迈出一大步，同时，左脚需用力蹬地使腿部伸直，形成右弓步的稳固姿态。在此过程中，手臂需保持直线向前伸展，通过腕部带动肘部，再由肘部带动肩部，实现直线向前刺出的动作。兵刃应准确无误地指向目标，掌心自然向左，同时虎口紧紧贴住剑柄，以确保力量能够准确传递至兵刃。完成刺击动作后，需迅速回收剑身，恢复到实战的起始姿势，目光始终聚焦在兵器刃尖的前方。整个过程中，动作应流畅而协调，展现出严谨、稳重、理性的战斗风格。

小弓步直刺图示：

图 2-6-1-1

图 2-6-1-2

图 2-6-1-1 为起势动作，身体重心稍下沉，重心位于右腿上。膝关节稍弯，使身体保持随时向前跨进的灵活准备状态。同时，右脚尖向进攻方向，左脚保持支撑的有力状态。仿真剑指向正前方，兵刃与眼同高。

图 2-6-1-2 刺的过程中，左腿向后下方发力，将身体向前送，右腿充分前迈，小腿与大腿呈 90 度。这一过程既要保证向前的距离充分，又要保持身体的整体平衡和机动性，在刺完成后，要能立即灵活的上抬身体，以便于防守或者继续进攻。

大弓步直刺图示：

图 2-6-1-3

图 2-6-1-4

上图为大弓步刺的准备动作，整体上与小弓步刺保持一致，没有显著区别，仿真剑朝向敌手，身体保持灵活，双膝微微弯曲，两腿分开与肩部同宽，重心稳固。仿真剑指向正前方，兵刃与眼同高。

但是当大弓步刺时，后脚会离开地面，跟随身体向前滑，刺的动作完成时，脚跟稍微离地，踮着地面，后腿膝关节是弯曲的；而小弓步刺由于身体自然拉伸，后腿呈伸直的状态。大弓步刺的动作幅度大于小弓步刺，由于速度快，力量也比小弓步刺要大。

（二）斜刺

为了实现斜刺动作（以右手持兵为例），持兵者需执行小臂与手腕的协同转动。根据手腕的转动方向，可细分为内旋和外旋两种技巧。在连续招式和实战应用中，巧妙运用转腕动作能够显著提升招式的灵活性和应变能力，使持兵者能够随机应变，应对各种攻击。此外，由于斜刺攻击的角度往往出其不意，敌人往往难以预测和防御，从而增强了攻击的效果和突然性（见下图）。

图 2-6-1-5

图 2-6-1-6

正手斜刺与反手斜刺为兵器使用的两大基本招式。若掌心朝己，则为反手或者掌心朝上，亦为反手；而掌心朝下，则为正手。于对战之际，灵活运用斜刺、直刺及防守动作，诸如上架、内格与外挡等，有助于丰富攻击手段，使敌方难以捉摸规律。单纯依赖直刺，易被敌手洞悉破绽，进而错失制胜良机。因此，综合应用各类招式，方能确保战术多变，提升胜算。

以下为正手左斜刺与反手右斜刺的示意图：

图 2-6-1-7

图 2-6-1-8

二、易犯错误

（1）重心不稳，前后移动时重心上下起伏，导致身体歪斜、动作不流畅。

（2）动作不规范，上体前俯、耸肩，或者右腿屈弓幅度过大，直刺动作幅度大，加大行进轨迹时暴露进攻意图。

（3）直刺时机把握不当，在直刺的过程中，要保持出剑和步伐的协调性，如果在进行步伐移动的过程中不协调，刺剑过早，会降低直刺的准确性；刺剑过晚，也会导致暴露意图，易被对方格挡并有反击空隙。

（4）进攻后，还原较慢，被对手防守反击。

三、练习方法

（1）刺排球：击打固定位置或者移动间排球。

（2）刺网球：提升直刺的难度，换成固定位置或者移动间网球，增加趣味性与准确性。

（3）对靶直刺：要有一定的力度，兵尖刺中靶心才算成功。

（4）直刺空中悬挂圆圈或网球：寻找合适的角度和合适的时机直刺。

（5）空击直刺：想象面对一个对手，提高直刺的技术形成。

（6）双人实战：根据竞赛规则的要求进行实战演练，进攻方以直刺进攻技术进行击打，提高直刺的进攻技术在实战中的运用。

四、典籍介绍

长兵柄以木，短兵柄以臂。——《手臂录·剑诀》

剑术真传不易传，直行直用是幽元。若唯砍斫如刀法，笑杀渔阳老剑仙。——《手臂录·后剑诀》

刺法有五：逆鳞刺、坦腹刺、双明刺、左夹刺、右夹刺。——《武备志》卷八十六

看守势者，即“看守击”也。法能：看守诸器，攻刺守定，诸器难进，相机随势滚杀，左脚右手“虎蹲势”向前，进步腰击。

（1）点剑势者，即“点剑刺”也。法能：偏闪凑进抢杀，右脚右手“拨草寻蛇势”向前，掣步御车格。

（2）坦腹势，即“坦腹刺”也。法能：冲刺中杀，进如崩山，右脚右手“苍龙出水势”向前，进步腰击。

（3）左夹势者，即“左夹刺”也。法能：冲刺中杀，右脚右手“兽头势”向前，进步腰击。

图 2-6-4-1

图 2-6-4-2

图 2-6-4-3

（4）右夹势者，即“右夹刺”也。法能：绞刺中杀，左脚右手“奔冲势”向前，立步举鼎格。

（5）逆鳞势者，即“逆鳞刺”也。法能：直刺喉颈，右脚右手“探海势”向前，掣步左翼击。

（6）凤头势者，即“凤头洗”也。法能：洗刺剪杀，右脚右手“白蛇弄风势”向前，掣步揭击。

图 2-6-4-4

图 2-6-4-5

图 2-6-4-6

防守技法：

两人侵入之际，他滴水来持我，急用倒头。

破直杀有七：一步闪腰打；二步折脚；二步滚；二步流水。

他用极长软枪或竹枪，我须坐身，将根头提高，慢慢追上，待他下面杀来，即变一拦粘定，用黄龙转尾步赶、万无一失。

第七节　格洗精要

格洗均为防守技法，其中格为直接防守，洗为间接或被动防守。二者均以基本技术动作为基础，旨在化解或削弱对方进攻。尽管与格挡技术有相似之处，但防守动作更为丰富多样。防守技法通过调整身体姿态、位移、时间和空间的变化，规避对手的攻击。在防守过程中，需遵循以下原则。

（1）确保防守面宽广。中华剑道技法丰富多变，实战中可能遭受的攻击范围广泛，因此防守面应全面，不仅局限于某一点。

（2）控制动作幅度适中。格洗时，动作幅度应小，以确保快速防守和迅速反击的机会。过大的动作幅度可能影响防守准确性，导致空防。

（3）利于动作衔接。格与洗的目的在于避开或减弱对方攻击，并为下一反击创造有利条件。防守后应迅速变换动作，为进攻提供机会，并确保下一动作的顺利衔接。

（4）准确把握时机。防守时，需精准判断防守与进攻的时间差。过早或过晚的闪躲都可能导致不利后果，因此练习者需培养准确把握时间差的能力。

（5）位移需精确。在躲避对方进攻时，身体姿势的改变或距离的移动必须精确。过大的移动幅度或距离可能不利于反击，甚至错失战机。反之，则可能增加被击中的风险。

吴殳在《手臂录·攻守篇》中明确指出："攻为阳，守为阴。"技击的精髓在于攻防转换，这涉及运用多元化的技击手法，在攻防的动态转变中谋求制胜之道。在武术的阴阳变幻中，攻防转换占据主导地位，其他相关因素均处于次要地位。在双方的较量中，攻击与防守并非绝对固定，而是相互转化的。只要双方实力不过于悬殊，导致一方完全处于被动挨打的状态，这种转化就有可能随时发生。原本的攻击者可能随时转变为防守者，而原本的防守者也可能随时转为攻击者。如果格斗不能迅速决出胜负，这种攻防的相互转化可能会持续一段时间。

一、技术要点

（一）直接防守

防守的核心在于直接对抗对方的攻势，通过有效的策略和技巧来削弱或瓦解对方的进攻力度和节奏，以确保比赛的稳定进行。在此过程中，主要可采用以下三种策略。

首先是上格挡，又被称为架挡或上托，旨在通过提升手臂来阻挡对方的攻击。

其次是横格挡，包括左格挡和右格挡，通过横向移动手臂来应对不同方向的攻击。

第三是拦截，这一动作既包含左右拦截，也包含下截，主要是通过快速而准确的手臂动作来拦截对方的进攻。

这些防守方式都需要运动员具备高超的技巧和快速的反应能力，以应对场上瞬息万变的情况。

图 2-7-1-1

图 2-7-1-2

图 2-7-1-3

上格挡：以基本准备姿势开始，运用仿真剑中前段部位格挡对方进攻。上格挡分为正手上格挡和反手上格挡。“正手上格挡”以右手持兵手上抬。

下格挡：以基本准备姿势开始，持兵向下挥动，主要运用兵器的中前段部位。下格挡动作分为左下和右下两种拦截方式，以应对不同方向的攻击。

架挡（托）：在实战中，小臂上抬内旋，仿真剑成斜面架于头前方，高于头平，架点置于仿真剑中段部位，反手上架者，称“反架挡”。小臂上举外旋，手心朝右，上举仿真剑成斜面架于左侧上方，手举位置高于头部相平，力点置于仿真剑中部，兵刃端略低于仿真剑柄部，正手向上架托者为“正架挡”。

横格挡（左右格挡）指采取稳定的基本姿势，运用剑的中后段部位，以水平路线左右移动的方式，有效地阻挡对方的攻击。这包括向左的横格挡和向右的横格挡。

右格挡：实战姿势不变，手腕内旋外翘，以剑要部格开对手的剪腕、点腕或从侧刺击的进攻。

左格挡：实战姿势不变，手腕内扣略侧推 3—5 厘米，格开对手对腰部的刺与砍的进攻。需要注意，兵锋不离中线。根据演练与观察，对进攻方向的判断也极为重要。

拦截是指在实战中，仿真剑向下，运用剑中前段部位，拦截对腿部的扫砍。拦截分左右两种拦法。

右拦截：由实战姿势开始，小臂内旋，右手腕内转，仿真剑前端下落，成一斜面向右旋推至身体右外沿线。

左拦截：由实战姿势开始，小臂外旋，右手腕外转，仿真剑前端下落，成一斜面向左旋推至身体左外沿线。

图 2-7-1-4

图 2-7-1-5

在中华剑道的训练体系中，防守反击是一项至关重要的技术。当对手发起下劈攻击时，训练者需迅速将剑斜向上方横挡，以有效格挡对方的攻势。在完成这一防守动作后，训练者可顺势向惯用手方向发起劈砍，此时对手因刚完成下劈且被格挡，将难以进行连续攻击。

防守格挡技术在中华剑道中占据重要地位，主要涵盖上、中、下三个方位的防守策略。这种技术要求训练者灵活运用仿真剑，通过兵身开合以及向上、向外、向内、向下的迅速移动，来避开对手从不同方位发起的直接打击。这种格挡技术，是兵器格斗中常用的防守手段，对于提升训练者的实战能力有重要意义。

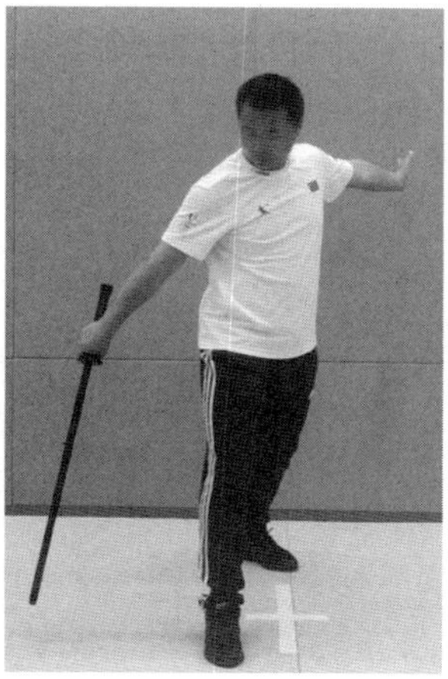

图 2-7-1-6

图 2-7-1-7

（二）间接防守

在对抗中，卸势、闪展、剑位与实战距离等技巧占据重要地位。以步伐为基础，辅以身法变化。没有直接的对碰格挡，运用武器保护受敌面积。依此状态确立相应的打法和守势，亦不使技法混乱而产生攻防失利的局面，让自己处于攻防合一的境地。

图 2-7-1-8

图 2-7-1-9

上图所展示的技巧，即腾闪刺扎、虚实巧打之法。通过巧妙的步伐腾挪闪避，不仅能够有效规避敌方的攻击，而且能够创造出反击的机会，实现攻防兼备的战术目的。

在实战应用中，精准的防守策略不仅能够有效地保护自己，还能为后续的进攻创造有利条件。在对抗中，需要根据不同场景和目的灵活运用各类防守技术。同时，基于个人特长，还应有针对性地掌握和精通特定的防守方法，以确保在实战中能够发挥出最佳的效果。

（三）防守解析

1. 上路防守技术

1）面部直刺防守

学生（黑色鞋子）向前迈进一步的同时，将右臂伸直向前，意图直刺教师的面部。教师则迅速地向右侧移动脚步，身体随之左转，同时右臂外旋并屈肘，将剑带至面前，以有效地格挡学生的攻击。

动作执行时，鉴于学生攻击时击打面较小，教师在执行格挡动作时，必须展现出快速而精准的反应，同时在完成格挡后，还应注意及时回防，确保自身的安全。

图 2-7-1-10

2）击头正架防守

学生以向前上步的态势，由上而下地朝向教师头部发动攻击。面对此情，教师身体微微下潜，同时右臂弯曲内旋，以正面架住学生所持的仿真剑。紧接着，教师迅速将剑向外格挡，迫使学生改变攻击方向，从而为自己创造出有利的反攻机会。正架防守策略通常在对方以较大力量、较快速度向我方发起进攻时采用。相较于反架，正架在拿取兵器时，手臂所施加的力量更大，对剑的控制也更加稳定。

在执行此动作时，需要确保下潜与格挡两个动作能够同步进行，格挡过程中应迅速而准确，并在完成动作后，及时做好回防准备。

图 2-7-1-11

3）击头反架防守

与击头正架防守动作相同，只是方向相反。

图 2-7-1-12

4）击头左上步防守

学生（黑色鞋子）向前迈进一步，同时伸出右臂，使得仿真剑自右至左攻击教师的头面部。面对此状况，教师迅速以右脚向左前方迈进一步，身体向右闪躲，同时以内格技法挡住学生的兵器，引导学生剑招改变方向，以此为自己创造出理想的反击时机。

学生上步与教师闪身需同步进行，而在格挡时，必须做到迅速且准确，并且在完成格挡后，要及时进行回防，以确保自身安全。

图 2-7-1-13

2. 中路防守技术

1）胸部直刺右上步防守

学生向前迈出一步，同时以剑向教师的胸部发起攻击。面对此情境，教师需迅速向右跨出一步，以避开学生的攻击，并同时用右臂进行外旋回收的动作，以此将学生的仿真剑格开，迫使其改变攻击方向。这一连串的动作为教师创造了有利的反攻条件。

在动作执行上，教师需要确保上步与闪身动作能够协调一致地进行，而在格挡的过程中，更需展现快速且准确的技术要领，并且在完成格挡后，要立刻转回防守的态势，以确保自身安全。

图 2-7-1-14

2）腹部击法左上步防守

学生向前迈出一步，同时用右手控制兵器，从左至右攻击教师的腹部。面对学生的攻击，教师迅速向左前方移动一步，身体随之向右转动，同时使用外格动作抵挡学生的仿真剑，使兵器的方向发生改变。

由于学生的攻击未能成功，并且他在上步左闪的过程中，将自己的整个背部暴露给了教师，这为教师创造了极佳的反击机会，有利于教师进行有效的防守和反击。

图 2-7-1-15

3）腕部击法防守

学生主动向前迈进一步，与此同时，其右手迅速前伸并上挑，同时手腕向上抖动，以此引导仿真剑的尖端精确击向教师的腕部。面对此攻势，教师应迅速反应，前臂敏捷回收，随后右手顺势内旋，将仿真剑由上方急速下压，截断学生的攻势，从而迫使学生的仿真剑改变攻击轨迹。

此动作对反应速度和精确度有极高的要求。因为在实际对抗中，对方的攻击通常是迅速且难以预料的，所以自身在收回前臂和内旋手腕时，也必须展现出同样的迅速和精准。这样才能有效应对对方的攻击，保持自身的防御稳固。

图 2-7-1-16

3. 下路防守技术

腿部击法左上步防守

学生向前迈出一步，同时用右手自左向右挥击，目标指向教师的腿部。面对学生的攻击，教师迅速作出反应，向左上方迈进一步，同时向右闪身躲避，右手以内旋的方式向下截击学生的仿真剑，从而迫使其改变攻击方向。

在整个过程中，无论是学生的攻击动作还是教师的防御动作，都需要迅速且准确。特别是教师的上步和格挡动作，必须迅速完成，以确保能够有效地防御学生的攻击。同时，整个动作流程需要保持流畅，不得出现任何不必要的停顿或犹豫。

图 2-7-1-17

二、易犯错误

1. 格挡易犯错误

（1）抬肘幅度不够，胳膊未能展开，器械无法到达适合的防御位置，不能起到有效的格挡作用。

（2）抬肘幅度过大，胳膊展开过大，导致持器械手承受不了“劈”“砍” 等动作的打击力量。

（3）器械横置于头顶，尖梢下斜，不能完全起到保护头部的作用。

纠正方法如下。

（1）体会因动作不到位而导致的格挡落空，掌握肘和臂正确的格挡高度。

（2）体会因错误动作（抬肘展臂幅度过大）导致的格挡失败，肘和臂均抬举到适当的高度，器械横置于头顶，尖梢略向上倾斜。

2. 移动上路防守易犯错误

（1）手持器械没有向上，不能有效格挡对手的进攻器械。

（2）下肢紧张，上下肢不协调。（步伐僵硬，移动时机不准确，上下肢不协调）。

纠正方法如下。

（1）练习中格挡动作时，时刻注意手持器械向上。

（2）反复练习动作，并加强上下肢协调性练习。

3. 中路防守易犯错误

（1）上肢动作幅度过大或者过小，不能很好地达到防御目的。

（2）下肢过于僵硬，动作不协调。

纠正方法如下。

（1）通过反复练习，把握好动作的幅度。

（2）通过上下肢的协调性练习，增强动作协调性。

4. 下路防守易犯错误

（1）动作幅度过小或者过大。幅度过小，不足以闪避进攻；幅度过大，影响自身下一步的继续防御或者进攻动作。

（2）对进攻方的进攻动作路线判断失误，做出错误应对。

纠正方法如下。

（1）通过反复练习，身体有关部位形成躯体记忆，把握好动作的幅度。

（2）增加比赛和训练经验，加强对进攻方的动作以及路线预判能力。

三、练习方法

（1）单人基本动作练习：单人手持器械，按照动作基本要求，反复练习。

（2）单人模拟攻防练习：单人手持器械，假想对手进行各种动作、方向、幅度，针对各部位的进攻，进行闪避动作的练习。

（3）双人攻防练习：双人模拟实战攻防练习，进攻方采取各种动作、方向、幅度，针对各部位的进攻，防御方运用侧身、屈身、撤身等动作进行闪避，进攻动作可由慢到快，逐渐增加闪避难度，提高闪避练习效果。

四、典籍介绍

“迎面来打，势必由高而下，防御之法，或架或格，不格则盖，尤须身法得法”。又曰：“敌将翻身，防其劈盖。”（《棍法技击论》）

“上平朝天，压卵护膝，机伏于上，实用在下；铁牛地蛇，机伏于下，实用在上。”（《手臂录》）

棍谚曰：“见其来挑，防其进点，见其下格，防其上攻，转格防攻，贵在神速”。又

曰："将打必格，将点必挑。"(《棍法技击论》)

故棍谚曰："由前来挑，势必自下向上，则宜偏身闪步，急转棍端，或御或攻，仍宜进攻。"又曰："敌将低身，防其挑崩，防敌之机，不容瞬息。"(《棍法技击论》)

先人曰："敌手横挥，防敌用箍；敌身急转，防用扫；防扫之法，不御则跳。"(《棍法技击论》)

棍谚曰："敌械直来，宜用横破；敌械横来，宜用直破；一破即攻，攻仍宜防；防得其法，急进连攻。"(《棍法技击论》)

然动亦不可太过，太过则劳，能胜人者鲜矣。(《手臂录·宜动篇》)

故必于彼旧力才过新力未生时，进步扎之，则不能躲闪革架。(《手臂录·梦绿堂枪法·五要》)

刚在他力前，柔乘他力后。彼忙我静待，知拍任君斗。(《剑经》)

"旧力略过，新力未生"之法，此等玄机，真千古不发之秘，能于此中解悟，权巧制敌，使彼进之不可，退之不能，束手畏服，方为无敌。——(《耕余剩技·问答篇》)

第八节　防守反击

在中华剑道中，防守反击是一项非常重要的技巧。它不仅仅是一种技术动作，更是一种战术思维，要求我们在实战中能够灵活应对，化险为夷。防守反击的技巧首先强调的是"防守"，即在对手发起攻击时，能够迅速地做出反应，采取正确的姿势和动作，阻挡或避开对手的攻击。但是防守在中华剑道中绝非消极应对，而是积极反击的体现。在成功防守后，我们需要立即进入"反击"阶段。反击的时机和战术也十分重要，我们需要根据对手情况和自身特点进行反击。

传统剑法强调"吃剑还剑""吃招破招"的战术，其目的在于使对手陷入进退维谷的境地。防守与进攻在剑道中相辅相成，互为补充。我们可以通过灵活的躲闪和精准的判断，实战中可实现攻防平衡，从而达到最佳的格斗效果。因此，防守不仅是避免受伤的手段，更是创造进攻机会的关键。通过准确的判断和灵活的移动，我们能在防守的同时洞察敌方的破绽，从而发起有效的进攻。同时，有力的进攻也能迫使对手露出破绽，为我们创造防守和反击的机会。

剑的攻击招式主要包括"劈""撩""点""刺"等，其中"刺"是核心招法，剑的防守技法则涵盖"格挡""架挡""拦截""垂闭"等。进攻与防守这两者看似矛盾，实际上两者相互依存。防守不仅在于阻挡和回避，更在于在防守中蓄势待发，寻找突破的机会。理想的防守可以让对手无机可乘，无懈可击。进攻同样也是一种防御，以攻为守，占据主动。

在仿真剑实战中，双方攻击会有时间差。虽然互相刺中情况可能会发生，但这一可能对双方均不利，既不得分，又耗费精力，存在风险。所以最佳的策略是敌进我退，寻找反击时机，或采用格挡反击，制造时间差。

此外，与对手保持适当的距离感也至关重要。这不仅能确保安全，还能使攻击更具突然性迅速性，防守也更为容易。同时，距离感为战法战术的运用提供了空间，我们可以因势而为，选中恰当的方法和战术，当然，在有机会和能力的情况下，步步紧逼，使对手产生压迫感并丧失信心也是一种策略。

击中目标后应迅速撤离。如果我们没有迅速撤离，反而是停留在原地，将自己暴露于危险之中，对手就可能趁机反击。所以在击中目标后的最佳做法是立即后退，不给对方任何还手的机会。

击中时要有足够的力度。轻击不足以重创对手，反而可能给对方反击的机会。因此，出击时应加大力度，确保招式的有效性。例如，在刺击时，应直穿对方身体，既重创对手又避开其反击。其他技能的使用也应如此，力求发挥最大效果。

一、技术要点

俞大猷至友李杜的《征蛮将军都督虚江俞公功行纪》中介绍，俞大猷曾随民间武家李良钦“击荆楚长剑，法即得，良钦故批公手，公还与斗”，此言相当形象地反映了荆楚长剑的训练形式，一个“击”字透露出，这种剑技的训练重在双方相击，不是单练。”在这种模拟性的敌我双方训练中，所使用的器械很可能是专为训练比试而设计的代用剑。因此，古代剑术对抗与训练的真实效果，往往是通过两人互相击打的组合动作来实现的。本教材中的组合技术以防守反击动作为例，在发动进攻时，需先避开或阻挡对方的攻击，并紧接着发动反击。这种战术的运用，体现了攻防一体的战斗原则。

在实战中，若双方同时击中对方，则互不得分。为了确保有效得分，攻击者必须在保证进攻或防守的同时，能够精准地击中对方。这种能力被视为重要的防守技术或是被动防守反击技术。防守反击通常在被动状态下进行，是对进攻方的一种应对策略。然而，也存在在进攻过程中同时进行攻防一体的进攻方式。因此，防守技术被细分为直接防守和间接防守，相应地，防守反击技术也分为直接防守反击和间接防守反击。

被动防守反击技术的核心在于防守和随后的反击。通过运用不同的防守策略，创造出进攻方的破绽，为反击创造机会。在避免被对方击中的情况下成功地击中对方并得分，这是实战中极为高效的技巧。尽管这需要扎实的基本功，但熟练后实际操作难度并不高，因此被视为非常实用的技巧。在未来的学习中，应特别关注这一技术的掌握。

在实战中防守反击技术的要求以及常见的防守反击技术将在本节中详细介绍。在练习和实战中，练习者应根据双方的具体情况，运用合理多变的技术动作进行反击。值得注意的是，防守后的反击动作可以是单一的，也可以是组合的。练习者应根据自身特点和对手情况，灵活而大胆地运用不同战术进行反击。

以下将主要介绍针对进攻的单一防守后反击技术。对于进攻的组合反击，可以参照单一反击技术，并结合自身特点进行运用。

（一）上路防守反击

1. 上格挡反击

学生（黑色鞋子）向左前方迈出一步，同时右臂前伸，以仿真剑点击教师头部。在此过程中，学生的身体前后及右侧均暴露出明显的空当。此时，教师应迅速采取下潜动作，同时右臂外旋上举以阻挡学生的剑，引导其改变攻击方向。随后，教师应以右脚向左前方迈出一步，迅速反击学生的躯干部位。此为上格挡反击，这在实战中极为常见。需要注意的是，教师在下潜与格挡时，应确保两者动作协调同步；格挡时应迅速且精准，在完成动作后及时回防。

图 2-8-1-1

2. 右格剪（点）腕

双方（学生与教师）以实战姿势相对站立，保持适当的距离和稳定的姿势。教师将用适当的力量点击学生的手腕部位，以模拟实战中的攻击。学生应迅速反应，运用右格挡技巧来防守这一攻击。在成功防守后，学生应紧接着使用剪腕（或点腕）的招式，以反击对方的手腕部位。整个过程中，双方应保持冷静、专注，并确保动作准确、流畅。

学生在执行右格还击技巧时，必须确保格挡与还击两个动作连贯流畅。一旦学生的格挡与对方的剑接触，应迅速作出反应，如同触电般的敏捷。唯有如此，才能确保在抵挡对方攻击的同时，有效地击中对方的手臂，使对方无法反击。这一节奏的把握至关重要，它将直接影响到攻防转换的效果。

图 2-8-1-2

3. 架挡立劈

双方（学生与教师）以实战姿势相对站立，首先，教师将从上方向学生发动劈击，此时学生应迅速以正手架挡来防御这一攻击。紧接着，学生应采用立劈的方式，迅速且准确地反击教师，完成整个动作流程。整个过程中，双方应保持高度的专注和准确的动作执行，以确保安全并达到训练效果。

在学生进行剑术防御时，应将力量集中于剑的中部或根部，以稳固地抵挡对手的攻势。紧接着，通过旋转手腕的动作，以直线的方式迅速劈向对手，实现有效的反击。这一防御与反击的动作应流畅连贯，形成一股完整的力量。在进行立劈时，学生应从内线迅速发动攻击，以迅雷不及掩耳之势打击对手，使其无力进行反击或回救。这种战术要求学生在兵器运用中展现出严谨、稳重、理性的风格，确保每一次攻击都能精准而有效地击中目标。

图 2-8-1-3

（二）中路防守反击

1. 左格挡反击

在实战训练中，学生采取主动态势，向前迈进一步，右手持兵由左至右迅速击向教师腹部。面对此攻势，教师需迅速反应，向左前方迈进一步，身体随之右转，同时以外格技巧巧妙地避开学生的攻击。紧接着，教师将迅速反击，从左至右攻击学生的背部。这一系列动作在实战中应用颇为广泛。

然而，教师在执行上步与闪身动作时，必须保持高度的同步性，以确保自身的安全。在格挡学生的攻击时，教师需要展现出快速而准确的反应能力，同时，在完成攻击后，还需及时回防，为下一步的攻防转换做好准备。这一连串的动作不仅要求教师的身体协调性和反应速度快，还要求其对剑术有着深厚的理解和掌握。

图 2-8-1-4

2. 右格挡反击

与左格挡反击动作相同，只是方向相反。

（三）下路防守反击

下格挡反击

学生主动向前迈进一步，同时用右手前伸，从左至右发动攻击，目标指向教师的腿部。面对此情况，教师需迅速作出反应，立即向左上方迈进一步，同时向右闪身以躲避攻击。紧接着，教师需用右手内旋，向下截断学生的仿真剑，迫使其改变攻击方向。随后，教师需迅速剪腕，以反击学生的头部或躯干。这一防守动作对教师的臂力和腕力要求较高，教师在执行剪腕动作时需迅速而准确，并在完成后及时回防，以应对可能出现的后续攻击。

图 2-8-1-5

（四）躲闪抢攻

在中华剑道的对抗中，防守与进攻是相辅相成的两大要素。两兵相交、相抗，不仅要有锐利的攻势，还需有稳固的防守策略。下面，我们将深入探讨如何在中华剑道对抗中躲闪在实现防守与进攻的有效性，确保每一次动作都能产生实质性的效果。

前后躲闪：面对敌方的攻击，快速判断攻击方向，通过前后的移动来调整自己的位置，避免被敌方击中。

左右躲闪：利用身体的灵活性，左右移动以规避敌方的攻击路径，确保自己处于安全的位置。

（五）步法组合进攻防守反击

1. 经典进攻组合技术

除了单个技术外，组合技术也是进攻中常见的技术，是由多个招法所组成的连续进攻。组合技术并不是将所学的单个技术动作毫无逻辑地全部使出，而是具有逻辑性的一系列出招，通过招法的变幻最后击中制胜。接下来将介绍几种在真实战斗中较为常见实用的范例套招。

（1）左横点加右横劈击，自左横点进攻对手，在对手格挡时，一击不中，立刻滑步上前自右横劈。

（2）直刺垫步抡劈，垫步迅速接近对手向前刺出，被格挡后，挽花解开对方短兵并劈出。

（3）左撩加右斜劈，先左撩迅速反方向从右方斜劈，出其不意。

（4）上撩加跳步劈，先自下而上撩击，在对手防守时快速跳步劈下。

2. 经典防守反击组合技术

组合技术用于防守反击是非常重要的，防守主要是改变对方短兵的运动方向，避开锋芒，之后做出反击，化被动为主动。防守反击组合中步法很关键，步法的防守主要是控制好防御的安全距离以便为进攻做好蓄力准备。接下来将介绍几种在真实战斗中较为常见实用的范例套招。

（1）滑步上格挡加斜劈，面对对手从上方劈下，采用反手上格挡挡住对方进攻并立刻反攻。

（2）叉步躲闪加横点，用交叉步改变身体的重心，转移至对手侧面，使用格挡把对方短兵格开，接着迅速横点攻击对手头部。

（3）并步下格挡加立劈，如果对手使用刺的动作，并步后撤，使用下格挡达到“迎刃而解”的效果，使用最有力的部分去格掉对方力的弱点，此时正可以进攻对方正面。

二、易犯错误与纠正方法

易犯错误：

（1）防守反击时，节奏把握不好，躲闪不及时；

（2）击打幅度过大，回收过慢或造成兵器触地；

（3）距离过大或者过小，不利于进行防守与反击；

（4）做防守反击动作时，手臂有明显回收腰间或回收动作，增加器械的运行路程和容易暴露进攻意图；

（5）做防守反击时，手腕下压不够，力量不足；

（6）执行组合技术时，过度冲击或不当的步法，导致进攻与撤退不及时而导致的失衡；

（7）过于依赖相同的组合技术，以及执行不准确被对手预测；

（8）未考虑环境因素，引发实战中攻防技术衔接的误解，导致组合失效；

（9）情绪控制不足，三两次无法击中就过度的产生不良情绪，进而导致决策失误和技术不准确。

纠正方法：

（1）把握好节奏，躲闪要及时准确；

（2）控制击打幅度，打完迅速回收至预备式动作；

（3）注意控制防守距离，能及时防守或进攻；

（4）明确反击路线：快、准、突然，衔接连贯，熟悉动作路线；

（5）反击时手腕发力的同时要有明显向下压动作；

（6）避免过早的动作反应，以保持战术的灵活性和有效性；

（7）切勿过于依赖特定组合，不断尝试新的组合技术，以增加对手的应对难度；

（8）注重技术的准确性，以确保有效攻击的实际效果；

（9）学会控制自己的情绪，保持冷静和专注，以更好地执行组合技术。

三、练习方法

（1）移动靶练习。是在固定靶训练的基础上，根据对方的移动节奏、方向而进行防守后的反击技术练习，熟练掌握各种情况下反击进攻动作运用。

（2）行进间练习。将反击的进攻动作逐一进行行进间练习，重点体会和掌握动作要领、动作路线以及手法、步法、身法。

（3）虚拟对抗练习。假想自己面对着一个对手，可尝试在防守动作中进行攻击动作练习。

（4）双人实战练习。是按照竞赛规则的要求进行实战演练。进攻方使用进攻技术，提高防守后反击技术动作在实战中的运用。

四、典籍介绍

“明破此则得其至妙、至妙之诀矣。盖须知他出力在何处，我不于此处与他斗力，姑且忍之。待其旧力略过，新力未发，然后乘之，所以顺人之势、借人之力也。上乘落，下乘起，俱有之，难尽书。勾刀枪棍，千步万步，俱是乘人旧力略过，新力未发而急进压杀焉”。(《剑经》)

“我打他接，我须不与他接着，只是埋下，引他打来我起接，则我为后发先至。”(《剑经》)

凡起手要打要杀，俱要在他门内一尺之间，未可将手势发尽，待他赶来伤我，他手势已尽，此时或大或小，或剪或揭，或自大下起接，各将他棍死了，然后进步扁身中拦结尾，无不胜也。法曰：“后人发、先人至”，知此，决不可一发便要伤人，徒使自势发尽，为他人反伤，戒之戒之。(《剑经》)

俱是顺人之势，借人之力，即要快便，又要似进实退，而后进则大胜矣。(《剑经》)

第三章　教学实践篇

第一节　硬件保障

一、场地规格

根据历史文献的记载，古代擂台竞赛的尺寸并无统一标准。这是因为古代擂台竞赛的形式和规则各异，导致擂台的尺寸也呈现出多样性。举例来说，汉代的角斗比赛，其擂台宽度大约在 3 米至 4 米之间，与现代拳击比赛的擂台尺寸相近。而到了唐代，相扑比赛所使用的擂台则明显增大，直径通常在 10 米以上，与现代相扑比赛的擂台尺寸相似。明代的比武擂台，其尺寸通常较大，多数为正方形或长方形。据《武经总要》记载，明代擂台的尺寸可达 18 丈（约 54 米）×18 丈或 20 丈（约 60 米）×20 丈。进入清代，比武擂台的尺寸依然较大，以正方形或长方形为主。根据《武侠史话》所述，清代擂台的尺寸多为 15 丈（约 45 米）×15 丈或 18 丈（约 54 米）×18 丈。

考虑到中华剑道技术体系主要源自明代的武学典籍，因此在设置擂台场地时，亦以正方形为主，并辅以长方形“中”字形设计。场地尺寸的选择，则根据长兵、短兵的不同特性，以及赛事的实际情况进行灵活调整。目前，暂定蓝色区域为长兵竞赛场地，其边长为 10 米；短兵竞赛场地则以红色边线标示，边长为 8 米。这一设置旨在确保比赛的公平性和安全性，同时亦体现出对古代擂台文化的传承与尊重。

中华剑道训练场地规则与实践要求严谨、稳重、理性地加以规定。首先，在场地规格与布局方面，中华剑道对抗练习场地应为“中”字形设计，竞赛区域限定为 10 米 ×10 米的正方形，内边线为 8 米 ×8 米，外围保留 2 米的缓冲区域。场地地面需安装减震与保护措施，确保适宜的温度和空气流通，以保障训练和比赛的顺利进行。同时，场地布局应充分考虑运动员安全，并提供充足的观众席位，以提升观众的观赏体验（见图 3-1-1-1）。

其次，场地必须保持平整，不得有起伏和障碍物，特别是在实战训练场地中，必须确保无任何影响训练的因素存在，以降低运动损伤风险，确保训练环境的稳定性和安全性。

此外，场地周边应配置完善的安全防护设施，包括急救设备和紧急撤离通道，以应对可能发生的意外情况。参与者在实战演练中应穿戴合适的护具和防护设备，以确保其安全。

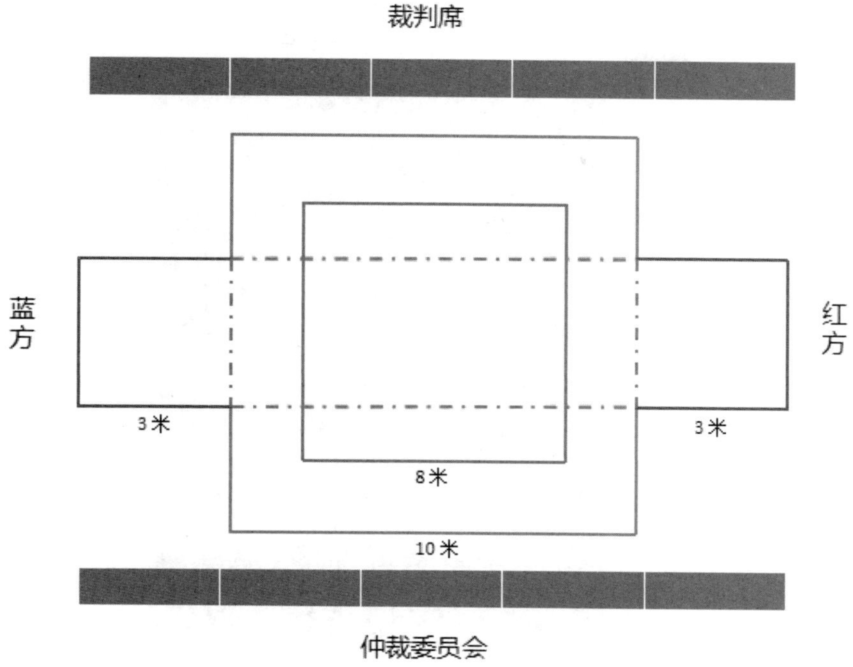

图 3-1-1-1 “中字形”竞赛场地示意图

同时，场地应配备充足的器材放置区，包括安全剑、头盔、护腿板等，以满足不同训练需求。此外，还应设置技术培训设备，如影音系统、教学模型等，以辅助教练对运动员进行技术解析和示范，提高教学效果。这些设备还有助于运动员更好地理解战术理念和应用。

最后，中华剑道训练场地应设置在安静的环境中，避免与其他项目场地产生干扰和冲突。同时，场地应具备可调节的环境条件，如通风系统、温度控制等，以提供舒适的训练环境，促进运动员的专注和学习效果。这些规定旨在确保中华剑道训练场地的专业性和安全性，为运动员提供最佳的训练条件。

二、赛事标配

（一）标准器材兵器规格与功能

中华剑道教学所使用的武器和器材均遵循严格的标准规格，旨在确保安全并发挥应有的功能。其中包括特制的海绵剑，适用于初学者和日常训练；竞赛标准仿真剑，专为比赛和高级训练设计；以及一系列符合规格要求的异形武器，用于丰富中华剑道技艺和提升实战能力。此外，必要的训练辅助器材，如木人桩、人形靶和安全面罩等，也须一应俱全，为学生提供全面的安全保障。

为确保这些器材始终保持良好的使用状态，应实施定期维护和检测措施，严格把控安全和质量。如图 3-1-2-1 所示，所有器材整齐地放置于专用短兵器架子上，护具亦经细致整理后打包备用。同时，为便于记录和管理，我们还拍摄了详细的视频和照片资料使用手册。

图 3-1-2-1

1. 仿真剑器材

根据目前考古发掘的铁剑数据，长度普遍接近或甚至超过 1 米。在陕西秦始皇陵兵马俑坑中，曾出土了一批青铜剑，其长度大约在 81—94 厘米之间。古代剑器存在长短差异的原因除了冶炼技术以外，剑的长短因人而异，满足个人需求。如《庄子·说剑》中记载："王曰：夫子所御杖（剑），长短如何？"按先秦长度换算，荆轲的剑不足 36 厘米，而秦王之剑约 1.4 米左右。如前人评曰，荆轲的"尺八匕首不足恃"，而秦王之胜，"介七尺之利也"。而今，作为传统的体育项目，中华剑道器材的设计以中国雁翎刀的形制为基础，融合了刀剑元素，精心打造成了一种结合体的形态。传统的武术短兵器械是用藤条或竹片裹以棉絮和海绵，外包一层皮革制成的。现在，器械是一根细钢条或藤条包裹着厚实而有弹性的海绵层，外层再包裹着皮革套，简单且安全。为了真实再现传统风貌，当前特别设计了 94—140 厘米不同尺寸的仿真刀剑，以满足单手使用（约 100 厘米）和双手使用（约 120 厘米）的不同需求。这种设计不仅增强了实战对抗的安全性，也为技术展示提供了更为合适的器材。

2. 标准竞赛护具

经过长时间的发展与改良，中华剑道的护具已经从民国时期的原始形态，逐渐演变为如今更为先进与周全的设计。这一演变过程，不仅体现在 2009 年香港国术大赛所展示的"元敬"护具，以及 2015 年汉威公司推出的护具上，更体现在健公书院近期对护具进行的改良之中。这些变革始终遵循着"无伤痛不竞技"的原则，确保选手在竞技中的安全与健康。

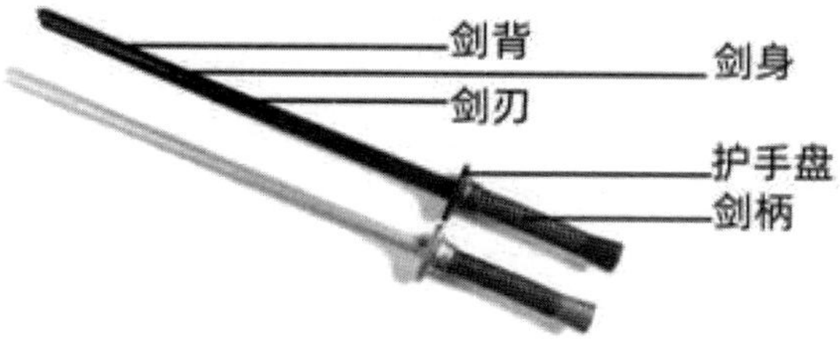

图 3-1-2-3

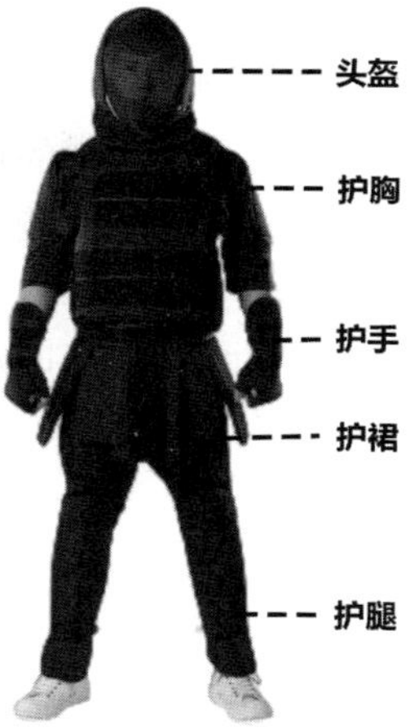

图 3-1-2-4

注：器材护具图片来源于健公书院

中华剑道的护具通常包括头盔、护胸（护甲）、护手、护裙和护腿等多个部分。头盔不仅要能够抵御对手的击打，还特别配备了防止兵器穿刺的铁网，以提供更加全面的防护。护胸和护裙等部分，则至少需要能够承受短兵器的击打，并在选手跌倒时提供必要的保护。至于防护手套，它不仅要能够有效抵挡短兵器的攻击，还需保持足够的灵活性，以确保选手手指和手腕的正常运动。

（二）竞赛区域配备

为了满足项目展示与日常教学中学生、教练员及运动员的需求，中华剑道训练场地内应设置充足的座位和明确的训练区域划分。对于特殊的中华剑道竞技形式，如模拟古战场竞技、冰上竞技、水上竞技或轮滑竞技，需根据具体需求调整场地和训练区域。此外，由于中华剑道练习涉及跳跃和俯卧撑等身体训练，训练区域应确保足够的空间。

同时，鉴于中华剑道训练和比赛的高技术性要求，特别是在格斗进攻和防守过程中，裁判对分数的判罚必须清晰无误，在实战和竞赛过程中，场地需满足严格的灯光要求。为此，中华剑道场地应配备专用照明设备，确保裁判、运动员和观众都能清晰地观察到运动员的动作，并保证赛事录像的清晰度。

随着科学技术的发展，人工智能的出现，相应的电子器材会不断地涌现，使得电子计分系统更加精密，电子计分就会更加精确。未来中华剑道比赛将采用电子感应系统计分，运动员需佩戴装有压力感应的剑道设备器材，通过压力大小来计算得分。此外，还可以采用远程 AI 模式进行约战和竞赛。这种虚拟竞赛模式，一旦形成，将远超现代身体对抗模式，为运动竞赛增添趣味性和格斗技巧性。

三、护具穿戴

中华剑道训练中，严格遵守护具规范至关重要，这不仅能够保证学生在训练过程中充分发挥技术水平，更能确保他们的安全无虞。在护具穿戴过程中，我们强调学生之间的互助合作精神，通过相互协助，共同确保护具的正确穿戴，从而为训练提供坚实的安全保障。

在进行中华剑道实战对抗时，为确保运动员的安全，护具的规范穿戴至关重要。以下将详细阐述每个护具部件的正确穿戴步骤和方法，以确保运动员在比赛中免受运动损伤。

（1）护裙。首先，从侧边开启魔术贴，环绕固定带至腰部，并穿入卡扣，逐渐拉紧至舒适位置。

其次，由后至前，将固定带进行粘贴固定。

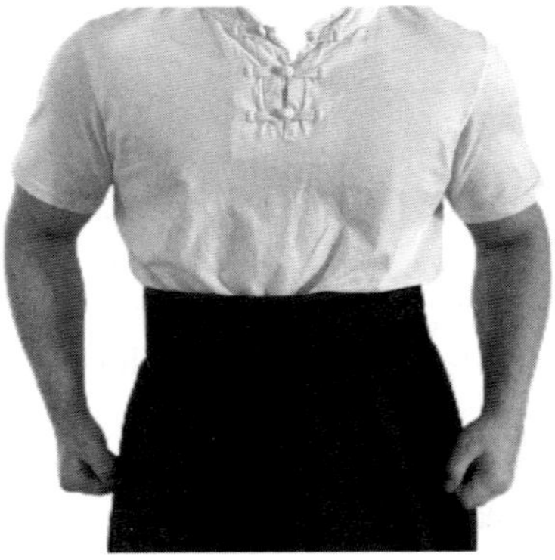

图 3-1-3-1

（2）护胸（护甲）。请务必注意胸甲的前后区分，其前面设有专门用于粘贴运动员阵营贴纸的区域，而侧边则配备有肩甲。穿戴时，请先从侧边打开胸甲，然后从上至下将其穿在运动员身上。随后，请将胸甲背后具备松紧调节功能的带子拉至背后，以确保铠甲的稳固性。最后，将肩甲绑在上臂处，以实现固定效果。请遵循以上步骤，确保装备穿戴正确并舒适。

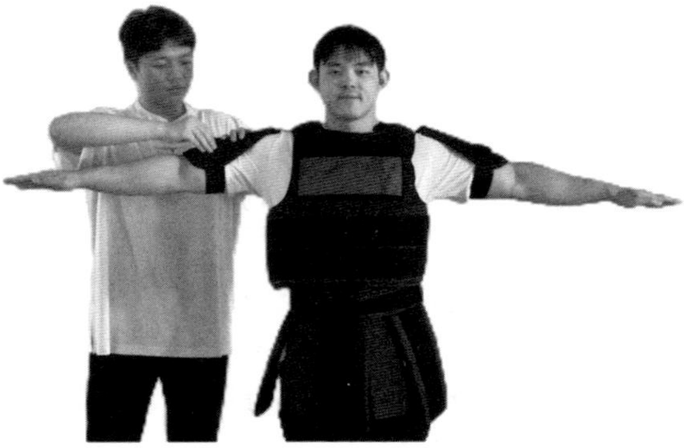

图 3-1-3-2

（3）护腿。首先，请将双腿护腿板的固定带轻轻地撕开，并将其绑在小腿部位以确保稳固。接下来，请将带有髌骨圈的部分放置在运动员的膝盖处，以确保其正确位置。最后，使用两侧的固定带将其牢固固定，以确保运动员在比赛或训练中的安全与舒适。

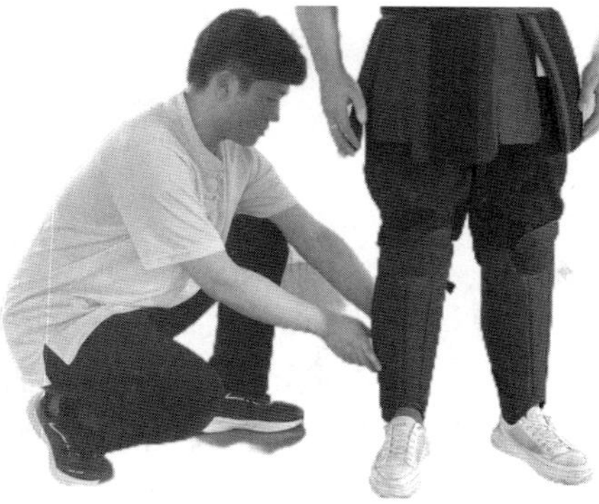

图 3-1-3-3

（4）护手。首先，请按照左右手的顺序，将手掌分别套入安全护具的护手之中。随后，使用固定带将其稳固地固定在手臂上，以确保其位置不会移动。

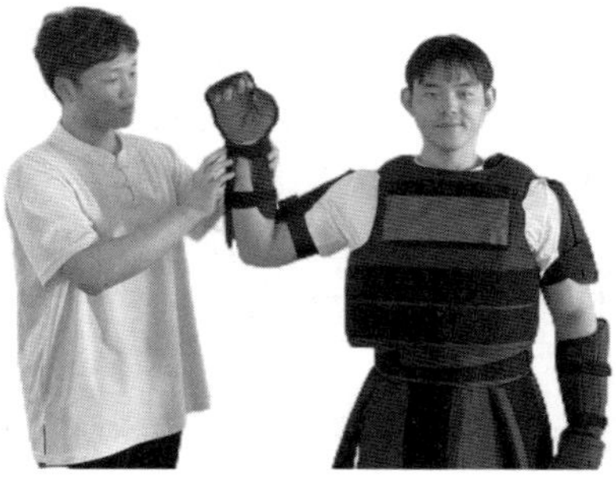

图 3-1-3-4

（5）头盔。首先，请务必谨慎地将头盔后部的固定带撕开，并轻轻打开背部的护脑板。接下来，确保面罩朝前，将头盔套入头部，并扣上固定带，然后轻轻压下护脑板以确保其贴合头部。在此过程中，请始终以舒适度为首要考虑因素，以确保头盔的佩戴既安全又舒适。最后，请对所有护具进行全面检查，并根据需要适当调整所有固定带的松紧度，以确保头盔及其配件的稳定性和安全性。

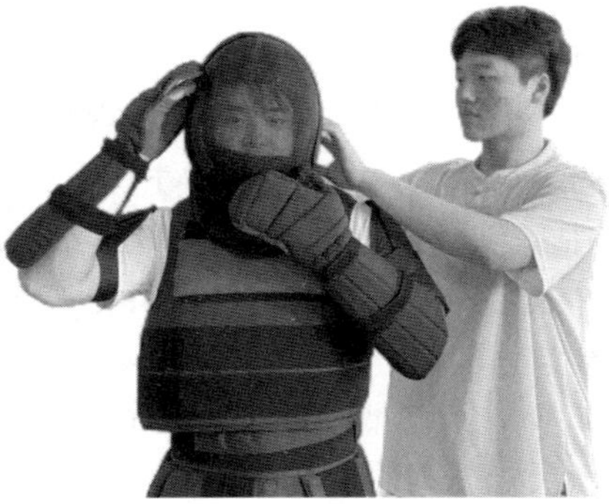

图 3-1-3-5

第二节 基本规范

一、学生规范

戚继光把习武中能否确立“师道”，看成是习武者能否有成的一大关键：“敬习之道，先重师礼，……师道不立，则言不信，教不遵，学之不习，习而不悦，师道废而教无成矣”。因此在中华剑道的课堂与教学过程中，学生应严格遵守课堂纪律，认真听从教练员的指导，积极听讲，并配合教学过程中的各项安排，以保障课堂的秩序和效果。

第一，课堂纪律。在中华剑道的课堂或教学过程中，学生需严格遵守课堂纪律。这包括尊重师长与同学，绝不打闹、辱骂同学或挑衅同学。手机的使用也应该在合适的时间，以不影响教学和训练为前提。学生需要认真遵守教练员的指导，积极听取讲解，并配合教学过程中的各项安排，以确保课堂的秩序和效果。

第二，服装规范。学生在训练时需穿戴合适的训练服装以及鞋袜。禁止穿着拖鞋、凉鞋和高跟鞋等可能对训练造成影响的服装。正确的服装规范有助于确保学生在训练中的舒适度和安全性，同时提高整体的训练效果。

第三，安全事项。学生需切实遵守安全事项。未经教师或者助教允许，严禁随意挥舞武器。在课上和课下，学生不得进行私自搏斗，并禁止进行危险性游戏。以确保个人安全，防范不必要的伤害风险。

第四，场地卫生。维护场地的卫生是每位学生的责任。任何人都要确保场地内不乱丢乱放垃圾，并积极维护好课堂器材设施。保持场地整洁有序不仅有助于提高学习效果，也为大家提供一个良好的训练环境。

第五，行为规范。学生应遵守行为规范，按时参加课堂训练，并自觉积极习练。同时，学生应注重技巧的练习和注意力的集中，以达到更好的学习效果。遵守行为规范有助于培养学生的自律性和团队协作精神，推动中华剑道的教学与训练事业不断向前发展。

二、教师规范

杨炳的《习武序》中就订有关于对师的“规矩”：“凡传教之师，断不可重礼轻艺。苟授匪人，败名伤德”，强调对为师者的义利之辩，并且还规定，作为师在传技过程中除了技艺的传授外，还须负责对徒的道德教育，“务要他知孝悌忠信礼义廉耻之道”。

第一，严以律己。教师在中华剑道的教学与训练中应始终严以律己。这包括按时到课、不得迟到早退，认真备课并制定详细的教案和教学计划。教师需确保教学内容和教学方法科学合理，以提供高效的教学体验。

第二，维护秩序。为了维护中华剑道课程的课堂秩序，教师应明确课堂纪律，并与学生一同制定课堂规则和要求。积极管理和监督学生，及时纠正不适当的行为。注重点名制度和考勤管理，以防止学生缺席和擅离课堂，确保教学进程的有序进行。

第三，注重仪态。教师的仪态对学生的影响至关重要。教师应给予学生良好的示范，注重礼仪，保持良好的形象和健康的身体状态。通过积极的互动，展现对教学工作的热情和认真态度，从而建立起良好的师生关系。

第四，因材施教。在教学过程中，教师需要尊重学生的个性差异，了解学生的兴趣爱好、体质状况和思维特点等。根据学生的实际情况，个别练习和指导，为学生提供更加真正有效的帮助，使每位学生都能得到有针对性的关注和指导。

第五，引导激发。考虑到学生的心理需求，教师应充分发掘并引导学生发展兴趣爱好，激发他们的学习动力和探究精神。通过灵活而富有启发性的教学方法，使学生对中国兵器格斗类型的课程产生浓厚兴趣，促使他们主动投入学习。

三、护具规范

第一，头盔规范。头盔须具备抗击打与防穿刺双重功能，内置铁网能有效抵御兵器穿刺。为确保每位学生均能获得适宜的保护，头盔需符合标准尺寸。此外，教师应定期检查头盔的完好性，一旦发现有损坏的头盔，必须及时予以更换或修理。

第二，护具配备标准。护胸、护背、护肩、护肘、护膝与护裆等护具，需满足抵挡短兵器击打和跌倒防护的双重要求。在材料选择上，需确保其耐用性以适应常规训练中的冲击。同时，护具尺寸应调整至适合每位学生穿戴，既舒适又紧固。此外，需培养学生正确的穿戴习惯，以确保在实际应用中发挥最佳防护效果。

第三，防护手套要求。防护手套应能够有效阻挡短兵器的击打，从而保护手部免受伤害。在选择手套时，应注重手指和手腕的灵活性，确保学生在使用兵器时能够保持足够的灵活度和控制力。此外，教师应定期检查手套的磨损情况，一旦发现磨损或损坏，应立即更换以确保持续的保护效果。

第四，综合安全事项。学生在使用护具前，必须接受相关的培训，了解正确的穿戴方法和使用注意事项。教师需定期组织安全培训活动，向学生强调正确使用护具的重要性和方法。若学生在训练过程中发现护具有任何问题，应立即向教师报告，以便及时进行处理。

四、安全规范

中华剑道课程管理安全规定如下。

第一，场地管理。保持场地整洁干燥，避免湿滑导致的摔倒。提供充足照明，确保视线良好。配置急救箱、灭火器等应急设备，易于取用。

第二，课堂组织。实施分级教学与对抗，加强专业指导，确保学生动作正确。鼓励使用头盔、护具等防护装备。

第三，对抗规则。明确攻击范围，避免关键部位受伤。控制对抗力度，防止过度激烈对抗。倡导公平竞争，尊重对手，严禁暴力行为。

第四，日常训练守则。重视热身与拉伸，预防运动损伤。循序渐进增加难度，避免过度训练。确保休息与恢复，避免疲劳与伤害。

（一）场地管理

（1）训练场是专为中华剑道课程（以下简称“课程”）所设，其余时段则向全校师生员工开放。在教学期间，其他体育活动不得在此进行。学生需遵循课程安排使用场地。

（2）活动参与者应严格遵守规定时间，除非有特殊情况，不得随意更改。非开放时间，任何人不得擅自进入。为保持场地整洁，禁止吸烟、吐痰、食用带皮核食物及口香糖，废弃物需妥善处理。墙面、椅面和桌面不得随意涂鸦、书写。

（3）场地内严禁携带禽畜、易燃、易爆及油质物品。请保持安静，不得大声喧哗、嬉戏吵闹或打架斗殴。爱护场地内的设备、设施和器材，未经许可不得移动，如有损坏需按价赔偿。

（4）进入场地时，请更换适合运动的鞋子，避免穿皮鞋、高跟鞋、钉鞋等不适宜的鞋类，以防损坏场地。未经批准，不得在场地内外悬挂、张贴宣传品或摆放、发放商业产品。

（5）个人物品请妥善保管，以防丢失。借用器材者使用后需主动归还，经工作人员检查后方可离开。使用场地的单位或部门应负责对活动人员进行爱护场地和遵守安全规定的教育培训，并积极配合场地管理人员的工作，严格遵守各项规章制度。

（6）以上规定及未尽事宜，由体育馆课堂场地中心负责解释。

（二）课堂管理

（1）中华剑道课程定期举行专题教学、训练与研讨活动，学生应秉持尊敬师长之态度，若有任何疑问或不明之处，应虚心向教师请教。同时，严禁嬉闹及不当言辞，以维护课堂秩序。

（2）若学生在训练日因故无法参加或迟到早退，务必提前告知，以便教师或助教调整教学计划，确保教学活动的顺利进行。

（3）上课及实践活动中，学生不得使用手机、游戏机等电子设备，以免分散注意力，影响学习效果。

（4）若学生携带易产生异味的食物，请务必妥善包装，避免对他人造成不便。同时，训练软垫上严禁饮食，除水以外的一切饮料和食物均不得带入。

（5）在非对抗性活动间隙，学生应将装备和武器整齐放置于墙边或指定位置，以防丢失。同时，应尊重武器，非使用时，剑应靠墙摆放。活动结束时，学生应自行整理护具，并放回原位。

（6）在进行活动前，学生应根据天气情况适当热身，进行完整的热身或动态拉伸，以预防运动损伤。若因个人原因或明知自身不宜进行剧烈运动而参加活动，由此产生的后果由学生本人承担。

（7）在任何活动中，学生应尊重对手，尊重自己的武器，秉承体育精神，恪守武德。最重要的是，要时刻关注自身和他人的安全，确保活动的顺利进行。

（8）以上要求旨在维护中华剑道课程的严谨性、稳重性和理性，希望同学们能够严格遵守，共同营造一个良好的学习氛围。

（三）对抗规则

（1）根据学生的技术水平和能力，实施适当的分级练习，旨在避免初学者与高手之间的过度竞争，从而减少受伤的风险。在训练过程中，务必关注周围环境，确保不会对他人安全造成威胁。严禁向对练伙伴使用超出护具防御能力或致命的技巧。在日常对抗或比赛中，必须严格遵守相关规定，禁止故意暴露和击打禁击部位，包括后脑、后颈、裆部、后背和脚踝。

（2）在进行日常对抗练习时，应学会保护对练伙伴，点到为止，不得使用大力劈砍、超时后击、恶意攻击或攻击禁击部位等危险行为。使用海绵剑进行对抗时，应佩戴适当的防护装备，如头盔面罩、手套、胸板、护裆等，以降低受伤的可能性。在慢速练习时，双方应提前商定练习内容和距离，并进行一次演示，以预防意外发生。

（3）进行全速对练时，必须按照要求穿戴符合防护等级需求的完整护具和武器，包括但不限于符合安全标准的对练用器材、面罩、脑垫、夹克、手套、护肘、护裆、防护裤、护膝、护腿以及一体式护腿、护喉、护肩、胸板、小臂板等。

（4）在进行非课程主要活动项目，如匕首、剑盾、迅捷剑、巨剑等对抗时，应特别注意保护对练伙伴，严禁恶意向对练伙伴使用超出护具防御能力或盾击等危险技巧。在讨论和实践非对称武术对抗时，应降低速度，佩戴合理护具，因为不同武器的伤害力不对称，如短兵对抗长枪、徒手对抗匕首等异种对抗。

（5）在训练过程中，若感到跟不上节奏或体能不足，可向指导老师提出休息请求。队员应避免盲目练习，若发生受伤情况，课程指导老师有义务在能力范围内提供救助。若在活动中受伤或感到不适，应立即停止活动，并寻求指导老师或专业人士的协助进行疗伤。若伤势严重，应立即送往医院接受治疗。

（6）在不满足对抗要求的情况下受伤，责任由个人承担。

（四）日常守则

（1）国术短兵俱乐部致力于传承和弘扬中华武术，期望队员能自觉肩负起继承与发扬武术精神的使命，积极推广中华传统体育文化。在日常学习和锻炼中，队员应严谨自律，勤奋刻苦，不断提升身体素质，磨炼坚强意志，培养高尚情操。

（2）严禁在课程活动中出现违反体育精神的行为，如消极应赛、故意让分、虚假比赛以及执裁不公等情况。同时，对任何形式的人身攻击和人格侮辱等恶劣行为，将予以严厉处分。

（3）请队员注意，禁止在课程场地以外或对非学生使用所学的技巧和技能，如因不当使用导致的任何意外或事故，本课程将不承担任何责任。

（4）对于课程内容或教学方法的建议和意见，热忱欢迎同学们向指导老师提出，以便持续改进和提升教学质量。但请务必以客观、真实的态度进行反馈，禁止散布谣言或无中生有的问题。

（5）此外，鼓励并支持队员积极研究和探讨不同类型的武术技艺及武器使用技巧，以期在传承中华剑道的同时，不断丰富和拓展武术的内涵与外延。

第三节　目标定位

中华剑道不仅仅是一种武技，更是一种修身养性、传承文化的方式。本课程深入挖掘中华剑道的历史渊源、文化内涵和现代价值，并结合立德树人的教育理念与思政课程，致力于培养学生的全面素质。

第一，深入了解中华剑道的精髓。学习中华剑道需全面了解其历史与文化演变，从古代剑术流派到现代竞技运动，剑道蕴含丰富的历史内涵和现代社会价值。学生需精准掌握剑道礼仪规范、裁判技巧、基本技术、比赛规则及战术策略等核心知识，并熟悉教学方法。这不仅能培养学生的专业素养，更能深刻感受中华剑道所蕴含的深厚文化底蕴。

第二，掌握实战技能，锻炼综合素质。中华剑道不仅要求学生掌握基本的剑法技巧，更注重实战中的运用。学生需要具备分析问题、解决问题的能力，能够独立完成剑道步法、进攻、防守、格挡反击等动作，并在比赛中快速准确地分析对手的战术，制定合理的应对策略。同时，沟通能力和团队协作精神也是不可或缺的。通过参与“校园兵器格斗大赛”“体育文化节剑师赛”等赛事，学生不仅能够锻炼自己的技术和战术，还能在实战中不断磨砺自己的意志和品质。

第三，提升综合素质，培养全面人才。中华剑道的学习不仅关乎技艺，更关乎品格。在学习过程中，学生需要面对各种挑战和困难，这正是提升他们综合素质的绝佳机会。通过小组训练与竞赛案例分析和讨论，学生能够有效提升组织能力、动手能力、团队合作、沟通表达、批判性思维等综合素质。同时，各种身体练习手段也能增进学生的身体健康。在剑道的熏陶下，学生将逐渐养成优秀的行为习惯和高尚的道德品质，为成为全面发展的人才打下坚实基础。

第四，传承文化，弘扬精神。中华剑道深深植根于中国传统文化的沃土之中，以鞠躬礼仪与抱拳礼为其行为准则。在学习中华剑道的过程中，学生不仅能够磨炼技艺，更能感受到传统文化的博大精深。他们将在深入研究中华剑道历史脉络和技术实践的过程中，逐步养成优秀的行为习惯和高尚的道德品质。同时，中华剑道所倡导的爱国主义精神和国际视野也将激发学生的爱国情感和国际视野。他们将愿意为国家的荣誉不懈奋斗，为推动中华剑道走向世界舞台贡献自己的力量。

第四节　内容选取

一、课程内容

（一）教学内容选取

中华剑道，源于华夏文化，不仅是体育，更是精神象征，蕴含深厚历史文化，展现中华智慧与勇气。教授中华剑道时，教学内容选择至关重要，涵盖历史文化、基本技能训练及实战对抗练习。教学注重技术与文化传承，通过解读文献，让学生深入了解剑道起源、发展与演变。致力于培养技术精湛、文化底蕴深厚的中华剑道人才，为传承和弘扬中华文化贡献力量。

第一，基本技能方面，包括击打、刺、格挡、反击等动作的训练，旨在让学生熟练掌握剑道技巧。同时，实战对抗形式的练习也是不可或缺的一部分，包括一对多和一对一的对抗形式，旨在培养学生的竞技意识、团队协作精神和应对挫折的能力。此外，中华剑道还注重模拟形式的练习和游戏化练习形式，以提高学生的实战能力和学习兴趣。

第二，教学过程中强调内外兼修，既注重身体素质的提升，也注重精神品质的培养。通过反复练习礼仪以及剑术动作，学生不仅可以提高身体素质，还可以磨砺意志品质和锤炼心性。这种内外兼修的教学方式有助于培养学生的耐心、毅力、自律和勇气等优秀品质，使他们在剑道的学习过程中不断成长和进步。

第三，传承和弘扬中华剑道文化方面，注重传授剑道的历史渊源、文化内涵和精神价值，使学生能够深入了解并热爱这项运动。通过教授剑术的基本功、招式和战术，传递中华民族的文化精髓。同时，也要注重培养学生的综合素质，包括中华剑道的起源、发展历程、基本技法及其精神内涵等核心要素的学习和掌握。

第四，强调中华剑道与道德修养的结合，通过实践引导学生树立正确的价值观和道德观，塑造优秀的个人品质。同时，组织中华剑道竞技与表演等实践活动，不仅提升学生的基本技艺，还培养他们的团队合作精神和竞技精神。

在本章中，中华剑道运动的起源和发展、持兵礼、裁判手势与执裁、与中国剑和“短兵”相关的经典文献解读等内容，以及与短兵基本技术的结合将是本课程的难点和重点。学生需要通过理论联系实际的深入分析，切实理解并践行“信、廉、仁、勇”的核心价值观。

（二）思政内容融合

将中华剑道课程与思政教育紧密结合，旨在为新时代的青年学子提供一份兼具深度与广度的精神滋养。在教学实施过程中，致力于引导学生树立正确的价值观和道德观，从而培养出既具备民族精神又勇于担当时代责任的新一代青年。

第一，注重传统文化的承袭与创新。在深入学习中华剑道的同时，鼓励学生探索剑道与现代社会生活的结合点，以推动传统文化的创造性转化和创新性发展，从而增强文化自信心和自豪感。

第二，强化团队精神与合作意识。课程设计中强调团队实战的重要性，提倡多人协作和集体作战模式。通过实践锻炼，培养学生的团队精神和合作意识，以适应未来社会发展的需求。

第三，融入爱国主义教育。借助中华剑道这一文化载体，传承和弘扬中华优秀传统文化，以增强学生的民族认同感和国家自豪感，培养具有爱国情怀的新时代青年。

第四，注重德育素质的培养。利用剑道精神，引导学生形成遵纪守法、诚实守信、团结互助的良好品质，为社会的和谐稳定贡献力量。

第五，关注身体健康和生命安全。通过中华剑道的训练，提高学生的身体素质，并培养他们的健康心理素质。在训练过程中，始终关注学生的安全，教育他们理解并珍视身体健康和安全的重要性，培养他们的责任心和自我保护能力。

二、经典套路

明代程宗猷在刘云峰处“得倭之真传，不吝授余”，然而他感叹：“虽有势、有法，但却无闻名。如今依据势态进行模仿，为其取名，以便习者记忆。”由此可见，他创编的刀术套路源于“奇诈诡秘，人难以预测”的倭刀，其直接目的是使习者易于记忆。

在《耕余剩技·单刀法选》中，程宗猷关于套路与实用技击技术之间的关系，以及他创编刀术套路的论述，笔者认为颇具深度，讲的是“原先的刀法，每个招式都是临敌实战所用，若不以成路刀势进行练习，熟练掌握，则在实际运用时，进退跳跃、旋转的方法不尽。虽然说着都是实战应用，但担心临敌时受到制约。因此，将各种刀法串联起来，构成完整的一套，创编成刀术套路，按‘路’进行演练。另外，创编这种刀术套路的原因是，仅仅练习‘不成路’的散势，虽然也能熟练掌握，且能灵活运用，但实战时仍会觉得有所欠缺。也就是说，仅练习散势，训练效果可能并不理想，为了提高训练效果，有必要创编刀术套路。因此，将散势‘总列成路刀法’。”此外，在进行这种刀术套路训练时，由于练习者个体差异，部分人难以一次性完成全套，所以可以“根据个人体力，分为两节或三节进行练习”。这样，既能保证训练效果，又能确保动作质量。经过这样的套路训练，尤其在日常训练中使用“重长”之刀后，体力逐渐增强，技术不断精进，临敌实战时使用的则是作战时所佩戴的轻刀，必然变得“骁勇善战、轻便灵活”。

所以，程宗猷的论述核心思想是将散势编成套路进行训练，以提高实战能力，最后还需将所学应用于实战。这就是程氏创编刀术套路的初衷和目的。可见，程氏所创编的刀术套路动作源自实战，经过训练，还需再应用于实战。

（一）单手剑势（健勇十六势）

中国传统武术的技术结构并非单一性的，而是以“练为战”为主脉，以“练为看”为补充的一种二元性结构。因此，中华剑道兼有单练形式与对抗、套路组合与对练。《健勇十六势》套路，源于旧国术短兵套路之精髓，维持了原套路的主体动作。为适应现代教学需求，我们巧妙地融入了《单刀法选》的精髓与抗战时期著名的《破锋八刀》内容。同时，我们审慎地调整了攻防技术，打破了传统套路的束缚，使此套路能够适应任何方向、任何形式、任何短兵器的训练需求，真正实现了德、技、心、艺的和谐统一。然而，其深层意蕴始终围绕着弘扬“天行健君子自强不息”的中华文化传统，激发新时代青年敢于担当、勇于创新的民族精神。我们以此为途径，推动青年为祖国富强而尚武、为人民健康而运动。

第一式行礼势：在进行演练时，演练者应面向观众，保持身体直立，双脚脚跟并拢，左手握剑，剑身微微上提，右手则握拳，置于腰间，向前鞠躬。

第二式将军请剑：向右转身（或者向左转身均可），右手掌心向上，抬手至平胸，再迅速握拳收回腰间，右脚向前左脚随之转动，两脚平行式站立。同时迅速冲右拳（与肩相平）。随后右脚后插步，右手置头顶画圆放于左腰间拔剑，左脚同步后侧一步。兵刃向正前方，倾斜 45 度，成半马步状态，左手与右手成一条直线，微微略高于左肩。

图 3-4-2-1

图 3-4-2-2

图 3-4-2-3

图 3-4-2-4

第三式连环下劈势：左脚上前盖步，右手剪腕花（轮劈一次），右脚上前一步，成弓步，同时左手向后自然张开。

图 3-4-2-5

第四式回身拦刀势：提右脚，转体一周，兵刃垂直向地面，（单刀缠头动作）剑背从左肩绕至右肩（相当于绕头一周），然后斜下劈，兵刃指向前方与左脚脚尖成一叉胸前左手放置于右胸前。此时左脚在前，右脚在后，成弓步。

第五式单撩刀势：右脚跨步上前，向右上方撩刀，左手五指合拢向前推出，兵器与地面平行，手掌置于剑下方。

图 3-4-2-6

图 3-4-2-7

第六式拗步迎推刀势：左脚上一小步成歇步，左脚盖在右脚前，剑收在左腰侧，兵刃向前，眼睛目视前方。迈右脚，双手握剑向前推刺，此时右脚在前，呈弓步，兵器与地面平行。

图 3-4-2-7

图 3-4-2-8

第七式云顶点剑势：左脚上前一大步，右脚随之跟上（脚内扣）。剑在头顶绕一周同时，转体一周，左脚提起，右手执剑前点，左手顺势伸直，兵刃指向前方与肩同高，左脚脚尖顺势勾起。

图 3-4-2-9

第八式横刀势：左脚下落成马步，兵器竖直，右手左格挡，随后从身体左侧划到右侧，最终呈水平状，左手手掌竖直向前做推剑的姿势（左手置于剑背 10 厘米距离），此时右脚在前，呈半马步。

图 3-4-2-10

第九式擔肩刀势：两脚固定不动，左转回身，双手握剑（右手靠剑护手盘位置，左手靠剑柄），剑呈水平状，收回左肩（兵器担在左肩上），剑高度与左肩齐平。

图 3-4-2-11

第十式右左横刀势：单手（右手）握剑。左脚盖步斜上前方，右脚向右前方跨大步，横刀斩出。随后左脚垫步（或者固定不动），右脚盖步，斜前方跨步迈向左侧，向左横推（连续的两次横击不可拖泥带水）。

图 3-4-2-12

图 3-4-2-13

第十一式朝天势：左脚盖步，右脚再顺势跨向右侧，双手握剑（右手在前，左手在后）。兵器自下而上提起，刀最终在头顶位置呈水平状（与地面平行）。

图 3-4-2-14

图 3-4-2-15

第十二式左定膝势：左脚向前跨一大步，与此同时双手执兵器从右上方向右前方劈击，定在左膝关节处不动，兵刃朝前目视前方。

图 3-4-2-16

第十三式立劈势：提右脚，再向前跨一大步。双手张开划圆，在头顶位置双手握剑，向下劈击。

图 3-4-2-17

第十四式推刀势：两脚固定不动，向左回身，右手手掌竖起作推剑状，剑立直，竖在身体左侧。再向右转身，左脚向前跨，形成左侧大弓步，左手做推剑状态，让剑柄位于头顶，兵刃斜向下指向地面。再次回身，此时右脚在前，左脚在后呈弓步。右手握剑，剑向下劈。

图 3-4-2-18

第十五式收刀入鞘势：右脚收回，两脚并立，同时剑向身画弧，画四分之一弧（即剑在身体右侧，胸部位置时），翻手腕，绕过头顶，将剑收回身体左侧的鞘内。

图 3-4-2-19

图 3-4-2-19

第十六势回礼势：左手在腰侧握拳，向右转身，行鞠躬礼。

图 3-4-2-20

（二）双手剑势（健锋九势）

《健锋九势》技术详解

在中华剑道混合式课程的深入开发与系统建设的基础之上，上海对外经贸大学国术短兵俱乐部精心创编了《健锋九势》双手刀套路。这一套路紧密结合了现代教学的核心需求，巧妙融合了《单刀法选》、《朝鲜势法》以及《辛酉刀法》等典籍中的武术元素，同时对其中的攻防技术进行了精细的调整和优化。整套动作严格遵循“信、廉、仁、勇”的武学四德，力求在德、艺、礼、体等多个层面实现和谐统一。尽管其形式与技巧有所创新，但其核心宗旨始终未变：传承和发扬“天行健君子自强不息”的中华文化传统，激发新时代青年勇于担当、敢于创新的民族精神，以尚武之姿助力祖国富强，以健康之体服务人民福祉。

①破锋刀起势。

②埋头刀势（1）。

③御车势。

④掀击势。

⑤迎推刀势（上）。

⑥左右提撩刀势。

⑦迎推刀势（中）。

⑧拗步定膝势。

⑨展旗势。

⑩埋头刀势（2）。

⑪ 单撩刀势。

⑫ 腰砍刀势。

⑬ 泰山压顶势。

⑭ 迎推刀势（下）。

⑮ 外看刀势。

⑯ 探海势。

⑰ 揽扎衣势。

⑱ 滴水势（收势）。

第一式破锋刀起势：弓步穿手推掌，左拳变掌，从左腰侧由右掌上面向前平伸穿出，掌心朝上；于左掌前穿的同时，右掌和右臂内旋使掌心朝下成俯掌，顺左臂下面屈肘收于胸前。上个动作不停，左掌臂内旋，五指撮拢成勾手，勾尖朝下；此时上身右转，面向右前方，左腿挺膝伸直，右腿屈膝半蹲，成右弓步；右掌同时成侧立掌向前平伸推出右掌。

图 3-4-2-21

图 3-4-2-22

图 3-4-2-23

第二式埋头刀势：上身左转，带动下身呈左弓步，同时双手握剑从左至右缠过头后，向左下方劈击。而后重心右移，下身呈马步，双手交叉使剑的前端逆时针划弧一周后架起。

图 3-4-2-24

图 3-4-2-25

第三式御车式：上身左倾，下身呈左弓步，同时握剑从左至右缠过脑后，向左下方劈击。随后右脚上步呈右弓步，双手握剑向前方直刺。

图 3-4-2-26

第四式掀击势：双手握剑向下屈肘回收，剑身垂立于体前。而后右脚先向右前方上步，左脚跟离地同时双手交叉使剑的前端逆时针划弧一周后架起。双手握剑在头顶平圆环绕一周后，向左下方劈击，同时左脚上步呈左弓步。

图 3-4-2-27

图 3-4-2-28

第五式迎推刀势：上身转体回身，右腿弯曲同时提左脚扣于右腿关节后、双手交叉使剑的前端在身体前方逆时针划弧一大周后回肘，将剑平架于身体右前方。而后迈左脚呈弓步，双手握剑向前向上直刺。再使左臂内旋沿身体右侧剪腕花，双手向前向上直刺，同时迈出右脚呈弓步。

图 3-4-2-29

图 3-4-2-30

图 3-4-2-31

图 3-4-2-32

第六式左右提撩刀势：重心后移，双手回肘将剑收回身前，而后重心前移，左脚向前垫步，上体稍右转，同时右臂内旋，兵刃向左、向下、向右、向前、向上弧形提撩。再上左步，上体稍左转同时右臂外旋，向右、向下、向左、向前、向上弧形提撩，右脚提起扣于左腿关节后。随后上右步呈右弓步，右臂内旋，兵刃向左、向下、向右、向前、向上弧形提撩。

图 3-4-2-33

图 3-4-2-34

图 3-4-2-35

第七式迎推刀势：双手屈肘至身体左上方翻腕，右臂外旋、握剑在身体左侧旋转一周后平收回左腰侧，同时右脚后撤呈虚步。随后右脚上步呈弓步，同时双手握剑向前刺。

图 3-4-2-36

图 3-4-2-37

第八式拗步定膝势：重心左倾，左脚向左上步，右脚向左盖步，左脚再次上步呈弓步，双手握剑在头顶平圆环绕一周后，向左下方劈击。

图 3-4-2-38

图 3-4-2-39

第九式展旗势：左臂回肘，带动右臂向左向下收剑，兵刃指向斜前方。同时左脚后撤，两脚平齐呈半蹲势。

图 3-4-2-40

第十式埋头刀势：左脚上步呈左弓步，右手持兵向外翻，左手变掌以虎口托剑，兵刃沿身体左侧兵刃向左、向下，最终让剑柄位于头右上方，兵刃指向地面。

图 3-4-2-41

第十一式单撩刀势：右脚向前上步，上身左转同时右手持兵先外翻，兵刃向后、向下，再向内翻向前、向上弧形提撩。随后右脚上步，左脚向右呈后撤步，同时右手持兵向右下方劈砍，左手向左下方伸出以保持平衡。

图 3-4-2-41

图 3-4-2-42

第十二式腰砍刀势：上身向左回转呈右弓步，右手持兵平绕身体半周至身前。而后左手握持兵柄，上身回转呈左弓步，同时将剑架于头顶逆时针平圆环绕一周后向左方劈击。

图 3-4-2-43

图 3-4-2-44

第十三式泰山压顶势：左脚向后撤呈右弓步，左臂先回肘将剑垂直收于身体左侧，后右臂外翻，双手交叉举剑柄于身体右上方，剑身与双肩平行。再上左步，同时右臂内翻，双手握剑在头顶平圆环绕一周后向左下方劈击，最后上右脚呈右弓步，同时右臂内翻，收左小臂使兵刃沿身体左侧顺时针环绕一周后劈下，定在右膝关节处不动。

第十四式迎推刀势：右手外翻，双手握剑沿身体右侧逆时针旋转一周后，右臂回肘将建剑平收于右腰处，同时右腿弯曲独立，左脚扣于右腿关节后。而后左脚上步呈左弓步，双手将剑从右腰推出向前直刺。

图 3-4-2-45

图 3-4-2-46

图 3-4-2-47

图 3-4-2-48

图 3-4-2-49

第十五式外看刀势：右手外翻，双手交叉握剑沿身体左侧顺时针平绕一周定于左腰下，同时左脚定住提右脚。

图 3-4-2-50

第十六势探海势：右脚上步呈右弓步，双手握剑向前方直刺。

图 3-4-2-51

第十七式揽扎衣势：左手回肘立剑于身体左侧。而后右手内翻，双手交叉握剑向右上方提撩，同时左脚上步，向右转体。随后右脚后撤呈左弓步，右手外翻，双手握剑沿身体右侧逆时针环绕一周。

图 3-4-2-52

图 3-4-2-53

第十八式滴水势（收势）：目视前方，重心向右，上身右转呈右弓步，同时双手交叉将剑柄举于身前，兵刃指向地面。而后左手握持护手，将剑收回左小臂，左手向下置于左腰处，握剑立于身体左侧，同时右手变掌，沿逆时针外旋，掌心朝下平置于右胸口，而后向下平收至右腰处。鞠躬行礼。

图 3-4-2-54

图 3-4-2-55

（三）抗战大刀（破锋八刀）

《破锋八刀》融合明清古典刀法精华，动作精炼，刀谱系统完整，连贯流畅。每刀力量清晰，如流水般自然。该刀法以威猛凌厉著称，运用多样灵活，应对各种攻击，实战意义强。抗日战争时期，破锋八刀作为传统武术刀法，在战场上发挥重要作用，对军事史和民族史具有重要意义。大刀在近距离作战中优势显著，刀法猛烈、连贯，因此得名。尽管威力不及枪炮，但破锋八刀在抗日战争中仍展现强大实战效能，提升军民士气与民族自豪感，打击敌军士气。同时，体现中华民族优秀品质与精神风貌，是军事、历史与文化的重要部分。其历史贡献与评价不仅在军事领域，还深远影响文化、艺术和社会价值，是传统文化瑰宝之一。

《破锋八刀》口诀

迎面大劈破锋刀，掉手横挥使拦腰。
势成顺风扫秋叶，横扫千军敌难逃。
跨步挑撩似奔雷，连环提柳下斜削。
左右搬拦凭快取，移步换形突刺刀。

抗战大刀，作为中华武器库中的独特存在，其历史意义、战斗价值以及文化象征均具备无可替代的重要性。此武器不仅代表着我们民族在抗日战争中的坚韧与毅力，更象征着中华民族的英勇与智慧。抗战大刀的独特地位，使其成为中国武器库中的珍贵瑰宝，也是我们民族精神的重要体现。

首先，从历史意义来看，抗战大刀是抗日战争时期的标志性武器，它承载着中国人民坚定不移的抵抗意志和钢铁般的战斗精神。在那段艰苦卓绝的岁月里，抗战大刀成为中华民族抗击日本侵略者的重要象征，体现了我们民族的坚韧和勇敢。

其次，从战斗应用角度讲，抗战大刀的体积大、重量足，具有出色的砍杀和防御功能。在肉搏战或强力突击中，它成为中国人民军队的得力助手。其锋利的刀锋和独特的形制，使得它在实战中展现出了强大的杀伤力和实用性。

图 3-4-2-56（注：该图由马明达教授书于说剑斋 2023 年）

最后，从文化价值方面来看，抗战大刀已经成为中国民族文化的重要象征之一。其独特的形制和深刻的寓意，被广泛应用于中国传统文化、艺术和设计的各个领域。在电影、小说、动画等文化作品中，抗战大刀更是成为展现中国人民反抗日本侵略战争精神的重要元素。

起手：身体正面向前直立，双脚并拢，左手执刀竖起在身体左侧，刀尖向前，刀刃向外。左手向前方抡圆，提左脚向左侧上步，身体左转，右脚跟上与左脚并拢，双膝微曲，腿部发力，同时右手竖起掌，掌心向左，掌指向上。左手恢复竖起执刀方式，仍是刀尖向前，刀刃向外。

图 3-4-2-56

图 3-4-2-57

图 3-4-2-58

第一刀：上步正劈，转身抡劈

动作如下。

（1）上步左劈刀：成掌右手从上向后摆。同时向右提右脚成右虚步，在运动过程中变右高弓步，完成向后转身。转身后双手在面前呈抱拳姿态，右手接刀。接刀后，单手刀从右上向左下斜劈。刀劈到左下时，左臂弯曲，左手在腹部前迎接在右手腕外部，手心向左，手指向上，双手呈交叉形。

图 3-4-2-59

图 3-4-2-60

图 3-4-2-61

图 3-4-2-62

（2）上步右劈刀接跟步下按刀。左脚上半步，成右跪步。单手刀从左臂外侧继续向左上走，从左上向右下斜劈，一直劈到右膝盖外侧。右手向后上摆，刀劈到左下方时候，右手正好曲臂摆到左肩。

图 3-4-2-63

图 3-4-2-64

图 3-4-2-65

刀法如下。

（1）劈刀。刀从上向下为劈刀，力达刀刃。刀和手臂成直线。

（2）按刀。刀刃向下，有短促的长劲移动。

第二刀：上撩转身立劈

动作如下。

（1）上步斜上架刀。右脚脚后跟提起踩地，而后向前大步迈出左脚成左弓步，右手举刀从上大劈至腰前，身体微微左扭，左手微弯，小臂平抬至腰间。

图 3-4-2-66

（2）上步横抹刀。右手持刀挽剑花，而后走一个顺时针小的极扁椭圆圈，从右至左横抹，刀与面高，是平抹，左手后平摆，掌心向下，掌指向后，刀抹到身体左边时左手手心向下迎接刀柄，握于右手之后，此时上右脚略成右弓步。

图 3-4-2-67

图 3-4-2-68

（3）上步转身横扫刀。再上左脚，以右脚前掌为轴右后转身面向右后方，成右跪步。双手持刀转锋由左至右横扫出 270 度，刀一直要扫到右腰以下到膝盖位置，重点在于扫腰部的位置。

图 3-4-2-69

图 3-4-2-70

图 3-4-2-71

技击：

此刀是对方刺我，我用刀上架。接着上步用一刀横抹其颈部，对方收枪急退，我上步转身斜扫他腰部一刀。

刀法：

（1）架刀。力点在刀身中部，上架，刀刃向上，肘关节伸直。

（2）抹刀。旋臂，曲肘，边抹边用手抽，抹对方颈部。

第三刀：左右格挡

动作如下。

（1）上左步架刀。上左脚跟右脚连枝步成左跪步，右手刀先沉腕，刀刃向前，刀尖向斜上，向左用撩的轨迹将刀架平，刀尖向右，刀刃向前，左手在右手后接刀。

图 3-4-2-72

（2）上右步劈刀。上右脚跟左脚连枝步成右跪步。左手发力先向左收刀至与左大臂平行，而后右手握刀，随右上步转体向右横劈至右膝外侧。

图 3-4-2-73

（3）上左步架刀。上左脚跟右脚连枝步成左跪步，右手刀先沉腕，刀刃向前，刀尖向斜上，向左上用撩的轨迹将刀架平，刀尖向右，刀刃向前，左手在右手后接刀。

图 3-4-2-74

图 3-4-2-75

（4）上右步架刀。上右脚成右跪步，左手发力先向左收刀至与左大臂平行。而后左腿上前垫半步，双腿伸直，右手持刀向右上用撩的轨迹架至头顶前方，刀尖向左前，刀刃向上。

图 3-4-2-76

图 3-4-2-77

技击：

此刀是左右外磕架刀。轨迹短，动作快。

第四刀：转身直刺

动作如下。

（1）绕步转身。第一步左腿向前垫半步，右手持刀向左前格；第二步右腿越过左腿向右走，上身向左回转，右手持刀向右前格；第三步左腿继续越过右腿向右走，右手持刀向左前格；第四步右腿越过左腿向右走成右弓步，上身向左回转，右手持刀向右前格。

图 3-4-2-78

图 3-4-2-79

图 3-4-2-80

（2）转身直刺。左脚径直向左上步，上身向左回转，同时左手竖起掌，掌心向右，掌指向上，右手持刀沉腕。再向左提右腿转体，屈右小腿独立；右手持刀向上提至与肩同平，刀尖向上；而后曲右小臂向左将刀柄于头顶，刀尖向左下方斜架于上半身前。持续向左转体一周后，先伸直左臂，再上右脚呈右弓步同时收左臂，右手推刀向前直刺。

图 3-4-2-81

图 3-4-2-82

图 3-4-2-83

技击：

此刀是利用步法转换位置径直撞刺对方胸部。因左右脚轮换上步，故称移步换形。

第五刀：左格挡左斜劈

动作如下。

（1）上步挑撩刀。上左脚成左虚步，左手向外向上斜直线分张，先是掌心向下，掌指向前，超过头顶。右手向前格，而后右脚向前迈步，左脚跟上，身体右转，成右高弓步。右手从右下至左上挑撩刀。然后刀向左下运行时，在此时左手合到刀柄上，在右手后。这一挑撩刀不过肩膀，向外侧而非外侧上，更多的是以挑为主。刀柄高于刀身。

图 3-4-2-84

图 3-4-2-85

图 3-4-2-86

图 3-4-2-87

技击：

此刀是我以刀挑撩对方握枪左手，随即撩对方身体侧面。是由下向上撩割。

刀法如下。

挑刀：力达刀尖，刀臂成一直线。

第六刀：右格挡右斜劈

动作如下。

（1）上步削刀。上右脚左脚跟进连枝步成右跪步，双手先在胸前交叉，左手在内，手指向右上，手心向内，再向外分张，掌心向侧前，掌指向左后，右手刀向右方平砍削，刀与腰平，刀尖向前。

图 3-4-2-88

图 3-4-2-89

技击：

撩刀术语为提柳。一个技法是抓对方枪杆直接撩对方腋下，另一个技法是直接撩对方前手，对方或者松枪后退或者收枪后退，我立即跪步乘其下部空虚直削其膝盖。

刀法如下。

削刀：刀刃由前向下、左、右，刀刃斜向下。

第七刀：连环抡劈

动作如下。

（1）上步撩刀。转身，向左前动一下左脚成左高弓步，双手从上向下向外分张，左手掌心向下，掌指向外，右手单手持刀从右下向左上撩刀，刀与面高，左手由身体左向前下、前上画弧线，左手接刀柄握于右手之后。

（2）上步扫刀。进右脚成右高弓步，两手向前推，使得刀从上向下画一个逆时针小弧线，从左上向右下斜平扫（基本平扫，刀比腰高大约在横膈膜位置）。

图 3-4-2-90

图 3-4-2-91

图 3-4-2-92

技击：

此刀是对方刺我，我上步撩其前手，把对方枪一撩，对方必然缩手，我趁势扫其上身中段。

刀法如下。

撩刀：刀由下向前向上为撩刀，力达刀刃前部，刀要贴近身体。

第八刀：反刺

动作：上身由右向左转呈左弓步，同时右手先沉腕，后右臂垂直绕身半周过头顶，向左前方直刺。此时握刀柄于头顶后上方，刀尖位于身前。

图 3-4-2-93

图 3-4-2-94

收刀：刀先向外上挽花，这个外上的圈一定要大，否则走不出下面的剪腕花。此时左手在右肘处，掌心向下，手指向肘，随即转身成左虚步持刀亮掌，掌心向右，掌指向上，右手刀在身体右后面，刀尖向后，刀刃向内。

图 3-4-2-95

图 3-4-2-96

图 3-4-2-97

图 3-4-2-98

第五节　教学方法

一、德育融入

中华剑道教学秉持中庸之道与孔孟之学的精神，注重将培养学生的身心素质、品德修养和团队协作精神的德育融入措施，学生将逐渐成为有担当、有责任感、有道德修养的公民。

第一，是道德观念的培养，中华剑道强调正义、公平、诚信和友善等道德观念。通过剑道的学习，学生体验到这些道德观念的真正内涵，将其应用于日常生活，培养正确的人生态度和行为准则。

第二，是品德修养的培养，中华剑道通过严格的训练和规范的礼仪，教育学生遵守规则、尊重他人，培养正确的道德观念和价值观，以及对社会和国家的责任感。强调个体的自律和坚毅品质，为培养社会责任感奠定基础。同时要求学生遵守纪律、尊重师长，培养自我约束和管理的能力，以提升品德修养。尊师重道，中华剑道强调师徒关系和传统的师道关系。学生通过学习和跟随老师的指导，培养对老师的尊重和感恩之情，学习到师者的榜样力量，进而培养对道德规范和传统文化的尊重。

第三，就是团队合作与互助精神，中华剑道课程强调通过团队合作完成任务，培养学生的团队合作和互助精神。学生在对抗训练和合作练习中相互支持、协作、信任，培养集体荣誉感和团队合作精神。剑道实践使学生深刻体验到对自己和他人的尊重、关爱和理解的重要性，增强责任意识，培养集体意识。

第四，忍耐力和毅力的培养，中华剑道的训练强调对身体和意志力的挑战。通过持之以恒的训练和不断的努力，学生能够培养忍耐力和毅力。这种坚持不懈的精神有助于培养学生的耐心、坚韧和勇气，让他们在面对困难时不轻易放弃，持续追求目标。促使其发展为全面发展、有担当、有团队精神的社会成员。

二、内容搭配

在中华剑道的课堂教学中，我们将聚焦于多个关键方面，以确保学生接受到全面而实用的、科学的、综合性的培训。首先，学生将全面掌握基础技术技巧，包括身法、步伐等基本动作。其次，我们将注重培养学生在基础技巧基础上的中华剑道技战术应用能力。使其在实战中能够迅速反应并做出明智的决策，面对不同的战术局面时游刃有余。此外，课堂还将强调对器材正确的安全使用规范，以提高学生的安全意识和军事应用技能。对于正确的短兵动作，我们将组织学生进行多样的动作练习，以提高其协调性和爆发力，同时也对身体素质进行全面培养。最后，我们不仅关注学生的技术水平，还注重培养其思维拓展和创新能力。

第一，基础理论模块，包括中华剑道的历史和文化背景，剑道的哲学与道德观念，剑术器械的介绍与分类，剑道的基本术语和礼仪。

第二，基础技术模块，包括剑的握法与姿势，步法与身法的基本训练，基本剑法及其应用，基础攻防技巧的练习，剑术套路的学习和演练。

第三，同伴之间的合作练习，包括对抗训练的基本规则和安全要求，剑道战术的理解与应用，对抗技巧和策略的训练，实战对抗的模拟练习。

第四，精进技术模块，包括高级剑法和技巧的学习，剑术套路的深入研究和演练，剑术特技和表演技巧的训练，自由剑术的探索和创新，考级和比赛技巧的提升。

第五，德育融入模块，包括中华剑道的道德观念和行为准则，礼仪和仪式的重要性与意义，团队合作和互助精神的培养，忍耐力和坚韧精神的培养，师徒关系和传统文化的重要性。

三、循序渐进

中华剑道的课程教学应当循序渐进，培养学生的耐心和毅力，通过不断学习与练习逐步提升技术水平。此外，选择合适的学习方式和课程也至关重要，应避免盲目跟风和浪费时间。

第一，根据学生的基础水平进行分组教学。对于初学者，应从基础入手，逐步引导学生进入短兵训练状态。第一阶段，学习基础知识，了解中华剑道的概念、术语和规则，包括比赛形式、武器使用和战术等。第二阶段，学习基本技能，如基本动作、步伐、防御和攻击等。通过阅读相关书籍、观看教学视频或参加短兵器课程，学习这些基础知识。第三阶段，通过反复练习基本技能，逐渐提高技术水平，可以参加短兵社团或组织，与其他爱好者一同练习，也可在家中模拟练习。

第二，强调重复练习和复习。学完新的格斗技巧或内容后，学生应多次练习，检验自己的掌握程度。在适当的时间对之前学过的内容进行复习，加强记忆和理解，以提高学习效果。

第三，制定阶段性课程目标和教学计划。根据学生的不同阶段和学习目标，逐渐增加课程难度和深度，确保每个阶段都有所进展。从基础知识和技能到高级技能学习，如快速攻击、组合技能、战术配合等。

第四，采用逐级推进的教学法。按难度逐步推进，增加学生的学习难度和挑战性。例如，从单手短兵的基本步法到技能再到实战，逐步进阶至双手短兵及其应用的实战技能。具备足够实战能力后，学生可参加中华剑道比赛，检验技术水平，并结交更多短兵爱好者。在比赛中，要注意规则、对手的战术和自己的表现，不断提高比赛水平。

第五，培养领导能力。在教学过程中，鼓励学生互相合作，组织分组训练，举办小型班级或校园剑师赛、体育文化节演练等，促进其领导能力的成长。这有助于学生在未来的实战中更好地协作和领导。

四、激发兴趣

为了激发学生学习中国中华剑道课程的兴趣，我们可以从多个方面入手，以促进学生主动参与课程并提高课程效果。这包括了解并认可中华剑道的历史、教授基本技能和战术、组织比赛和活动培养团队意识、推广中华剑道文化，以及鼓励学生参加中华剑道社团或团队等。主要目的是让学习中华剑道成为一种接触和理解中国传统文化的途径，提高学生的个人修养。

第一，中华剑道作为源远流长的武术运动，具有丰富的文化内涵和高超的实战艺术。要激发学生的兴趣，首先应从其独特的文化魅力入手。中华剑道源于中国古代的剑法，融合了道家、儒家、佛家的哲学思想，强调内外兼修、刚柔并济。学生在学习过程中可以深入了解中华文化的博大精深，从而激发对传统武术的热爱。此外，中华剑道的技术体系严谨，动作优美，具有很高的观赏性。通过引入优美的中国传统文化元素或讲授有趣而实用的技能，可以提高学生的参与度，从而提高他们对中华剑道的兴趣。

第二，在教学过程中，注重培养学生团结协作的精神是至关重要的。分组学习、小组交流、技术交流和心得分享等方式都可以促进学生之间的互动，加深彼此之间的理解与友谊。通过制作多媒体教学资源，如图片、视频、音频等，可以增加课程的视觉和听觉效果，提高学生的学习兴趣。

在教授中华剑道的基本技能和战术时，要注重互动性，让学生成为课程的参与者而不是被动的听众。采用课堂互动、角色扮演、练习演习等方式，能够增加课程的趣味性、互动性和体验性，可以让学生更好地体验到中华剑道的乐趣和挑战性，从而激发他们的学习兴趣。

第三，组织中华剑道比赛和活动是培养团队意识的有效途径。通过比赛，学生可以更深入地了解中华剑道，体验其竞技魅力，从而增强对该课程的兴趣。设置小组长制度、定期举办小组交流活动、鼓励学生相互帮助和建立激励机制，都有助于增强学生之间的友谊和团队精神。

五、团队合作

中华剑道课程在教学过程中的团队合作对于学习和掌握剑道技能非常重要。团队合作可以让每个人明确自己的职责和任务，互相学习、相互支持，带来多样性和创造性，共同明确目标和愿景，促进学生的技能提高和全面发展。

第一，进行团队分组，每组人数控制在六至八人。在中华剑道课程开始之前，务必确保分组完成。各小组需制定口号、队名和宗旨，并完成小组手册的信息注册与管理，包括队员基本信息、训练次数考勤、训练预约打卡等，为后续课程的小组任务做好准备。这种分组方式有助于各小组在团队活动中深刻体会团结的力量，进而提升团队合作能力。同时，在小组课堂上，同学们可以相互交流与沟通，增强合作意识和互助精神。

第二，实施角色划分，有效管理集体。通过设定管理层负责人、俱乐部教练员、小组长和裁判员等角色，让学生体验不同角色的职责，增强互动与合作。这种管理方式有助于带领小组集体取得荣誉、积分和竞赛成绩，从而增强集体感。同时，鼓励学生与老师、同学充分沟通，关注每个小组成员的想法和建议，给予积极反馈和支持，以促进师生之间的合作关系。

第三，采用两人协作式学习方法。在小组分成后，可以安排两人一组进行协作学习。例如，在小组教学与实战、裁判、边裁、竞赛组织与管理等任务中，学生需互相协作完成。学习完成后，互相评价、解释和呈现学习成果。这种方式对于培养学生的合作意识和协作能力具有显著效果。

六、过程评价

在中华剑道课程中，过程性评价的方法多种多样。首先，观察和记录是一种直观而有效的方式。教师通过仔细观察学生在课堂上的表现，记录关键的动作、技能运用和反应速度，从而全面了解学生的学习进展。其次，反馈会话是一种有益的交流手段。教师与学生进行定期的对话，深入了解学生的学习体会、困难和进步，为更个性化的指导提供基础。作业和项目评估是实际应用的重要环节，通过评估学生完成任务的质量和创造性，评估其在实际应用中的水平和理解程度。此外，自我评价和小组合作评价有助于培养学生的自我认知、反思和团队协作能力。最后，技能演示是一种生动的评价方式，学生通过展示所学到的动作和技巧，巩固并展示他们的学习成果。为了更好地贯彻中华剑道课程中的过程性评价，可以采用以下方法：

第一，观察评价法。教师可以通过观察学生在课堂上的表现，记录他们的动作、技能运用、反应速度等方面的情况。这种方法可以提供直观的反馈，帮助教师了解学生的学习进展。教师通过观察学生在课堂上的表现和活动情况，如合作沟通、思考能力、问题解决能力等方面，对学生的过程进行评价。可以在课程中设置评价表格或通过录像方式进行评价。

第二，问卷调查法。通过发放问卷，了解学生对学习过程的主观感受和评价，如是否理解课程内容、是否喜欢课程等。教师与学生进行定期的反馈会话，讨论学生在课程中的学习体会、困难和进步。通过对话，教师可以更深入地了解学生的学习需求，为个性化的指导提供基础。

第三，讨论小组法。在课程中设置小组讨论环节，观察学生之间互动和合作情况，了解学生在集体中的表现和思考能力。在小组活动中，学生相互合作，通过对彼此表现的评价来促进共同学习。这有助于培养团队协作和交流能力。

第四，自我评价法。鼓励学生对自己的过程进行自我评价，讲述他们的学习收获、问题以及解决方案等。鼓励学生进行自我评价，让他们反思自己的学习过程、技能掌握情况以及存在的问题。这有助于培养学生的自我认知和反思能力。

第五，技能演示法。通过学生提交自己学习演练的技术动作视频进行评价，了解学生在中华剑道课程中的学习过程和成果。可以通过展示学生的作品，进行学生对作品的分析和自我评价。学生可以通过展示他们在剑道技术上的表现来接受评价。这可以设立为定期的技能演示，让学生展示他们所学到的动作和技巧。

第六节　开展形式

一、课堂教学

在进行中华剑道的课堂教学时，我们需要充分考虑学生的实际接受程度和身体素质等因素，采用多种形式的教学方式，以提高教学效果。同时，合理安排中华剑道课程的时间，确保学生的身体健康与安全。

第一，讲授型教学是中华剑道课堂的一个重要环节。通过使用黑板、幻灯片或视频等媒介，教师可以向学生传授中华剑道的基础知识、技巧和注意事项。在讲解的过程中，老师可以通过示范让学生更直观地理解所学内容。

第二，实践型教学是课堂中不可或缺的一环。在教室或室外场地，教师可以组织中华剑道实践环节，3~4 人一组，初学阶段学生可以相互纠正动作，有了一定的基础可以进行 1 对 2 的摸肩游戏乃至持兵的对抗性游戏，主要目的就是在欢快且慌乱的步法中进行攻守，让学生亲身体验和掌握中华剑道技能。在进行实践时，务必注意学生的安全，提供必要的保护措施。

第三，互动型教学通过小组互动、讨论等形式，鼓励学生自由表达和交流兵器格斗方面的经验和看法。这种互动方式能够促进学生之间的交流和合作，激发学生的学习兴趣。

第四，独立探究型教学是培养学生自主学习和自我发现能力的有效手段。将学生分成小组，在老师的指导下进行兵器格斗相关的探究和研究，激发学生的主观能动性。

第五，现场教学型。通过组织学生到外部实践场所进行中华剑道的现场教学，如武术馆、兵器馆等拓宽学生的视野和经验，加深学生对中华剑道的认识和理解。这种实地教学形式能够为学生提供更丰富的学习体验。

二、社团活动

在进行中华剑道社团活动时，我们需在综合考虑成员的身体素质和安全问题的前提下，通过多样的形式培养学生的兴趣、健康和成长。当前，社团主要采用公开课、活动交流与比赛等形式，以贴近校园生活，同时强调活动的安全管理。

第一，社团每周或每两周安排一节中华剑道公开课，邀请所有有兴趣的学生参与。在这些课程中，指导老师将传授中华剑道的基础知识和技巧，通过实际指导进行格斗训练，使学生能够更深入地了解和体验中华剑道的魅力。

第二，社团成员可根据个人兴趣和水平加入初级班或高级班，接受专业的中华剑道训练。这种分级形式有助于满足不同层次学生的需求，使每位成员能够在适合自己水平的环境中充分发展。

社团还将组织实战演练赛，促使成员之间进行交流和比赛，以增强其参与养成和成就感。这种实践活动有助于将学到的理论知识应用到实际中，提高成员在中华剑道领域的技能水平。

第三，鼓励社团成员参加校内外的兵器格斗比赛，不仅有助于提高比赛技能和竞争意识，同时还为成员提供了展示自己实力的机会，增强了团队凝聚力。

第四，社团、俱乐部还将组织观看兵器格斗比赛、聆听名师讲座、进行户外露营等与兵器格斗相关的活动。通过这些多元的形式，丰富社团活动，让成员们在不同层面得到全面的发展。

三、竞赛联盟

中华剑道专业化竞赛联盟是学校体育课程中一项重要组成部分，兼具个性与体育爱好特长的属性。在学分制度下，体育竞赛俱乐部扮演着关键角色，因此必须对课程设置和运动竞赛方面进行严格规范，制定相应的开展形式，建立相应的教学和评价标准，以确保学生在竞赛联盟中取得相应的学分。教师还可以组织学生到武术类学术交流活动、传统体育文化旅游等外界活动中，加强中华剑道基础技能的训练，不断提高运动技能和综合能力。通过相应的教学措施，中华剑道专业化竞赛联盟可以全面推动中华剑道的发展和推广，提高竞技水平和专业性，促进国内外剑道界的交流与合作，为中华剑道爱好者提供高水平、公正、规范的竞技平台，让学生在竞赛中获得突出的成绩和丰硕的学术成果。

为了有效运营中华剑道竞赛联盟，第一，需要成立一个专门的组织机构，即联盟管理委员会。该委员会由相关专业剑道教练、裁判员和学术专家组成，负责联盟的日常运营和决策，以确保竞赛的公正、合规和高质量。

第二，联盟应制定统一的竞赛规则和标准，覆盖比赛项目、参赛资格、比赛流程、评分标准等方面。这些规则和标准需要基于中华剑道传统，同时结合国际剑道竞赛的经验，确保竞赛公平、公正和标准化。

第三，体育竞赛联盟的第三项任务是定期组织各类中华剑道比赛和交流活动，包括但不限于个人赛、团体赛、全国锦标赛等。根据竞赛规则和标准，筹备比赛，组织报名、抽签、赛程安排、裁判选拔等工作。此外，提供培训和指导，协助选手和教练提升技术水平和竞技能力。

第四，为了确保比赛的公正性和专业性，联盟应建立裁判员和教练员的培养体系。通过培训、考核和认证，选拔并培养具备专业素养和技术能力的裁判员和教练员，确保比赛的裁判水平和教练质量，提高竞赛的公正性和专业性。

第五，竞赛联盟的宣传工作是推广中华剑道的关键。通过各种渠道和媒体，包括官方网站、社交媒体和赛事报道，进行剑道竞赛的推广和宣传，以增加公众对中华剑道的了解和认同；在官方网站、社交媒体、赛事报道中提供比赛信息、选手介绍、成绩公示等内容，增加比赛的曝光度和吸引力。

第六，联盟还应积极与国内外的兵器格斗组织、学术机构和相关机构进行合作与交流。通过国际交流赛事、学术研讨会等活动，促进中华剑道与国际兵器格斗界的交流与合作，提升中华剑道在国际舞台的影响力和竞技水平。

四、通识教育

中华剑道通识课程不仅能够帮助学生全面了解和体验中华剑道的文化内涵和技术要领，还能够培养学生的审美情趣、道德观念和体育素养。这一课程注重实践与理论的有机结合，使学生在参与中华剑道的过程中获得真实而深刻的学习体验和成长。

第一，课程设置与结构。根据中华剑道的丰富历史、深厚文化和技术知识，设计多个模块的课程内容。这些模块应涵盖剑道的理论基础、技术技能以及道德观念等方面。每个模块进一步分为多个单元，有助于学生逐步学习和深入理解中华剑道的多层次内容。

第二，理论讲解与学习。通过教师的精彩讲解和学生的学习材料，系统地介绍中华剑道的起源、发展历程以及深刻的文化背景等内容。借助多媒体、图片、视频等辅助工具，帮助学生更全面地了解和感受中华剑道所蕴含的独特魅力。

第三，技术演示与实践。精心组织专业中华剑道教练进行技术演示，展示各种剑术动作、姿势和技巧。学生通过观摩并模仿，通过实践训练逐步掌握剑道的基本技术和动作要领。教练的个别指导能够纠正学生的动作和姿势，确保学习的准确性。

第四，体验活动与实践。为了使学生更深入地了解中华剑道，可以组织体验活动和实践课程。学生穿上剑道服，亲身体验正式的剑术训练和礼仪仪式。此外，组织剑道表演、模拟对抗等活动，让学生直观感受剑道的精神和技巧。

第五，学术研讨与讨论。组织学术研讨会和讨论课，引导学生深入探讨中华剑道的哲学和道德观念。邀请专家学者讲座，帮助学生思考中华剑道与人生、社会伦理等方面的关系，培养学生的批判思维和文化素养。

第六，考核与评价。根据课程的学习目标和要求，进行考核与评价。通过课堂小测、作业、课程报告、实践表现等多种方式，评估学生对中华剑道知识和技能的掌握程度。同时，注重学生的参与度和态度，培养学生的自主学习和团队合作能力。

第七节　考核评价

本课程将采用线上理论考核与线下实践考核相结合的评定方式，技能评定标准详见附件，并以百分制为参考依据。在教学实施过程中，教师将灵活运用多媒体手段，结合线下讲解与示范，引导学生逐步模仿练习，致力于提升他们的技术水平。考核评价体系涵盖以下方面。

第一，技术层面评估。将根据学生的课堂练习表现，包括动作的精准度和力度的控制等，进行客观评价并赋予相应分数。

第二，主观能动性评价。将全面评估学生在学习过程中展现的积极性、自我约束和自我监督能力，以及他们与团队成员的有效合作能力。

第三，团队协作精神评价。将重点考察学生在小组交流与学习中的表现，以评估其团队协作精神和多元思维能力。

第四，德育与文化价值评价。结合剑道与中国传统文哲思想的融合，我们将深入评估学生是否能体现出“内可治身、外可应变、君子比德”的德育观念。

第五，对抗实践评价。通过线下的对抗实践和裁判相互学习，将深入评估学生在实际对抗中的表现及进步情况。

课程评定方式采用线上理论考核与线下实践考核相结合的方式（技能评定标准见附件）

2023—2024 学年第一学期中华剑道考核方式评定表

项目			权重	备注
平时出勤（20 分）			20%	平时出勤分共计 20 分，每节课签到出勤，每缺课一次扣 3 分、迟到一次扣 1 分，缺勤三分之一取消考试资格。
考核（50 分）	中华剑道理论考核（线上）	线上讨论	5%	利用学习通平台进行线上考核
		期末理论题	5%	
		裁判手势	10%	通过视频形式线上提交

续表

<table>
<tr><th colspan="3">项目</th><th>权重</th><th>备注</th></tr>
<tr><td rowspan="3">考核（50分）</td><td rowspan="3">中华剑道技能考核（线下）</td><td>实战对抗考核</td><td>15%</td><td rowspan="3">期中期末考核进行
备注：套路与实战模拟部分特殊情况可线上上传视频考核</td></tr>
<tr><td>《健勇十六势》或者《健锋九势》的基础性套路达标考试</td><td>10%</td></tr>
<tr><td>实战模拟</td><td>5%</td></tr>
<tr><td colspan="3">体测（20分）</td><td>20%</td><td></td></tr>
<tr><td colspan="3">体育锻炼（10分）</td><td>10%</td><td></td></tr>
</table>

备注：考核标准参考（百分制）

一、出勤态度

对学生的考勤并非唯一目标，教师应该关注多个方面，包括学生的体育技能和知识掌握情况、课堂参与度以及学习态度等，以便全面评价学生在体育课程中的表现。针对请假、迟到、旷课等情况，可根据具体情况进行相应的扣分与出勤评价。这样的多方位评价体系有助于更准确地反映学生在体育课程中的全面表现。

第一，出勤率的考核。考勤分为线下考勤与线上考勤。对于线下上课的学生，可以通过传统的签到表或课堂签到小程序等方式进行考勤。教师在课堂开始时进行点名，记录学生的出勤情况。对于线上上课的学生，可以通过在线教育平台或学校的学习管理系统进行考勤。教师可以设定签到功能或出勤报告功能，学生在规定的时间内进行签到或提交出勤报告，并在学期末进行统计。

第二，课堂表现的评价。在课堂上，教师可以观察学生的活跃程度、提问回答情况等，记录学生的参与情况，来评价其出勤率。如果学生展现出积极的态度和高度的参与度，那么可以认为他们的出勤率是合格的。

第三，作业和测试的分析。教师可以根据学生的作业和测试作为考勤的一部分来推断其出勤情况。通过学生按时提交作业和完成测验的情况，评估学生对课程的学习态度和参与度。这种方式可以综合考量学生的学习表现和课堂参与情况。未按时完成作业或缺席测试的学生可能存在出勤问题。

第四，学生自评和互评。在学期末，学生可以对自己的出勤情况，课堂表现等情况进行自我评价，同时也可以对其他同学进行出勤评价。这有助于学生更全面地认识自己的课堂常规的基本状况。

二、技能评定

中华剑道课程技能评定相应的标准与规范，主要是从《健勇十六势》单手套路或者《健锋九势》双手的基础性套路，通过演练，采用演练效果、熟练程度、实战模拟、对抗和场上裁判执行能力进行等级划分，并根据具体表现赋分。

（一）套路演练考核标准（10分）

等级	评价标准
优	套路演练中动作连贯、协调，动作质量高，击打技术中劲力顺达，攻防一体，进退意识明显
良	身体姿态较好，动作较连贯、协调，比较有力度，进退与防守较为明显
及格	套路演练中动作能基本完成，击打技术中可以看出稍微力度，攻防，进退意识略显
不及格	动作不连贯、不协调，身体姿态不正确

动作规格包含（4个步型）弓步、半马步、盘龙步、独立步，每个未达标准要求扣1分（遗忘该动作也计算为该步法规格未达标，4分扣完为止），错误动作（包含动作丑、错误、漏、遗忘、重复等等）每个扣除0.1分，套势整体劲力1分，流畅度1分。能基本完成套路最多为6分基本分数。

考核评分速算表（健勇十六势／健锋九势）

错误	步型				
	0	1	2	3	4
0	9.0~10	9.0~9.9	8.0~8.9	7.0~7.9	6.0~6.9
1	9.0~9.9	9.0~9.8	8.0~8.8	7.0~7.8	6.0~6.8
2	9.0~9.8	9.0~9.7	8.0~8.7	7.0~7.7	6.0~6.7
3	9.0~9.7	9.0~9.6	8.0~8.6	7.0~7.6	6.0~6.6
4	9.0~9.6	9.0~9.5	8.0~8.5	7.0~7.5	6.0~6.5
5	9.0~9.5	9.0~9.4	8.0~8.4	7.0~7.4	6.0~6.4
6	9.0~9.4	9.0~9.3	8.0~8.3	7.0~7.3	6.0~6.3
7	8.0~8.9	8.0~8.8	7.0~7.9	6.0~6.9	5.0~5.9
8	8.0~8.8	8.0~8.7	7.0~7.8	6.0~6.8	5.0~5.8
9	8.0~8.7	8.0~8.6	7.0~7.7	6.0~6.7	5.0~5.7
10	8.0~8.6	8.0~8.5	7.0~7.6	6.0~6.6	5.0~5.6
11	8.0~8.5	8.0~8.4	7.0~7.5	6.0~6.5	5.0~5.5
12	8.0~8.4	8.0~8.3	7.0~7.4	6.0~6.4	5.0~5.4
13	7.0~7.9	7.0~7.8	6.0~6.9	5.0~5.9	4.0~4.9
14	7.0~7.8	7.0~7.	6.0~6.8	5.0~5.8	4.0~4.8
15	7.0	7.0	6.0	5.0	4.0

（二）模拟实战考核标准（5 分）

等级	评价标准
优	身体姿态好，移动快节奏好，动作连贯、协调，有力度，击打准确性高，得分明显
良	身体姿态较好，动作连贯、协调，有力度，击打准确性较高，得分较为明显
及格	身体姿态一般，移动中有节奏，动作连贯、协调，有力度，击打准确性一般，有得分
不及格	移动慢，动作不连贯、不协调，身体姿态不正确

（三）裁判实际操作标准（10 分）

等级	评价标准
优	规范的指导运动员进场、出场礼仪程序，场上能准确判断得分点，比赛期间能够清晰有条理的处理场上情况，比赛中口令清晰，洪亮有节奏，比赛紧凑有序
良	比较规范的指导运动员进场、出场礼仪程序，以及判断得分点，比赛期间能及时应对与处理场上部分情况，比赛中口令较清晰，洪亮有节奏
及格	能完整地进行运动员进场、出场礼仪程序，大致能判断得分点，比赛期间能处理场上基本情况，比赛中口令基本清晰，洪亮有节奏
不及格	不能完整地进行运动员进场、出场礼仪程序，得分点判断混乱，比赛中口令含糊不清，场上较为混乱

（四）实战对抗考核标准（15 分）

根据实战对抗情况进行划分：包括对抗获得的名次、竞赛中的体育精神与参与的积极性、礼仪与品德情况、参与对抗的实际人数。

若班级男或女组达到 16 人及以上，取前 4 名 13 分，5—8 名 12 分，9—16 名 11 分，其余参与对抗学生且表现出拼搏精神的 10 分，未参与对抗的 0 分。

若达 8 人未达 16 人，前 2 名 14 分，3—4 名 13 分，5—8 名 12 分，其余参与对抗学生且表现出拼搏精神的 11 分，未参与对抗的 0 分。

若未达 8 人，前 2 名 13 分，3—4 名 12 分，其余参与对抗学生且表现出拼搏精神的 10 分，未参与对抗的 0 分。

若未达 4 人，按照实战模拟测试标准给分进行折算。

注：所有考核需录像留档，表现优异者酌情给予表现分，不限于名次分数，激励学生展现勇武精神。

三、功力测试

中华剑道功力测试可以用来评估运动员的运动基础能力和基本技术水平。通过测试运动员在各项技术要点、动作精确性、力量控制、速度和灵活性等方面的表现，可以客观地评估运动员的技术实力和技能掌握情况。在测试过程中，运动员可以发现自身的不足之处，并通过反馈和指导来改进和完善自己的技术和表现。测试的结果可以为运动员提供目标和方向，进一步推动他们的学习和训练。中华剑道功力测评细则如下：

第一，心肺耐力。通过 800 米长跑进行评估。学生需在规定时间内，通常是 3—4 分钟内完成。为确保测试安全与公正，可根据学生的体能状况适当调整距离和速度要求。

第二，肌肉力量。通过卧推测评胸部肌肉力量。设定适宜的重量，学生需在规定时间内，通常是 10—15 分钟内完成一定次数的卧推。为确保测试的公正性，可根据学生实际情况调整重量和次数。

第三，速度与协调性。反应速度测试旨在评估学生的反应速度和身体协调性。测试人员发出指令后，学生需尽快作出反应并完成指定动作。测试人员记录完成时间和准确度，并据此评分（或者秒表测试仪器）。

第四，静力性耐力。通过单杠悬垂测试手指握力和静力性耐力。学生需正握或反握单杠，坚持至少 25 秒。测试人员记录学生悬垂时间，并给予相应评分。

第六，柔韧性。通过极限跨步测试学生的进攻步法与退后步法的距离，以评估其柔韧性。测试人员记录学生的步幅，并给予相应评分。

第五，快速移动与急速击打。学生需完成快速移动和急速击打沙袋的动作，以全面评估其动作速度和击打力量。测试人员根据学生的表现给予相应评分。

四、理论考察

中华剑道课程的理论考核涵盖口试和笔试两个方面，包含礼仪环节、历史源流与文化理论、文献解读、安全要求、器材、场地等多个方面。

第一，礼仪环节。在口试部分，要求学生讲出演示中华剑道的基本礼仪，如触兵礼、坐姿礼仪、实战鞠躬礼等。教师可针对每个礼仪动作的理解和目的提问。而在笔试部分，学生需解释相关礼仪的意义、重要性以及实践中的正确执行方法。

第二，历史源流与文化理论。在口试阶段，教师可询问中华剑道的起源、发展历程，以及其与中国文化的关系等问题。学生需口头回答并展示对中华剑道文化的理解。而在笔试环节，学生将面对历史事件或理论问题，需用文字详细解释，比如中华剑道的哲学基础以及在中国文化中的地位等。

第三，文献解读、安全要求和器材与场地方面。在口试阶段，教师可能提供相关文献，要求学生口头解读其内涵和意义；而笔试部分则要求学生对所提供的文章或段落进行解读和评论。关于安全要求，口试可能会涉及中华剑道实践中的安全要求，如何正确佩戴保护装备、如何控制练习中的安全距离等。而笔试则可能要求学生详细解释中华剑道的安全规定。对于器材和场地，口试可能会问及学生有关中华剑道器材和场地要求的问题，如合适的器材尺寸、场地尺寸等；而笔试则要求学生解释各个要素的作用和标准。

第八节　教学大纲

一、课程概述

本课程的内容广泛且深入，涵盖了中华剑道运动的多个方面。课程结构严谨，分为5大部分，共计十四个小节。每一部分都经过精心设计和组织，以确保学生能够全面、系统地掌握中华剑道的核心知识和技能。第一部分，我们将对中华剑道运动进行概述。这一章节属于理论知识部分，旨在为学生提供一个宏观的视角，了解中华剑道的历史演变、发展脉络以及在不同历史阶段的开展情况。同时，我们还将从古典文献中精选出18处经典段落进行解读，以便学生更深入地理解中华剑道的文化内涵。此外，课程还将介绍中华剑道所需的器具和安全事项，确保学生在实践中的安全。第二部分为基本技法的学习。这一章节将围绕热身运动、中华剑道的基本技术及其运用展开。我们将通过技术动作教学，详细解析基本技术和提高技术的要点，介绍重难点，指出易犯错误，并提供相应的练习方法。第三、四部分将深入探讨中华剑道的战术和训练提高。学生将学习中华剑道战术的概述，了解战术的形式以及技术的运用技能。此外，课程还将提供详细的训练计划、目标、内容、方法和形式，帮助学生在实践中不断提高。第五部分将介绍中华剑道等级制度的管理与评定方法。这一章节将为学生提供清晰的等级评定标准，以便他们能够更好地规划自己的学习和进步路径。

二、教学目标

本课程系我校公共体育选修课程，以中华剑道的历史渊源、文化内涵、现代价值及其基本技法为核心内容。课程紧密结合立德树人的教育理念与思政课程，通过深入的理论探讨与实践教学，旨在实现体育育人的目标。通过本课程的学习，学生将能够熟练掌握中华剑道的内在修身之道与外在应变之术，同时掌握短兵相接的基本应用技能。学生还将学会通过所学的运动技能传承和弘扬中国剑文化与君子比德的精神内核，为传承和发扬中国优秀传统体育文化贡献自己的力量。本课程在制定过程中，特别结合了课程思政的理念，具体目标可分为知识目标、素质目标、能力目标和育人目标四个维度。这些目标的设置不仅有助于学生全面掌握短兵运动的相关知识和技能，更有助于培养他们的团队协作精神、独立思考能力、沟通协作技巧、创新能力以及爱国主义精神、国际视野和诚信品质等综合素质。

第一，知识目标。全面而深入地了解中华剑道的历史与文化演变过程，精准掌握中华剑道的礼仪规范、裁判技巧、基本技术、比赛规则及战术策略等核心知识，并熟悉相应的教学方法。此外，还应深刻认识中华剑道所蕴含的历史内涵和现代社会价值，进而培养并坚定传承与发扬短兵文化的意识和使命。

第二，能力目标。学生应具备分析问题、解决问题的能力，能够明确中华剑道运动需要注意的安全事项和保护方法，独立完成中华剑道步法、进攻、防守、格挡反击、礼仪基本技术以及基础体能训练方法，能够在比赛中快速准确地分析对手的战术，制定合理的应对策略。同时，学生应具备沟通能力，能够与教练和队友进行有效的沟通，在比赛中相互配合。并参加“校园兵器格斗大赛”、“体育文化节剑师赛”乃至更高级别的“中国大学生长短兵锦标赛”，学生不仅能够锻炼独立思考和解决问题的能力，还能在实战中不断磨砺自己的技术和战术，面对突发状况时能够迅速作出决策。高效运用“内可治身、外可应变、短兵相接”等一些核心理念建立正确的价值观、人生观、世界观。

第三，素质目标。将中华剑道历史源流与近代发展中所面临的传承现状、危机与诸多发展问题展现给学生，结合社团、社团建设、器材制作以及全民健身、中华优秀传统文化传承等政策内容，开展小组训练与竞赛案例分析和讨论，有效提升学生组织能力、动手能力、团队合作、沟通表达、批判性思维等综合素质。并结合各种身体练习手段，增进学生身体健康。进而使学生具备团队合作精神，能够在比赛中互相配合、协作。以开放的心态和包容精神，尊重其他对手，在比赛中做到公平竞争。

第四，育人目标。中华剑道深深植根于中国传统文化的沃土之中，以鞠躬礼仪与抱拳礼为其行为准则。不仅磨炼技艺，更重视品德修养，使学生在深入研究中华剑道历史脉络和技术实践的过程中，逐步养成优秀的行为习惯和高尚的道德品质。让他们严守竞赛纪律，以诚实守信为本，展现中华民族的优良传统。在中华剑道的熏陶下，培养浓厚的爱国情感，对祖国充满热爱，对中华剑道运动充满热情，愿意为国家的荣誉不懈奋斗。同时，中华剑道也秉持着开放的国际视野，积极了解短兵器格斗运动在国际上的发展趋势，为推动这一运动走向世界舞台贡献着力量。

三、教学内容

中华剑道课程旨在让学生通过学习与实践，掌握剑道基本知识和技能，理解其内涵和价值，培养对传统文化的热爱和传承意识。同时，通过小组讨论和互动问答，提高学生的合作精神和沟通能力。教学内容涵盖基本步法、技击方法、实战应用和剑道文化。基本步法是基础，需熟练掌握前进步、后撤步等。基本技法需反复练习，包括持握和击打方法等。实战应用通过模拟场景进行对练，培养实战意识和能力。中华剑道文化让学生了解中国武术文化和军事思想，培养道德品质和人文素养。

核心教学内容单元实施细则如下。

（1）中华剑道课程常规要求：纪律要求、服装要求等。

（2）中华剑道基本知识讲解（PPT）：历史简介、当代发展、文化内涵、学校特色。

（3）中华剑道课程制度与要求。

（4）中华剑道介绍和护具使用方法如下。

a. 中华剑道的构造：兵刃、剑身、剑铬（护手盘）、剑柄。

b. 中华剑道的分类：单手和双手。

c. 中华剑道器材的材质分类：钢剑、木剑、安全仿真剑等。

d. 护具的构造：头盔、护手、护胸、护裙、护膝与护腿。

（5）护具的整理与收放（了解将护具的使用办法，学会佩戴护具）。

（6）介绍中华剑道运动基本知识。

a. 中华剑道的礼节。

b. 中华剑道的基本技术。

c. 中华剑道的特点。

（7）熟悉中华剑道场地 。

（8）中华剑道场地介绍（席位等）。

（9）学习中华剑道礼仪、握法。

a. 介绍基本礼仪：站姿礼、坐姿礼、蹲姿礼、实战中的礼仪等。

b. 介绍基本握法：锁握法、开握法。

（10）学习实战姿势过程（正架为例），采用站桩练习法。

a. 起势。

b. 中华剑道出兵技术。

c. 实战姿势。

（11）持兵姿态。站立持兵躯干与腿部呈站立姿态，左手倒握剑兵身靠近护手处，兵身低于手柄、与地面呈 30 度角。

（12）学习中华剑道步法：进步、退步。

（13）学习中华剑道步法：左闪步、右闪步。

（14）学习基本进攻技术：点、横劈、竖劈。

（15）学习基本进攻技术：刺。两两对抗与演练：面部直刺动作轨迹：乙方向前上步，同时向前伸右臂，直刺甲方面部；甲方向右侧闪步，身体左转，同时右臂外旋屈肘，将剑带至面前，格开乙方的剑。

（16）学习基本防守技术：架。

（17）学习基本防守技术：格。

实战模拟演练如下。

a. 击头左上步防守动作轨迹。乙方向前上步，同时伸右臂，使剑由右向左击向甲方的头面部；甲方立即右脚向左前方上步，右闪身，里格乙方剑，迫使其乙方剑改变方向，进而给自身创造良好的反攻机会。

b. 胸部直刺右上步防守动作轨迹。乙方向前上步，同时刺向甲方的胸部；甲方立即向右侧跨步闪身，同时右臂外旋回收，使剑格开乙方剑，迫使其乙方剑改变方向，进而给自身创造良好的反攻机会。

（18）学习格挡反击基本技术：上格挡反击。

（19）学习格挡反击基本技术：左格挡反击。

（20）学习下格挡反击动作。

（21）学习中路防守反击。

左格挡反击动作轨迹：乙方向前上步，同时右手向前使剑由左向右击向甲方腹部；甲方立即向左前方上步，身体右转，同时外格乙方剑。继而由左向右反击乙方背部。

（22）学习中华剑道竞赛、裁判：场上执裁、边裁、记录裁判。

（23）学习中华剑道竞赛、裁判：

a. 礼仪与常规 。

b. 裁判人员。

c. 裁判人员的职责。

d. 仲裁委员会的职责。

e. 申诉程序及要求。

f. 竞赛法则。

g. 竞赛场地。

h. 禁击部位。

i. 得分部位。

j. 禁用方法。

k. 得分标准。

l. 得分原则。

m. 犯规。

n. 停止比赛。

o. 计分方法。

p. 竞赛方法。

q. 胜负评定。

r. 名次评定。

s. 运动员注意事项。

实战练习：学生参与裁判工作。

（24）学习中华剑道套路 1~7 式动作与实战练习。

（25）学习中华剑道套路 8~16 式动作与实战练习。

（26）学习抢攻技术动作：反撩抢攻。移动训练：移动是指运用恰当的步伐从某一点到另一点。在中华剑道中，敏捷灵活的步法对在实战中进退得宜，闪展腾挪自如是非常重要的。步伐训练是十分枯燥而艰苦的过程，方法得当，步骤合理，是训练进程中的关键所在。在掌握步伐的基础上，应结合攻防战法，针对技术和战术在实战中应用进行训练。根据上章中的移动技术，移动训练主要可分为前进步、后退步、左移、右移。在移动训练中不论是前进步还是后退步，在实战中的使用都是要保证有效进攻和有效防守，因此在移动训练中最主要的是步伐幅度的控制。

（27）学习中华剑道实战战术。

a. 上惊下取。

b. 闪惊巧取。

c. 长刁冷抽。

（28）学习中华剑道理论：a. 中华剑道的功能；b. 中华剑道的特点。

循环赛：两人一组抽签对战三人边裁一人主裁，轮换进行，进行裁判场上环节打分。

（29）学习基础素质、专项素质和心理素质训练方法。

中华剑道游戏的实施："一夫当关""不停止的球""屹立的兵器""刀兵马战""擂台决赛"等等。

循环赛：两人一组抽签对战三人边裁一人主裁，轮换进行，进行裁判场上环节打分。

注意：以上内容均为核心学习内容，在进行中华剑道课程讲授时，应合理搭配身体素质练习、课程内容复习、相关考核等多元化内容。

四、教学要求

中华剑道课程的教学要求强调学生中心、产出导向以及持续改进的教学理念。在教学中，教师充分运用现代信息技术，结合多媒体与线下讲解和示范的方式，为学生提供更丰富、直观的学习体验。通过这种方式，教师能够有效地介绍课程的教学思路和方法，引导学生在实践中不断提高技术水平。

在课堂中，学生并非仅是被动接受者，而是积极参与者。通过跟随教师模仿练习，学生在不断提高技术水平的同时，也培养了积极主观能动性。这有助于学生逐渐形成自我约束、自我监督的意识，同时培养团队协作精神，使其在集体练习中发挥个人潜力，共同提升整体水平。

教学中，日常课程主要采用小组团体交流与学习的方式，构建多元思维的教学模式。通过小组合作，学生能够在互相交流中不断拓宽视野、分享实战经验，促进集体学习。同时，教师利用线上、线下多种教学手段，构建了集“信、廉、仁、勇”于一体的“艺体兼修”、“德礼并重”的四维育人理念。这种育人理念旨在培养学生的全面素质，使其在剑道的学习中不仅提升技能，更注重德行修养。

中华剑道课程将兵器与中国传统文哲思想紧密结合，真正体现出“内可治身、外可应变、君子比德”的德育价值功能。通过教学，学生不仅获得中华剑道技能，更深刻理解中华传统文化的哲学内涵，培养了对“德”的追求。线下实践中的对抗与裁判相互学习则为学生提供了更深层次的体验和成长机会，共同进步，形成团队合作的理念。

中华剑道课程的教学要求在技能培养的同时，更注重学生的全面发展。通过学生中心、产出导向、持续改进的教学理念，培养学生的自我约束、自我监督和团队合作意识观念。这样的教学模式旨在打造全面发展的学生，既具备技术实力，又具备德育素养，为学生的未来发展奠定坚实的基础。

五、教学日历

2023—2024 学年第一学期《中华剑道》教学日历

周次	教学章节内容	教学重点、难点（课程思政）	阅读材料 / 作业布置	对应课程目标
1	第一章概论（线上） 一、中华剑道的 a. 历史简介 b. 当代发展 c. 文化内涵 d. 学校特色等 二、中华剑道器材介绍和护具使用方法	1. 重点了解中华剑道的历史源流，从搏杀到体育竞技的发展过程。 2. 难点是剑道护具的正确穿戴规范与技巧	1. 完成学习通内中华剑道概述 1~4 节的讨论题。 2. 阅读中华剑道教材历史介绍部分	课程目标 1 课程目标 2

续表

周次	教学章节内容	教学重点、难点（课程思政）	阅读材料 / 作业布置	对应课程目标
2	第一章概述 一、介绍中华剑道运动基本知识 a. 基本礼节 b. 基本技术 c. 基本特点 二、熟悉中华剑道场地、学习中华剑道礼仪、握法	1. 重点了解是剑道规则从民国至今的演变过程与原因，到现今的礼仪变化。 2. 难点是兵器的基本持握方式与动作规范	1. 完成学习通内中华剑道概述中的基本特点讨论题 2. 阅读中华剑道教材教育意义与规则演变部分	课程目标 1 课程目标 2
3	第二章基本技术篇 一、复习中华剑道礼仪、持兵握法 二、学习实战姿势过程（正架为例），实战姿势过程（正架为例）	1. 重点是了解剑道单体技术的核心内容。 2. 难点是身法、步法与持兵等基本要求	1. 完成学习通内中华剑道第二章第 1 节剑道教学的讨论题。 2. 阅读其他形式兵器格斗的单体技术，并区分异同之处	课程目标 2 课程目标 3
4	第二章基本技术篇 一、复习中华剑道步法 采用站桩练习法 二、学习中华剑道步法 a. 左闪步 b. 右闪步 三、学习基本进攻技术：点、横劈、竖劈	1. 重点是复习步法的基本规范与持兵方法。 2. 难点是前后左右滑步的组合与进攻技术的实战应用	1. 完成学习通内中华剑道第二章第 1 节剑道技术教学的讨论题。 2. 阅读中华剑道进攻技术部分	课程目标 2 课程目标 3
5	第二章基本技术篇 一、复习：点、横劈、竖劈 二、学习：刺 三、两两对抗与演练	1. 重点是了解刺的基本进攻目的和意义，以及课堂安全事项，避免风险。 2. 难点是两两对抗的击刺攻防的配合与节奏	1. 完成学习通内中华剑道第二章第 2 节剑道技术教学的讨论题。 2. 阅读中华剑道中平刺与大弓步技术部分	课程目标 2 课程目标 4
6	第二章基本技术篇 一、复习基本进攻技术 采用站桩练习法 二、学习基本防守技术：架、格 三、实战模拟演练 a. 击头左上步防守 b. 胸部直刺右上步防守	1. 重点是进攻组合技术的步法与手法组合。 2. 难点是移动进攻技术的准确击打与防守的组合	1. 完成学习通内中华剑道第二章第 3 节剑道教学进攻技术的讨论题。 2. 阅读中华剑道防守技术部分	课程目标 2 课程目标 4

续表

周次	教学章节内容	教学重点、难点（课程思政）	阅读材料 / 作业布置	对应课程目标
7	第二章基本技术篇 一、复习基本防守技术：架、格 二、学习格挡反击基本技术：上格挡反击、左格挡反击 三、模拟实战	1. 重点了解学习组合技术中防守技术的方法，体会格挡的意义。 2. 难点是掌握格挡、躲闪的时机与空间距离判断	1. 完成学习通内中华剑道第二章第 3 节剑道教学防守技术的讨论题。 2. 阅读中华剑道实战模拟部分	课程目标 2 课程目标 4
8	第二章基本技术篇 一、复习上格档反击动作 二、学习下格档反击动作 三、学习中路防守反击：左格挡反击 四、实战练习	1. 重点了解学习防守反击技术的方法和要求。 2. 难点是被动防守反击技术应用	1. 完成学习通内中华剑道第二章第 3 节剑道教学防守反击技术的讨论题。 2. 阅读中华剑道防守反击技术资料	课程目标 2 课程目标 4
9	第二章基本技术篇 一、复习进攻与防守技术 二、学习中华剑道竞赛、裁判：场上执裁、边裁、记录裁判 三、实战练习：学生参与裁判工作	1. 重点了解中华剑道竞赛实践中的裁判方法，熟悉比赛规则。 2. 难点是实践中的裁判手势的标准度	1. 完成学习通内中华剑道第二章剑道教学防守反击技术的讨论题。 2. 阅览竞赛规则并观看学习通实战演练视频	课程目标 2 课程目标 4
10	第四章基本教学篇 一、复习进攻、防守、格挡反击技术 二、学习中华剑道套路（1~7 式） 三、实战练习	1. 重点了解和学习健勇 16 势 1~7 动手法、基本步法要求。 2. 难点是劲力顺达	1. 完成学习通内中华剑道第四章第 4 节剑道套路的讨论题。 2. 跟练 1~7 式组合动作	课程目标 1 课程目标 2
11	第四章基本教学篇 一、复习进攻、防守、格挡反击技术 二、学习中华剑道套路（8~16 式） 三、实战练习	1. 重点了解实战的基本要求和礼仪规范注意事项。 2. 难点是 8~16 式动作衔接	1. 完成学习通内中华剑道第四章第 4 节剑道套路 8—16 动作。 2. 阅读第五节实战对抗部分	课程目标 1 课程目标 2

续表

周次	教学章节内容	教学重点、难点（课程思政）	阅读材料 / 作业布置	对应课程目标
12	第五章战术实践篇 一、复习中华剑道套路（健勇十六势） 二、学习抢攻技术动作：反撩抢攻 三、移动训练 四、实战练习	1. 重点了解学习时间差、距离感控制的方法与有效防守有效进攻技术环节。 2. 难点是技法与步法的高度灵活	1. 完成学习通内中华剑道第五章战术技巧的讨论题。 2. 尝试不同技战术应用	课程目标 2 课程目标 4
13	第五章 战术实践篇 一、复习套路动作 二、学习中华剑道实战战术 a. 上惊下取 b. 闪惊巧取 c. 长刁冷抽 三、中华剑道理论 a. 中华剑道的功能 b. 中华剑道的特点 四、循环赛	1. 重点了解上惊下取、闪惊巧取、长刁冷抽常态化的特定战术动作的发力与训练。 2. 难点是身体素质在进攻技术下的节奏把握	1. 完成学习通内中华剑道第五章专项身体素质的讨论题。 2. 阅读中华剑道教材心理训练部分	课程目标 2 课程目标 3
14	第五章战术实践篇（线上） 一、复习中华剑道实战的基本战术 二、学习基础素质、专项素质、心理素质训练方法 三、中华剑道游戏的实施 a. 一夫当关 b. 不停止的球 四、循环赛	1. 重点是强化心理素质与实战模拟的训练配合。 2. 难点是击法训练、刺法训练技术动作的准确性与稳定性	1. 完成学习通内中华剑道第五章心理素质训练与技法提升的讨论题。 2. 阅读中华剑道技法提升、规律等部分内容	课程目标 1 课程目标 4
15	第四章 基本教学篇（竞赛） 一、复习全套动作 二、进行考试抽签 三、组织套路与裁判执裁考试 a. 十六势套路考核：基本动作、动作质量、演练效果 b. 场上裁判执裁能力考核：裁判手势、中华剑道比赛场上裁判口令和手势 四、宣布考试结果	考核	拍摄个人技术考核视频留存	课程目标 1 课程目标 4
16	补考	考核与竞赛	线上理论环节考核	课程目标 2 课程目标 4

六、课程考核

课程考核方式采用多项目结合并按比例分配方式。其中课外锻炼10%，上课出勤20%，体测20%，技能40%，态度5%，理论5%（其中线上线下混合式考核会增加线上讨论、技术交流互动分数）。

（一）考核比例

平时成绩：20%（缺勤一次扣3分，请假一次扣2分，迟到一次扣1分）。课外锻炼：10%（早操＋午跑＋游泳＋增加次数）；中长跑体育测试：20%；专项技术：40%；态度及理论：10%。

（二）理论考试

课程理论考试试题由传统体育教研室根据《中华剑道》一书统一命题，内容涵盖历史背景与发展脉络、经典文献与刀剑相关的诗词、基础剑法技巧、攻击与防御技术运用、心理素质培养中华剑道器材与场地规范等多个方面。

（三）耐力测试

第一、三学期内容：1 000米（男）；800米（女）。

第二、四学期内容：2 000米（男）；2 000米（女）。

（四）技能达标

考核主要分为四个部分。第一，演练《健勇十六势》或《健锋九势》中华剑道的基础性套路，对采用演练效果、熟练程度进行打分，同时考察实战对抗和场上裁判执行能力；第二，《场裁》实际操作；第三，实战模拟动作；第四，实战对抗考核。

遵循的原则是按照套路→裁判→实战模拟→实战对抗四个环节依次考核，套路考核优秀者，进而考核下一个裁判内容，考核无法达到优秀水平不能参与下一环节考核内容，也就缺少下一个环节部分分数。在考核的过程中，我们必须严格遵循一定的原则和步骤，以确保考核的公正性和有效性。

套路考核是整个考核过程的起点和基础。套路是武术的基本功，也是考核的重要内容之一。在套路考核中，我们需要对被考核者的动作、姿势、力度、节奏等方面进行全面的评估。只有套路考核达到优秀水平，考核者才能进入下一个环节——裁判内容的考核。

裁判考核是对被考核者的武术理论知识和裁判能力的检验。在裁判考核中，被考核者需要准确掌握武术比赛的规则和裁判标准，能够准确判断比赛中的得分和犯规情况。如果被考核者在裁判考核中无法达到优秀水平，他们将无法参与下一个环节——实战模拟的考核。

实战模拟考核是考核者将所学知识和技能应用于实际比赛的重要环节。在实战模拟中，被考核者需要模拟真实的比赛场景，与其他被考核者进行对抗。通过实战模拟考核，可以检验被考核者在比赛中的应对能力、战术运用和心理素质等方面的能力。只有在实战模拟考核中表现出色，被考核者才能进入最后一个环节——实战对抗的考核。

实战对抗考核是整个考核过程的高潮和终点。在实战对抗中，被考核者需要与其他优秀选手进行真实的对抗，展现自己的实力和技巧。实战对抗考核是对被考核者全面能力的检验，包括技术、战术、心理、体能等多个方面。只有在实战对抗考核中取得优异成绩，被考核者才能获得完整的考核分数。

总之，按照套路→裁判→实战模拟→实战对抗四个环节依次考核，是我们确保考核公正性和有效性的重要原则。这个原则不仅体现了武术考核的特点和要求，也符合一般技能考核的普遍规律。通过这四个环节的层层递进和全面评估，我们可以选拔出真正具备实力和潜力的武术人才，为武术事业的发展注入新的活力和动力。同时，这种考核方式也有助于提高被考核者的自我认知和能力提升，促进他们在武术道路上不断进步和成长。

七、补充说明

关于国术短兵俱乐部以及常规中华剑道课程和通识课程，若学生缺课课时数达到三分之一，将取消其参加该门课程考核的资格，且无法申请缓考、补考，需重新学习该课程。若期末考试成绩低于 50 分，则课程总评成绩为不及格，并以期末考试成绩为准。同时，学生须严格遵守练习和实战要求，合理佩戴护具，秉持公平竞争原则。如有作弊、违反体育道德和精神行为，将依据国术短兵俱乐部管理规定予以不及格、重修或通报学院处理。

第九节　教学设计

一、设计理念

中华剑道教学设计的理念源自中国传统武术的丰富文化精神和教学理念，旨在培养学生全面掌握中华剑道器的技术与战术，以显著提升其自我防卫和实战能力。核心思路聚焦于学生的个体发展，注重文化传承、考虑个体差异和实战应用，强调练习内容和方法的科学性，并强化评价和改进机制。这种思路的实现将有助于有效提升中华剑道器教学的效果和质量。

第一，突出中华剑道文化。强调传统武术文化的丰富内涵，引导学生深入了解中华剑道的历史渊源、文化背景、道德伦理等知识，并通过实践体验，培养学生的民族自豪感和文化独特性。

第二，注重个体差异。充分考虑学生身体素质和个性差异，采用差异化教学方法和技术指导，致力于因材施教，确保每位学生都能发挥个人潜力并实现个体进步。

第三，突出实战应用。强调技能的实际战斗应用，培养学生在实际战场中综合运用身体技能、战术技能、心理技能等的能力。通过深入分析实战情境和对应措施，增强学生对自我防卫的认知和理解。

第四，强化练习内容和方法。重视练习内容和方法的合理性和科学性，注重渐进式的练习，分步骤、分动作、分技术，确保学生逐渐掌握技术和战术技能，从而提高练习的效果和效率。

第五，加强评价和改进。注重评价和改进的过程，通过定期测评学生的技能水平和实战能力，及时总结教学经验和反馈，灵活调整教学策略和方法，不断提升教学质量和效果。

二、教案范例

中华剑道教案范例在教学中具有多方面的作用，包括教学设计的指导、教学步骤的详细说明、系统性的教学组织、示范和演练的参考，以及对剑道文化传承的促进作用。首先，它作为教学设计的模板，为教师提供了系统化的教学结构，帮助他们更有效地组织教学内容和课程安排。其次，教案范例可以作为教学指南，提供详细的教学步骤和方法，帮助教师更好地引导学生掌握剑道技术、规范的礼仪和道德精神。

教案范例还有助于确保教学的系统性和连贯性，使学生能够逐步深入学习剑道的各个方面。此外，范例中可能包含实际示范和演练的案例，有助于学生更直观地理解和模仿正确的动作和姿势。通过教案的规范化，整个剑道教育体系能够更好地保持一致性，有助于剑道文化的传承和推广。

教案范例如下。

上海对外经贸大学《中华剑道》课程教案（1）

<table>
<tr><td colspan="3">教师：李培金</td><td>班级：2024 级 1 班</td><td colspan="2">周次：（1）</td><td>时间：2024 年 3 月 1 日</td></tr>
<tr><td>课时任务</td><td colspan="6">一、使学生对中华剑道项目有初步的了解；
二、使学生了解中华剑道的历史和文化特色，建立起对传统文化保护的责任感；
三、建立对中华剑道的了解和爱护意识，强化中华剑道课程的安全意识</td></tr>
<tr><td>上课程序</td><td>时间分配</td><td colspan="2">课的内容</td><td>次数</td><td>时间</td><td>组织教法</td></tr>
<tr><td>开始准备部分</td><td>10 分钟</td><td colspan="2">1. 集合整队清点人数；
2. 教师自我介绍，师生问好；（建立微信群）
3. 提问学生对本项目的了解和兴趣点</td><td></td><td></td><td>1. 队形：
×××××××××××
×××××××××××
△
2. 要求学生认真听讲，营造轻松愉悦的课堂氛围；
3. 有多少人知道中华剑道项目？通过什么途径知道的？对这个课最期待、最感兴趣的是什么？</td></tr>
</table>

续表

基本部分	60分钟	4. 课堂常规要求： a. 纪律服装要求 b. 课外锻炼要求 c. 成绩基本构成 课堂出勤（20%） 满勤：20 分 旷课：扣 3 分 / 次 病假、事假：扣 2 分 / 次 迟到、早退：扣 1 分 / 次 课外锻炼（10%） 5. 中华剑道课程要求： 纪律要求、服装要求等 6. 中华剑道基本知识讲解（ppt） a. 历史简介 b. 当代发展 c. 文化内涵 d. 学校特色 7. 中华剑道课课堂制度与要求 8. 中华剑道介绍和护具使用方法 （1）中华剑道的构造：兵刃、剑身、剑格（护手盘）、剑柄。 中华剑道的分类：单手和双手 中华剑道器材的材质分类：钢剑、木剑、安全仿真剑等 （2）护具的构造：头盔、护手、护胸、护裙、护膝与护腿 了解将护具的使用办法，学会佩戴护具。 9. 护具的整理与收放 10. 慢跑 10~15 分钟			4. 逐条讲解，语言清晰，要求学生认真听讲，说明违规的严重性和后果。 5. 体育课成绩基本构成： 课堂出勤（20%） 课外锻炼（10%） 体能测试（20%） 技能考核（40%） 体育理论（5%） 上课态度（5%） 课外锻炼周期：第 1 周 ~ 第 16 周 课外锻炼时间：周一至周日 起止点时间：06：00~22：00 课外锻炼规章制度：作弊处理（略） 大学生体育活动中心： 游泳、滑冰周期：第 2 周 ~ 第 16 周 游泳、滑冰时间要求：不低于 1 小时 5. 逐条解读《上海对外经贸大学中华剑道活动安全要求与管理规定》 6. 突出关键知识点的重要性。 （1）重点了解中华剑道的历史源流，从搏杀到体育竞技的发展过程。 （2）难点是中华剑道运动兴衰的历史与未来发展。  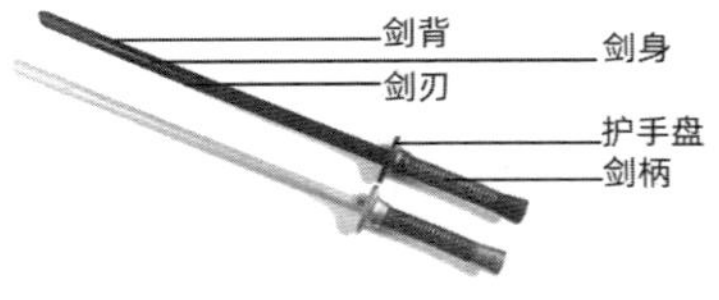 7. 教师讲解示范、学生分组进行器材的认识与护具穿戴，相互配合与帮助。 8. 教师讲解示范、学生分组进行整理与收纳护具。 9. 学生可根据自身情况匀速慢跑，不要求速度，但要保证时间

续表

结束部分	5分钟	1. 放松操； 2. 集合整队，讲评； 3. 宣布下课，师生道别，按小组归还器材。			一、集合队形 ×××××××××× ×××××××××× △ 二、总结本节课情况
课程思政融入点	通过讲解中华剑道的历史与文化特色，建立起学生对传统文化保护的责任感，让学生在了解护具和课堂基本规则中强化中华剑道课程的安全意识。				

上海对外经贸大学《中华剑道》课程教案（2）

教师：李培金	班级：2024 级 1 班	周次：（2）	时间：2024 年 3 月 8 日
课时任务	一、宣布本节课的主要教学内容； 二、介绍中华剑道运动的基本知识，使学生了解掌握基本知识，建立传承中华剑道文化与技术的历史使命感； 三、熟悉场地，学习中华剑道礼仪以及中华剑道的握法； 四、通过有氧练习，使学生适应后续身体练习状态		

上课程序	时间分配	课的内容	次数	时间	组织教法
开始准备部分	15分钟	一、整队、点名、礼仪 二、宣布本课任务、内容、要求 三、准备活动（徒手操） 1. 头部活动 2. 上肢活动 3. 扩胸活动 4. 腰胯活动 5. 膝关节活动 6. 手腕脚踝 7. 弓步压腿 8. 仆步压腿	4x8拍		一、集合队形 ×××××××××× ×××××××××× △ 要求：快、静、齐、精神饱满 二、练习队形 ×××××××× ×××××××× △ 要求：动作工整、劲力顺达、协调连贯 提高关节灵活度、降低肌肉黏滞性。
基本部分	60分钟	一、介绍中华剑道运动基本知识 1. 中华剑道的礼节 2. 中华剑道的基本技术 3. 中华剑道的特点			一、练习队形 ×××××××× ×××××××× △

续表

基本部分	60分钟	二、熟悉中华剑道场地、学习中华剑道礼仪、握法 中华剑道场地介绍（席位等） 礼仪包括：站姿礼、坐姿礼、蹲姿礼、实战中的礼仪等。   （图 1）（图 2）   （图 3）（图 4） 握法包括：锁握法、开握法 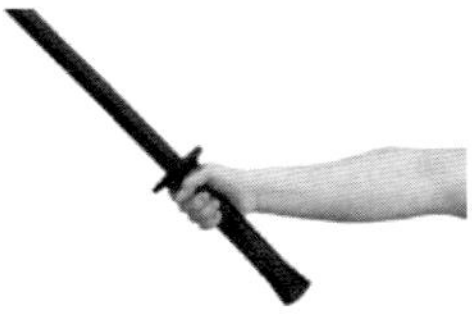  （基本的握法） 三、素质练习 1. 腕力练习 2. 小步跑 3. 立卧撑 4. 高抬腿 5. 立卧撑提膝 每组（15×4） 休息五分钟 重复练习 1、2、3、4 内容		二、场地与礼仪姿态 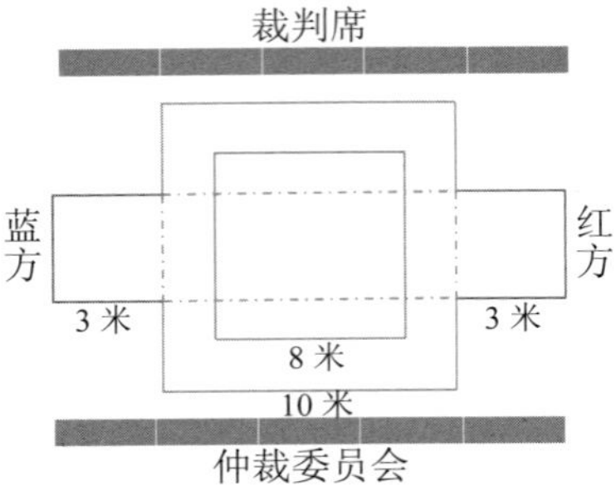 中华剑道竞赛场地 1. 站姿：立正姿态：两脚并步站立，与一般站立姿态相同，挺胸、抬头，两腿直立并拢，两臂垂于体侧，目视前方，注意力集中。（图 1） 跨立姿态：与立正姿态相同，注意两臂置于身后且两脚与肩同宽。（图 2） 2. 坐姿：两腿盘坐，躯干直立，肩部放松，头正颈直，两手手心向下，自然置于膝盖上。中华剑道平放于体前 20 厘米处，柄朝左，尖朝右。（图 3） 3. 蹲姿：两腿下蹲，右脚前脚掌支撑，大小腿叠拢，左脚全脚掌支撑，小腿与地面垂直。重心落于右腿。躯干直立，肩部放松，头正颈直，两手手心向下，自然置于膝盖上。中华剑道平放于体左侧 20 厘米处，柄朝前，尖朝后。（图 4） 要求：教师或者教练员讲解示范时，学员用此礼或者坐姿礼。 三、组织 （一）队形 要求： 了解掌握中华剑道运动的基本知识、特点、方法、学会基本动作 教法： 1. 采用集体练习方法 2. 分组转换、教练个别辅导，提出动作重点，纠正学生易犯错误 要求： 出腿迅速，重心移动快 注意安全 ×××××××× 组织教法 教师采用讲解示范法 教师采用循序渐进法 教师采用分解教学法

续表

结束部分	5分钟	1. 放松操； 2. 集合整队，讲评； 3. 宣布下课，师生道别，按小组归还器材。			一、集合队形 ×××××××××××× ×××××××××××× △ 二、总结本节课情况
课程思政融入点	通过介绍中华剑道运动的基本知识，让学生在了解基本知识的同时，对中华剑道文化与技术的历史由来进行深入了解，建立起强烈的传承使命感。				

三、混合式课程

中华剑道混合式课程建设具有多维目标与深远意义，蕴含深厚文化底蕴，充满独特的中华剑道搏斗魅力。

随着教育理念的更新和科技的发展，中华剑道混合式课程在武术教育领域逐渐受到关注，成为武术教育的新方向。该课程旨在结合传统兵器格斗与现代科技，打破时空限制，为学习者提供灵活、高效的学习方式。通过线上线下融合教学，学习中华剑道混合式课程不仅可以掌握剑道技艺，增进对剑道文化的了解，提升自我保护能力，有益于身心健康；同时还能传承与弘扬中华剑道文化，增强民族文化自信心，培养剑道练习者的良好锻炼习惯，强化身体素质和道德修养，锻炼坚韧不拔的意志品质；推动中华剑道教的现代化发展，提高教学效率和质量。

中华剑道混合式课程的长期目标是建立完善的中华剑道课程体系，实现技艺与文化的全面传承与发展；短期目标是提高课程质量与教学效果，满足学习者的多样化需求。

（一）课程建设与教学改革思路

1. 课程的历史形态发展与演变

中华剑道作为传统武术的重要组成部分，承载着深厚的历史底蕴和文化传承，其历史可追溯至中国古代的击剑活动。在商周时期，青铜或铁制短剑便已被用于战斗与搏击，体现了其军事与中华剑道的双重价值。随着时间的推移，短剑逐渐从军事领域扩展到民间，演变成一种独特的中国器械格斗文化和体育运动，这种文化形式丰富了人们的文化生活，成为全国乃至各省市县国术考试的必考项目。

然而，该项目的发展并非一帆风顺。直到民国十七年（1928 年），它才在第一次国考中正式被确立为短兵比赛项目。当时，该项目被称为“击剑”，为与西洋击剑相区分，亦被称为“中国式击剑”。鉴于其独特的刀剑同体特点，与西洋击剑在技术上存在显著差异，后来更名为“短兵”。自 1928 年起，短兵运动项目正式纳入全国国术考试，并逐渐发展成为全国乃至各省市县国术考试的必考项目。1933 年，短兵更是正式成为全国运动会比赛项目，彰显了其在中华剑道界的重要地位。新中国成立初期，1953 年，在天津举行的全国民族形式体育表演及竞赛大会中，短兵与中华剑道、射箭、摔跤等民族体育项目一同被列为正式比赛项目，进一步巩固了其在体育领域的地位。然而，在随后的改革开放初期，短兵一度陷入沉寂。幸运的是，在 20 世纪 90 年代末，短兵运动在广州等地得到了恢复和发展。得益于马明达教授等中华剑道前辈的不懈努力，经过艰苦努力，短兵运动不仅在规则规范和器材使用方面有了极大的改善，其影响力也得到了相应的提升，逐渐成为一项广受关注的竞技运动项目，为如今中华剑道课程的发展打下了坚实的基础。

2. 当前我校课程开展情况介绍

自 2018 年始，我校逐步开设短兵（现为中华剑道）课程，并逐步建立了包括社团、俱乐部和校队在内的多元活动体系，积极推进短兵（中华剑道）文化的传承与传播。2021 年，我们成立了上海对外经贸大学国术短兵俱乐部，标志着我们在“中华传统体育文化”的武术器械格斗传承使命上迈出了重要一步，同时也为实现“立德树人”的教育目标奠定了坚实的基础。2022 年，该项目获得了上海对外经贸大学思政课程教学改革培育课程立项。目前，每年约有 300 名学生通过 3 个课程班级和 1 个社团参与到这项活动中。

在项目发展和成员结构方面，俱乐部现有成员 120 名，其中等级七级以上队员 6 名；八级队员 5 名，同时拥有 6 名健公书院认证的教练员和裁判员，以及 1 名中国大学生体育协会认证的长短兵教练员。在师资力量方面，国术短兵俱乐部邀请了 10 位经验丰富的短兵项目推广者来提供教学，范围覆盖了 5 所上海中小学及其高校。

在器材设施方面，国术短兵俱乐部提供了足以容纳 50 人同时训练的场地和全套的短兵训练器材。配备的 8 套护甲和 4 个对抗场地，使得多个训练课程可以同时进行。此外，俱乐部还拥有体育馆三楼专用的 120 平方米的中华剑道教学场地。

3. 课程基本信息：课程性质、课时安排、课程特色等

根据 2022 版教学大纲，《中华剑道》授课学时为 32 学时，共 1 学分。授课对象为 2021 级、2022 级本科学生。本课程以中华剑道历史与文化、当代价值和基本技术等相关知识为基础。充分结合立德树人、课程思政，对其实施进行深入分析和教学实践，达到以体育人的目的。使学生能切实掌握内在治身、外在应变的内涵和中华剑道的基本技术。学会通过所学的运动技能传承中国剑文化与君子比德的精神，为发扬中国优秀传统体育文化贡献更多力量。

本课程是一门武术器械竞技的基础课程。学生可以系统了解中华剑道历史与文化的发展脉络；熟练掌握中华剑道礼仪、裁判执裁、基本技术和教学方法；理解中华剑道的历史意义和当代价值。课程旨在为学生提供全面、灵活和有针对性的学习体验。通过传授中华剑道技艺和道德修养，课程还致力于培养学生的品德和人格。基于此，本课程的特色主要有如下两点：首先，中华剑道线上线下混合式课程突破时间和地域限制，学生可以随时随地参与学习，提高了学习的便捷性和灵活性。

其次，课程注重理论与实践的结合，以及个性化教学。学生有机会参加实战对抗训练，并进行“师徒”制度下的交流活动，与“导师”、小组长和其他学生互动，从而深化对中华剑道技艺的理解和实践。

本课程教学改革的创新点在于将传统剑道技艺与现代科技相结合。通过线上平台提供理论知识、技术讲解和学习资源，使学生能够自主学习并灵活安排时间。同时，课程结合线下实践课程进行技能训练、裁判工作和实战演练，以加强学生的执裁能力、实践能力和技术水平。此外，课程借助自媒体平台展示学生个人的练习成长过程，激发学习兴趣，提高参与度。这一创新模式促进了中华剑道课程的现代化发展，使学习更具趣味性，并有助于更好地传承和发扬中华剑道的精髓。具体内容如下。

（1）注重跟踪相关器械格斗的课程发展，并将最新动态反映在教学内容中。我们的教学队伍由年轻教师组成，他们学习能力强，对科研动态的掌握程度高，与中华传统文化、健康中国、红色经典文化传承接轨程度高。

（2）注重教学研究与教学改革。我们的任课教师承担多项教学改革项目，将先进的教学理念和教学方法应用到课程中，创建了新的教学法——“现象—问题—理论—方法—创新意识”五环相扣的创新教学法，实施效果良好。

（3）注重学生实践能力和创新能力的培养。在教学过程中，我们利用多媒体、虚拟仿真平台等多种手段，将理论知识与技术实践相结合，提高学生的学习热情，培养他们的创新思维和创新能力。我们积极开展校企合作，通过开展专家讲堂、线下交流学习等方式，拓展学生的实践平台，培养他们解决实际问题的能力。我们将中华剑道的历史源流、传承现状、危机与发展问题展现给学生，让他们切身体验到中华剑道课程的独特魅力。我们需要对教学目标进行细化和分层，根据学生的学习能力确定不同层级的教学阶段。我们结合社团建设、器材制作以及全民健身、中华优秀传统文化传承等政策内容，开展小组训练与竞赛案例分析和讨论，有效提升学生组织能力、动手能力、团队合作、沟通表达、批判性思维等综合素质。同时，我们结合各种身体练习手段，增强学生体能素质。

4. 混合式教学改革要解决的重点问题

线上线下融合教学模式，旨在深度剖析中华剑道的历史文化脉络，并重新构建器械格斗技术的学习框架。在此过程中，必须坚守“以学生为中心”的教育理念和“两性一度”的教学原则。在具体的课程设计与实施中，我们必须紧密结合学生的实际学习情况，避免机械地套用某种同类体育教学标准来统一各类课程的教学过程。在实施混合式教学探索前，我们应先明确课程改革的核心目标，然后针对性地实施“靶向治疗”。在混合式教学改革过程中，需重点关注并解决以下问题。

1）厘清线上与线下学习的关系

线上与线下学习是中华剑道混合教学模式中不可或缺的两大组成部分，它们共同作用于学生的学习成果。线上学习作为每个学习阶段的启航点，要求学生通过自主学习掌握器械格斗课程中的基础知识点，为后续线下教学奠定扎实的知识基础，并带着疑问和思考进入实地课堂；线上学习亦作为每阶段的总结，通过对在线学习内容的回顾、检验与反思，确保课堂教学质量的稳步提升。

线下学习不仅是保证课程学习效果良好的至关重要的环节，更是实现高阶、创新及具有挑战性教学目标的主要途径。在此环节，教师将通过精心策划的剑术理论基础课程和互动研讨活动，检验学生的线上学习成果，协助学生巩固并转化所学知识，进而引导学生实现中华剑道理论与技术实践的同步提升。

线上与线下教学相互关联、互为补充，形成环环相扣、连续不断的教学循环，构建了一个包含“课前准备、课中互动、课后总结”的完整闭环学习体系。

2）明晰学习任务中心

在混合式教学过程中，师生关系呈现出一种崭新的状态。在传统课堂中，教师担任着教学核心角色，掌控着知识传递的主导权。然而，在中华剑道的混合式教学模式下，学生成为学习活动的主体，其技术学习与实战应用能力的提升成为教学活动的核心。这一转变将传统的“以教师为中心”的教学模式，革新为“以学生为中心”的教学模式。随着人工智能时代的迅速发展，学生获取知识的途径日趋多元化，这也推动学生在中华剑道学习中向着教学主体逐渐转变。在这种教学模式下，学生对课堂教学活动的积极参与程度，将直接关乎教学的最终效果。

3）强化师生互动

最初的传统武术器械格斗课堂中的信息传递主要是单向的，即教师将自身知识传授给学生。然而，随着人工智能在教学中的应用，学生的学习方式逐渐变得多样化。混合式教学正是基于这种变化，构建了一个多向互动的学习环境，其中包括师生、生生之间的互动。为了实现这种多向互动，教师需要巧妙地设计线上讨论、互动答疑、线下小组作业等互通性教学活动。通过这些活动，教师可以促进师生之间的交流与合作，进而提升学生的学习效果。

5. 课程教学改革的理念

中华剑道课程将始终坚持党的教育方针，为国育才，为党育人。坚定不移地贯彻立德树人的教育理念，以学生为中心，以课程产出为导向，推动教学改革。通过深入的理论探讨与实践教学，旨在实现以体育育人的目标。同时将重构中华剑道课程的教学体系，深入挖掘其核心素养，优化教学活动设计，打造线上线下相结合的教学平台，致力于帮助学生树立正确的世界观、人生观和价值观。同时，也将激发学生的学习热情和主动性，将教学中心由教师转向学生，并建立和完善中华剑道课堂的学习评价方案，全面提升学生的综合能力。

6. 课程教学整体设计思路、教学模式等

《中华剑道》课程系统地传授运动安全知识及防护技巧，确保学生在实践过程中能够自主执行步伐移动、攻防转换、格挡反击等核心技艺，并深入领会中华剑道的礼仪规范与基础体能训练方法。同时，课程着重引导学生深入理解并应用“内可治身、外可应变、短兵相接”的核心价值观，以形成健全的价值观、世界观及人生哲学。针对传统教学中存在的理论阐述不足、授课方式单调乏味、思政元素缺乏及与当代社会脱节等问题，本课程从学术研究深度、体育竞技实践以及课程结构创新三个维度出发，全面优化教学内容与方法。

从教学设计的角度而言应注意以下方面。

1）多视角导向，全方位育人

《中华剑道》作为中华剑道课程的基石，必须从学术研究和体育竞赛等多重维度出发，构建全面而深入的人才培养体系。首先，从学术研究的角度出发，我们应当在深入理解和掌握中华剑道的传统理论知识的基础上，积极引入现代前沿理论和技术应用实践，以确保学生知识的系统性和深度性。同时，我们鼓励学生进行跨专业和跨学科的知识探索，以全面提升其理论素养。其次，从体育竞赛的角度考虑，我们应大力推动学生参与各类中华剑道格斗相关的体育竞赛，如全国大学生长短兵锦标赛和全国兵击联赛等，以及其他相关竞赛。这些实践活动将有效促进学生将理论知识转化为实际能力。在此基础之上，我们还将着重培养学生的发现、分析并解决问题的能力，使其在面对复杂问题时能够从容应对，实现全方位、多层次的人才培养。

2）重构知识体系，优化课程结构

针对提升综合性高校学生的实践能力，本课程通过重构知识体系，运用认知模块、实践模块及竞赛模块，旨在增强课程的社会适应性。认知模块专注于传授步法、进攻、防守、格挡反击等基础技术知识，并助力学生拓展相关领域；实践模块则着重于培养学生在实战中的应对能力和裁判执裁水平；竞赛模块通过模拟真实竞赛的流程与评分标准，为学生营造更加逼真的学习体验。此外，本课程还以中国传统鞠躬礼仪和抱拳礼为基础，深入挖掘中华剑道的育人潜能，通过学生对中华剑道历史与技术的深入理解与实践，促进其良好行为习惯和品德修养的形成。

从教学模式的角度而言应注意以下方面。

《中华剑道》课程积极融合线上与线下教学模式，以学习通平台为线上教学主阵地。我们充分利用网络资源和 MOOC 课程视频，让学生在课前预习格斗实战的基础理论知识，为课堂教学奠定坚实基础。课堂上，我们聚焦于重点难点及学生的共性疑问，确保每位学生获得充分关注，实现差异化教学。同时，我们鼓励学生积极适应技术变革，拓宽格斗视野，培养创新思维和实践能力，以培育优秀人才为核心目标，积极探索“智能＋教育”的新路径。

随着互联网技术的日新月异，面对学生信息获取的碎片化、知识体系尚未健全、学习方式相对单一等挑战，我们采用以问题为导向的学习策略，学生在线上带着对技术实战的疑惑，线下进行自主学习、深入思考和积极探究，以此激发学习热情，明确学习目标。通过课堂教学，我们进一步内化这些知识，促进学生全面发展和提升。

（二）教学内容

中华剑道的教学内容主要聚焦于对其攻防技术的深刻解析，这有助于我们深化对攻防知识的理解和应用能力。攻防技术，作为中华剑道应用最广泛的技术，它构成了基础动作、实战动作以及套路组合动作的核心要素。攻防技术的结构、各单项技术的意义、特征点的应用，以及攻防技术与战术的结合与变化，均体现了其小技术大用途的特点，为宏观技术体系的形成奠定了坚实基础，并影响着技术套路演示的效果。攻击与防守，作为现代中华剑道技术中极其重要的基础单体技术，它们在实战中发挥着不可或缺的作用。防守的目的在于化解对手的攻击，这可以通过直接拦阻对手的兵器来实现，也可以通过改变身体姿势或位移来避开对手的攻击。了解中华剑道攻防技术的性能关系，对于我们更好地研究和使用该技术具有重要意义，为解决复杂技术实战问题提供了坚实基础。

1. 课程教学内容及组织实施情况

该课程内容主要通过系统了解中华剑道的历史与文化演变，旨在使学生熟练掌握中华剑道的礼仪规范、裁判技巧、基本技术、比赛规则及战术策略等核心知识和技能。学生需深刻理解中华剑道的历史重要性及其在现代社会的价值，并承担起传承和弘扬中华剑道文化的责任与使命。同时，本课程还将强调剑道运动中的安全注意事项与保护措施，使学生能够独立执行步伐移动、攻击、防御、格挡反击等基本技能，以及礼仪和基本体能训练。

在比赛中，学生应能快速识别对手的战术意图并灵活应对。此外，沟通能力也是本课程的重要培养方向，学生需学会与教练和队友有效沟通，以在比赛中达成默契配合。通过参与校园剑师赛及中国大学生长短兵锦标赛，学生能锻炼独立思考和解决问题的能力，在比赛中灵活调整战术和打法，并在紧急情况下迅速作出决策。

本课程还将引导学生运用“内可治身、外可应变、短兵相接”等核心理念，形成健康的世界观、人生观和价值观。在教学方面，中华剑道课程将采用理论讲授、演示示范、视频观看等多种形式。在教师的指导下，学生将进行反复的实践练习，不断提升技艺水平和实战能力。同时，通过模拟实战场景，增强学生的实战意识和反应速度。

2. 课程教学内容

中华剑道课程旨在通过理论学习和实践训练，让学生掌握中华剑道基本知识和技能，理解其内涵和价值，并培养对中华传统文化的热爱和传承意识。同时，通过小组讨论和互动问答，培养学生的合作精神和沟通能力，提高综合素质。

教学内容包括基本步法、基本技击方法、实战应用和剑道文化。基本步法是基础，包括前进步、后撤步等，对掌握短兵技巧和实战应用至关重要。基本技法涉及持握和击打方法等，需反复练习至熟练运用。实战应用通过模拟场景培养实战意识和能力，常见方式为两人或多人对练。中华剑道文化则让学生了解中国武术文化和军事思想，培养道德品质和人文素养。

具体内容可参照第三章第八节。

（三）教学目标

本课程在制定过程中，特别结合了思政的理念，具体目标可分为知识目标、素质目标、能力目标和育人目标四个维度。这些目标的设置不仅有助于学生全面掌握短兵运动的相关知识和技能，更有助于培养他们的团队协作精神、独立思考能力、沟通协作技巧、创新能力以及爱国主义精神、国际视野和诚信品质等综合素质。

（1）知识目标。全面而深入地了解中华剑道的历史与文化演变过程，精准掌握中华剑道的礼仪规范、裁判技巧、基本技术、比赛规则及战术策略等核心知识，并熟悉相应的教学方法。此外，还应深刻认识中华剑道所蕴含的历史内涵和现代社会价值，进而培养并坚定传承与发扬短兵文化的意识和使命。

（2）能力目标。学生应具备分析问题、解决问题的能力，能够明确中华剑道运动需要注意的安全事项和保护方法，独立完成中华剑道步法、进攻、防守、格挡反击、礼仪基本技术以及基础体能训练方法，能够在比赛中快速准确地分析对手的战术，制定合理的应对策略。同时，学生应具备沟通能力，能够与教练和队友进行有效的沟通，在比赛中相互配合。并参加“校园兵器格斗大赛”、“体育文化节剑师赛”乃至更高级别的“中国大学生长短兵锦标赛”，学生不仅能够锻炼独立思考和解决问题的能力，还能在实战中不断磨砺自己的技术和战术，面对突发状况时能够迅速作出决策。

（3）素质目标。将中华剑道历史源流与近代发展中所面临的传承现状、危机与诸多发展问题展现给学生，让他们切身感受中华剑道的独特魅力。结合社团建设、器材制作以及全民健身、中华优秀传统文化传承等政策内容，开展小组训练与竞赛案例分析和讨论，有效提升学生组织能力、动手能力、团队合作、沟通表达、批判性思维等综合素质。此外，结合各种身体素质练习，增强学生体魄；进而使学生具备团队合作精神，能够在比赛中互相配合、协作。以开放的心态和包容的精神，尊重对手，在比赛中做到公平竞争。

（4）育人目标。中华剑道深深植根于中国传统文化的沃土之中，以鞠躬礼仪与抱拳礼为其行为准则。不仅磨炼技艺，更重视品德修养，使学生在深入研究中华剑道历史脉络和技术实践的过程中，逐步养成优秀的行为习惯和高尚的道德品质；让他们严守竞赛规则，以诚实守信为本，展现中华民族的优良传统。在中华剑道的熏陶下，培养浓厚的爱国情感，对祖国充满热爱，对中华剑道运动充满热情，愿意为国家的荣誉不懈奋斗。同时，中华剑道也秉持着开放的国际视野，积极了解短兵器格斗运动在国际上的发展趋势，为推动这一运动走向世界舞台贡献力量。

（四）课程资源

《中华剑道》设计了线上线下混合式教学，目前拥有丰富的慕课线上资源，主要来源于上海对外经贸大学国术短兵俱乐部哔哩哔哩网站《中华剑道专栏》（https：//b23.tv/cCGfkMg），慕课中包含了课程套路技术教程、护具穿戴讲解、基本动作考核以及复杂知识点的实战演示内容等。此外，本课程还整合了来自华南师范大学、暨南大学、华东师范大学等国内知名高校的民族传统体育学基础课件资源以及训练操作手册，为我校学生构建了较为完善的《中华剑道》课程学习课件资源和试题库。课程内容与慕课线上资源建设及应用情况具体如下。

（1）《中华剑道》的线上资源主要来源于哔哩哔哩网站官方账号“国术短兵俱乐部”（https：//space.bilibili.com/568331228）。其中包含《中华剑道》课程相关的视频教程、相关知识以及比赛展示等相关内容。这不仅为学生提供了灵活的学习时间选择，也为剑道爱好者和课程的进步交流搭建了平台，共同助力中华剑道这一传统运动的传承与发展。其中，课程系列合集正在持续更新中，包含课程套路技术教程、实战护具穿戴的讲解、基本动作考核、复杂知识点的实战演示等等。

（2）课程主要线上教学平台为“学习通”，学生在参与线下课的同时通过学习通平台参与相关讨论与作业提交，平台内可随课堂教学进度获取相应的教学资源，如教学课件，中华剑道史资料，中华剑道技术教学系列视频等等。课程教学基于学习通线上平台有助于跟进学习进度，提供个性化的学习支持。为学生提供便捷的在线学习环境。学生在参与线下课程的同时，可以通过学习通进行课后讨论、交流心得，并提交相关作业。这种在线平台的使用不仅方便学生随时随地获取课程相关资料，还促进了同学间，师生间的互动与合作。

（五）智慧教学支持

《中华剑道》线上线下混合式教学主要依托于学习通、雨课堂和 blackboard 三种智慧教学平台。

该课程充分利用了国家精品在线开放课程的资源，结合学习通平台的学习资料，鼓励学生在课前预习基础知识，培养带着问题进入课堂的学习习惯。通过雨课堂等智慧教学工具的支持，教师可以实时捕捉学生在学习过程中遇到的关键点和难点，以讲解、互动和动作示范等形式促进学生自我学习，增强解决复杂技术问题的能力。雨课堂还使教师能够实时监控学生的作业完成情况、测验成绩以及课堂参与度，及时发现学生的薄弱知识点和学习动态，确保每位学生都能获得充分的关注，实现个性化教学。此外，该教学模式旨在使基础教学与新技术及其他格斗技能的变化相适应，旨在培养学生的创新思维、实践能力和社会责任感，这对于培育未来的优秀人才至关重要。这一模式是推进“智能 + 教育”战略的积极尝试，其在 2022 年已被选为我校课程思政教育教学改革项目的培育课程，为《中华剑道》混合式教学的成功实施奠定了坚实的基础。

（六）教学过程与实施方法

下面以《中华剑道》第六章中的中华剑道攻防技术为例阐述教学过程与实施方法。

进攻与防守是剑道实践中应用最为广泛的单体技术，也是《中华剑道》课程的核心内容之一。该部分教学内容旨在培养学生两项关键的能力：首先，让学生熟练掌握进攻与防守基本技术的动作组合，并理解实战的变化规律，以便于在实战中通过防守避开或减弱遭受的打击；其次，培养学生在对战中能够巧妙地为反击创造有利条件的能力，从而提高他们的实践水平。

为了支持课程目标 2 和课程目标 3 的实现，我们采用了混合式教学方法。这种教学的方法关键在于，如何在有限的时间内帮助学生实现对内容的全面和深入理解，同时培养他们的综合素养和能力。在混合式教学模式下，我们需要对现有的教学资源进行重新整合、梳理和规划设计。中华剑道攻防技术涵盖四个知识点，分别是中华剑道攻防技术的基本构成、防守与进攻时间差、动作转变过程和（越女论剑理论）实战理论。线上线下混合式教学的优势在于，它能够将传统的课堂教学活动延伸至课前和课后，从而为学生提供更为丰富的学习体验。为此，提前计划和安排是至关重要的。教学过程主要包括课前自学、课堂导学和课后学习三个部分。

（七）教学设计示例

1. 课前自学

教师提前发布本次课程讲授内容的教学计划，包括教学重点、难点，网上学习资源以及参考资料，发布对应本次课程所讲授知识点的逻辑关系图和讨论题目。学生在自主学习过程中遇到问题，教师会及时在线解答，并整理出共性的问题，在课堂上进行讲解。

2. 课堂导学

课堂导学是线上线下混合式教学的核心环节，是学生通过微课和 PPT 课件自学知识点内化和解决疑难问题的重要途径。根据教学过程的基本规律，本单元通过案例分析、视频观看和实战应用，深入浅出地讲解中华剑道攻防技术中的基本动作组合与演变规律、找出实战制胜规律。具体教学流程分为以下几个步骤。

【一次课 80 分钟】

【引入（4 分钟）】：通过“师父”天津武行踢馆的影视片段，从材料的角度 剖析长兵、中华剑道的技术特点，以及进攻和防守的重要性，从而引入学习和研究中华剑道攻防技术的重要意义。

【教师为主，剖析（2 分钟）】：阐述中华剑道攻防技术产生的历史背景，深度剖析当前兵器格斗中西方技术的融合和发展。

【教师为主，分组讨论（10 分钟）】：针对中华剑道攻防技术的 4 个知识点，分别是中华剑道攻防技术的基本构成、防守与进攻时间差、动作转变过程和（越女论剑理论）实战理论，进行分组讨论与小组实践。

【学生为主，探究（30 分钟）】：基于分组讨论的结果，探究技术动作组合的异同，实战中的时间差和进攻防守时机的变化规律。

【师生互动，评价（20 分钟）】：通过随堂测验，检验本课程学习效果。

【学生为主，10 分钟】总结与点评。

【教师为主，2 分钟】布置课后作业。

【教师为主，2 分钟】

3. 课后学习

课后，教师及时发布作业清单，包括雨课堂测试题和开放型作业撰写等，由于该课程具有丰富的课程思政内容，因此要求学生结合当前所学内容，写技术习得感悟，鼓励学生进行探索与思考。在《中华剑道》课程混合式教学设计与实践过程中，通过合适新颖的教学活动体现“两性一度”——高阶性、创新性、挑战度。

（八）学习评价与教学反馈

1. 过程性评价和综合评价相结合

根据上海对外经贸大学 2021、2022 级本科生的教学计划，《中华剑道》课程的评估体系涵盖了期中和期末考试、课堂测试以及作业撰写四个主要环节。在这一过程中，学生的学习进展主要通过线上学习、课堂测试和作业撰写三个方面进行评价。

1）线上学习

线上学习环节中，教师会利用 BB 平台、雨课堂或学习通等工具，在课前推送即将学习的内容，并通过微课、PPT 展示和在线测试等方式，检查学生对基础知识和基本技术的掌握程度。

2）课堂测试

针对课程中的知识要点，教师会利用雨课堂进行随堂测试，精心设计题库，并进行及时的反馈和评分，帮助学生了解自己的学习情况，这些测试主要以客观题为主。

3）作业撰写

在作业撰写环节，教师会在课后通过雨课堂推送开放型试题和调研性课题，鼓励学生对攻防技术相关知识进行深入调查，以此拓宽他们的知识面。

2. 教学评价与反馈

评价是检验教学效果的有效方法，评价不仅是检验教学效果的手段，也是对教师和学生的一种激励。传统的体育课堂教学评价往往更注重结果，而雨课堂和腾讯问卷则提供了更为全面和透明的形成性评价方式，学生的意见能在一个公开的可视化的平台上呈现。相对于传统式教师主导的教学，线上线下混合式教学更透明，教师可以通过与学生的互动，及时了解教学效果，并据此调整教学方式。

3. 课程评价与反馈

本课程采用了过程性评价方法，分为教师对学生评价和学生对教学评价两个方面。对学生评价分为对个人评价和对小组评价，评价方式包括课前测验、课堂测试、作业撰写、期中期末考试、随机提问和调查问卷。而学生对教学的评价则通过腾讯问卷进行，教师会根据学生的反馈进行教学方法的调整，同时教师也会及时将评价结果反馈给学生个体，督促学生进行改进。

综上，课程评估与优化流程为：第一步，收集学生的反馈意见，进行课程评估。第二步，根据评估结果，优化课程内容和教学方法。第三步，不断改进课程，提升教学效果和学生满意度。

4. 课程成绩评定方式情况

课程评定方式采用线上理论考核与线下实践考核相结合的方式（技能评定标准见下表）考核标准参考（百分制）。

<table>
<tr><th colspan="3">项目</th><th>权重</th><th>备注</th></tr>
<tr><td colspan="3">平时出勤（20 分）</td><td>20%</td><td>平时出勤分共计 20 分，每节课签到出勤，每缺课一次扣 3 分、迟到一次扣 1 分，缺勤三分之一取消考试资格</td></tr>
<tr><td rowspan="6">考核（50 分）</td><td rowspan="3">中华剑道理论考核（线上）</td><td>线上讨论</td><td>5%</td><td rowspan="2">利用学习通平台进行线上考核</td></tr>
<tr><td>期末理论题</td><td>5%</td></tr>
<tr><td>裁判手势</td><td>10%</td><td>通过视频形式线上提交</td></tr>
<tr><td rowspan="3">中华剑道技能考核（线下）</td><td>实战对抗考核</td><td>15%</td><td rowspan="3">期中期末考核进行
备注：套路与实战模拟部分特殊情况可线上上传视频考核</td></tr>
<tr><td>《健勇十六势》或者《健锋九势》的基础性套路达标考试</td><td>10%</td></tr>
<tr><td>实战模拟</td><td>5%</td></tr>
<tr><td colspan="3">体测（20 分）</td><td>20%</td><td></td></tr>
<tr><td colspan="3">体育锻炼（10 分）</td><td>10%</td><td></td></tr>
</table>

5. 课程评价及改革成效等情况

（1）将“剑道观”全方位融入教学环节中，以文化自信引领课堂教学。

线上方面：中华剑道根植于中华优秀传统文化，包含中华剑道运动的起源和发展、中华剑道文化、中华剑道发展简史、中国古代与“短兵”有关的经典文献解读。教师将丰富的教学资源借助现代多媒体技术设备，通过“学习通”（邀请码 eepm318）线上平台，供学生开展自主学习使用。同时，线上内容的考核方式通过题库在“学习通”平台进行。

线下方面：本课程将中华剑道文献典故、成语诗词融入课堂教学，并将“仁义礼智信”用于教室和场地的文化墙布置。例如，将抱拳礼、鞠躬礼纳入课程的师生问好，采用传统刀剑仿真器材进行教学，两两相当进行实战对抗，将中华传统文化全方位融入课堂教学的各个环节，以实现修身、修心、修德、健勇的育人效果。

（2）将“练打”结合的形式融入课堂，丰富中华剑道技术教学的形式。

线上方面中华剑道单体技术分为移动技术、打击技术和格挡技术三类。同时在训练进程中紧扣步法训练入门，基础动作和防守反击的排序。训练侧重点应依次为移动、打击和格挡。本课程教学视频全部拆分为教师动作示范类、基本技术动作教学类、提高技术动作教学类、易犯错误分析类、练习方法类，并上传至“学习通”平台，供不同阶段学生进行自主探究学习与讨论。然后结合线下答疑与学练巩固，采取练打结合的形式进行技术技法的实践考核。

线下方面本课程以实战对抗为主，注重中华剑道持兵礼仪、实战礼节、赛后礼节等的实践应用，充分展现崇武尚德的精神。遵循“非信廉仁勇，不能谈兵论剑，与道同符，内可以治身，外可以应变，君子比德焉。”所蕴含的剑道观、人生观、世界观。

（3）将“廉与勇”纳入课程目标、内容，全方位进行剑道精神表达。

本课程在以中华剑道规范教学的形式下，注重实战中的“短兵相接”的鞠躬礼、尊重对手的表现。作为裁判时，我们强调公平公正的形象；作为运动员，我们强调团结友善的情谊和敢打敢拼的勇气。我们将以传统文化发展为前提，以中华剑道为主体的“本土化”发展为重点，同时兼顾运动竞赛教育模式，展现出多元、综合、全方位的育人价值功能与健全人格教育过程。

（4）将德、礼、艺融入课内竞赛中，解决学生缺乏“胆气”的问题。

线下教学突出中华剑道的实践性特点，充分保留其攻防技击的技术特点并发挥出较强的防身自卫功能与育人价值。通过剑道运动，学生可以摆脱恐惧、展现自信与豪放，追求野蛮体魄和文明精神的概念。它既是我国民间“侠文化”“剑道”精神的现代化表达，又充分吸取现代竞技体育价值；同时对习练者的“胆气”有较高的锻炼，展现勇武的胆气和文明的精神。

（九）教学总结与反思

《中华剑道》课程团队是由一支教学经验丰富、富有活力的教师组成，经过4年左右的教学实践，尤其是近两年的混合式教学实践，逐渐形成了一种行之有效、易于操作的混合式教学路径，同时也对该课程的混合式教学进行了总结与反思。

1. 教学总结

（1）教学有理念：坚持以立德树人为导向，以学生为中心，以任务为驱动，促进学生综合素质的发展。

（2）教学有设计：线上线下相互配合，明确线上学什么，怎么学，线下如何传达，如何内化。

（3）线上有资源：依托中国大学MOOC平台与雨课堂交互平台。

（4）线下有活动：课堂测试、开放型作业撰写，角色互换。

（5）过程有评估：课堂表现、线上学习状态、虚拟仿真效果等方面进行过程考核。

（6）评估有手段：通过雨课堂、微信、QQ问卷星等手段对过程进行评估与考核。

2. 教学反思

线上线下混合式教学是未来教学模式改革的大趋势，《中华剑道》在实行线上线下混合式教学改革过程中存在以下三个难题。

（1）学生对于混合式教学比较陌生，且学习任务繁重，前期参与的积极性不高，对教师的评价不够正面，在很大程度上影响教师进行混合式教学改革的热情；

（2）混合式教学中混合学习评价处于探索阶段，其评价效果过度依赖于在线学习平台的监测，能否真正反映学生的学习效果尚待进一步观察。

（3）教师在实施混合式教学活动之前，需要对混合式教学做出合理的设计，并与课程思政相结合，教学的时间成本过高，在一定程度上弱化了教师进行混合式教学改革的动力。

（十）课程推广与持续改进阶段

在推广与改进阶段，我们的核心目标在于提高学生的参与度，并持续关注学生的学习进度与需求变化，从而灵活调整课程内容和教学规划。同时，我们将不断更新教学资源，确保课程的时效性与吸引力。这些举措共同构成了中华剑道线上线下混合式课程的完整框架，既充分利用线上教育资源，又通过线下实践锻炼提升学生的技能水平，最终实现教学效果的最大化。

针对课程的长期性与延续性问题，我们认识到选课过程中存在的不确定性。由于中国短兵运动的深厚历史底蕴、丰富的招式变化和高度的灵活性，需要学习者进行长期系统的学习与钻研。因此，我校现已成立中华剑道俱乐部，作为短兵课程的延伸与补充。我们计划进一步加强俱乐部的建设，吸引更多对中华剑道课程感兴趣的同学加入，确保他们能够持续学习至少一年甚至两年时间，从而真正掌握兵器格斗运动的精髓。

（十一）课程改革内容

在我国高校的体育课程教学中，教师普遍强调学生的技能掌握和行为规范，目标是通过体育教育提高学生的身体素质、基本技能和坚定意志，进而培养学生的抗压能力。然而，这种偏重于技能提升的同时，却往往忽略了对学生价值观的塑造，导致学生普遍存在功利性倾向和价值观的偏差。因此，在体育教学中，更应强调体育理论知识和文化背景的教育，不仅让学生掌握运动技能，同时也深化对体育精神和体育品德的理解，培育跨文化意识，以促进学生全面认知的提升。

然而，部分体育教师由于对思想政治教育知识掌握不够充分，可能会过度强调抽象的道理，引发学生的逆反心理，而不利于在学生心中树立文化自信和跨文化理解。此外，有些教师可能认为体育课程仅应专注于技能的传授，误认为与思政教育关系不大，从而忽略了在体育教学中进行思政教育的重要性。

特别是对于具有深厚文化内涵和不可替代性的中华剑道等传统体育项目，它们不仅涉及运动技能，还包括对社会适应性、风俗习惯和文化传统的深入理解。当前，这些传统项目的文化和文明价值往往未被充分重视或解读，导致难以培育学生的体育强国意识和文化自信。因此，关注学生的思想互动，将思政教育与体育教育有效融合，是实现体育教学深度和广度发展的关键。

（十二）高校中华剑道课程改革思政教学实践的策略

1. 健全中华剑道课程思政教学体系

《史记》中记载："非信廉仁勇，不能谈兵论剑，与道同符，内可以治身，外可以应变，君子比德焉。”为了加强中华剑道课程思政的教学，首先需要结合各高校的自身发展方向，根据实际情况建立健全的课程思政教学体系。同时组建由相关部门和专家共同组成的专业思政课程建设小组，例如：体育与马克思主义学院、人文学院等等，以制定中华剑道课程体系，并加强对课程思政的审核，提高思政教学的思想性和科学性。

同时，在内部建立相对规范的课程和思政协同机制，有助于教学效果的提升。针对教育体系和教育方案的落实情况，学校应加强指导和监督，确保教师能真正将思政教学落实到教学设计和实践中，全面提升思政教学质量。

2. 提高高校中华剑道课程教师思政教学能力

教师作为教学活动的主要组织者和指导者，在其中发挥着非常重要的作用。因此，为了保证中华剑道课程思政教学的顺利实施，必须提高教师的思政教学能力，一方面是加强对教师的培训。例如参加国家教育学院的师德师风、专业技能等培训、线上线下混合式教学设计以及课程思政相关的讲座，不断提高其自身的德育意识。只有教师树立正确的人生观和价值观，才能够在教学过程中发挥思政课程的功能，这需要教师做好模范表率，规范言行举止，加强有效的道德引导。另一方面，教师也应该提高自身的思政教学认识，提升课程专业素养和政治素养，将思政素质融入体育教学中，由此塑造学生正确的人生观和价值观，引导学生全面发展。

3. 重构高校中华剑道课程思政教学内容

为了恢复中华剑道在我国体育文化中的核心地位，国内体育界积极借鉴西方先进的体育理念，但同时也暴露出了本土化程度不足的问题。在这样的背景下，中华剑道课程的教学内容成为至关重要的环节，其内容的选取直接关系到教学的成效。因此，在课程设计之初，需要重新构思课程的思政教学内容，确保其既富有教育意义又具备深厚的文化价值。教师在教学中不仅要全面掌握教材内容，更要能够突出展示中华民族精神的精髓。例如，在讲解《史记》等历史文献时，不仅要介绍传统文化和剑术理念，还要深入解析历史人物的武学思想，引导学生深入理解中华剑道的历史根源和文化内涵。通过这样的教学方式，学生不仅能从历史中提炼智慧，还能深刻感受到中华民族的优秀精神品格和丰富的文化情感。进一步地，通过小组探讨和案例分析的方法，学生能够更直观地认识到课程所蕴含的精神价值，从而在正确的世界观、价值观和人生观的指导下，实现个人的全面发展。

4. 创新高校中华剑道教师思政教学的方法

采用创新性的教学方法能显著增强著名课程的教学效果，并有效提高学生在思想政治教育方面的接受度和理解深度。教学过程中，深入探索学生的偏好和兴趣点，特别是他们对武侠文化及其影视作品的独到见解，可以极大地激发学生的学习热情和参与度。通过紧密结合学生的实际需求，教学内容和方式得以灵活调整，旨在提供更加个性化和吸引人的学习体验。同时，积极吸纳学生对思想政治教育的反馈与建议，是不断完善教学方法和内容的关键。通过对教育手段的创新，选择最合适的教学策略，以避免教学过程变得枯燥乏味，从而影响学生的学习兴趣。针对短兵课程这类体能要求较高的教学活动，对于体质较弱的学生，应适当降低难度，并采取适当的教学方式，在融合思政教育的同时，确保所有学生都能在课程中获得积极的学习体验和成长。

5. 完善高校中华剑道课程思政考核评价

为深化高校中华剑道课程的思政教育，并有效提升学生对体育学习中思政教育重要性的认识，对中华剑道课程的思政考核评价体系进行完善显得尤为重要。古人将“剑”视为身份、德业与尊严的象征，而马明达教授强调：“信、廉、仁、勇是武学的四大美德。”基于这样的文化传统，我们旨在通过制定切合班级实际的考核计划并加强考核机制，从而在学习成效、情感投入、参与度等多维度对学生进行全面评价。课程中不仅通过演讲、小组作业等多样化方式强化文化传承与道德素质的评估，还将双人或六人小组的合作任务、比赛组织、裁判角色扮演以及技能实操等纳入考核评价的范畴。在此过程中，过程性评价与终结性评价的结合将被用以全面审视学生的道德品质与思想观念。中华剑道课程不单是一门技能培养课程，它融合了深厚的传统文化内涵和现代教育意义，旨在通过系统的思政考核评价，培育学生的全面品质，体现课程的深远影响。

第十节　社团管理

一、社团简介

国术短兵社团致力于高校长短兵器项目推广，坚持传统文化复兴与传承，以传统身体文化结合国学教育，让习练者动静结合，使他们既进行武道类项目综合训练；又从中感受传统文化内涵，既熏陶了学生的文化修养，做一个文武兼备的青年一代。遵循：“短兵在手，礼仪当先。刚柔相济，虚实活变。进退循法，攻守兼擅。从容应敌，胆气冲天。”三十二字诀。逐渐形成“德、艺、礼、体”的四维综合育人课程体系，将短兵器融体育、德育、礼育、技育于一体，实现课程的多功能育人效果，打造特色育人课程。中华剑道社团会将为校园文化建设贡献一份力量。

二、社团宗旨

本社团遵守国家法律法规及相关政策并遵守社会道德风尚的学生团体。其宗旨是：弘扬中华剑道精神，传承优秀传统文化，丰富学生校园生活，促进社会主义精神文明建设，推动体育强国目标达成。

三、社团目标

本社团规划的总体目标为“尚武崇德，短兵相接”，旨在丰富学生的课余文化生活，让学生在课业之余积极锻炼，拥有强健的体格；并向全校普及宣传武备文化，使中国传统文化得到发扬光大。规划的总体内容还包括完善硬件设施、组建管理团队、强化校队建设、拓宽课程模式、紧抓文化建设、加强社会服务功能、促进国际化发展。

四、组织结构

组建中华剑道运动管理团队，设主席一名，副主席两名，分别负责六个下设人事部、课程部、宣传部、竞训部、学术部和场馆部六个部门，进行各自的职能分工。

（1）主席。负责整体规划、管理、监督及协调，完成社团运动章程、考核管理办法、场地使用管理办法等管理文件，对中华剑道社团的指导教师负责。

（2）副主席。负责分管三个职能部门，直接对主席负责，按照分工进行部门的管理、实施、总结、规划等具体工作。

（3）人事部。部长一名，副部长 1 人。

①开学招新时汇总新成员的名单，以及老社员的退社问题。

②帮忙组织会议并且做会议记录。

③平时有比赛或者需要人员名单时统计人员名单。

④部长对院队经理进行考勤。

⑤负责社团课程化管理，评分考核办法的制定、修改。

⑥社团队员的招新以及人员名单统计。

（4）课程部。部长一名。

①设计并规划中华剑道社团的课程体系，包括《健勇十六势》单手剑、《剑锋九势》双手剑课程等。结合社团成员的水平和需求，制定适宜的课程内容和教学计划。

②协助竞训部与学术部组织和安排中华剑道社团的日常教学活动，包括训练课程、研讨会、模拟比赛等。

③收集社员的反馈意见和建议，及时调整和优化课程内容和教学方法。

④填写每次社团课程的教学效果评估报告。

（5）宣传部。部长一名，副部长 1 人。

①推文编写和发布以及公众号的管理，并实行轮班制。每次推文编辑完成后要发给审稿同学进行审阅。

②审核稿件以及推文内容，包括标题、文字、图片的准确性、完整性。

③摄影的同学按时出席训练、比赛，并即时将照片发给部长进行整理汇总，发送照片时 需标明日期。

④制作视频的同学根据老师要求制作视频。

⑤公共网盘的管理与更新。

⑥负责招新海报、中华剑道社团专用房宣传板块、宣传册制作以及中华剑道社团标志设计等。

（6）竞训部。部长一名，副部长 1 人。

①负责社团内比赛的组织。

②参与校内比赛及各学院部门的剑道培训。

③安排及协调中华剑道社团的出访及比赛。

④轮班进行中华剑道社团日常训练的领训教练，完成课程部教学计划。

（7）学术部。部长一名。

①搜集、整理和管理剑道相关的学术资源，包括书籍、论文、视频资料等。

②建立社团学术资源库，为社员提供学习参考和研究资料。

③组织学术成果展示活动，分享社员的学术研究成果和经验。

④策划并组织公开的，中华剑道相关的学术交流活动，如讲座、研讨会等。

（8）场馆部。部长一名。

①负责训练场地场馆的安全性以及卫生条件。

②提前将器材和护具拿到训练场地。

③身兼训练安全员，时刻注意社员训练情况，发现训练出现问题时及时帮助和提醒队员。

（9）本社团管理机构成员必须具备以下条件。

①对本社团工作熟悉掌握，并有一定组织能力。

②思想积极上进，坚持四项基本原则。

③学习上勤奋刻苦，成绩优良。

④工作上积极主动，团结同学，乐于助人，有奉献精神。

五、权利义务

成员享有以下权利。

（1）参加本社团组织和开展的各类活动的优先权。

（2）对本社团的工作的批评建议权和监督权。

（3）本社团部门干事、成员可获得体育锻炼考核奖励，后期社团针对中华剑道队队员可获得体育课奖励。

成员应履行以下义务。

（1）遵循本社团的各项规章制度。

（2）维护本社团的合法权益和声誉。

（3）中华剑道队队员须积极参加每次的训练和比赛，各部门成员须按时按量地完成本社团各部门分配的工作。

（4）积极帮助社团宣传，扩大社团影响力。

（5）所有队员不得无故缺勤训练，须奉行优先保证校外比赛的宗旨参加各项赛事。

六、训练要求

（1）训练时间：周一、周三 7、8 节课后。

（2）训练地点：体育馆三楼演武场。

（3）训练人员：大一大二全体部员，大三大四部员弹性制训练。

（4）训练内容：见中华剑道 48 节教学大纲，根据此和实际训练情况进行删减、实战对抗。

（5）训练方式：全体部员先进行热身准备活动及慢跑，后由教练员进行带训，并在课末进行教学效果评估。

注：

（1）竞训部负责人会在训练前告知教练员和部员训练内容，并通知需要进行实战对抗的同学届时到场。

（2）在训练过程中，新生和老生分开训练。大一部员主要进行体能、礼仪、基本动作及《健勇十六势》的教学；大二部员进行体能、专项技术、《健勇十六势》单手剑、《剑锋九势》双手剑复习和实战对抗；大三大四进行指导、实战对抗。

（3）大三大四部员在实战对抗结束后即可离开，大一大二部员需要全程跟训。

七、管理细则

人员管理细则

各部门干事考评，由部长根据各部门考核办法进行打分。

各部门部长考评由负责老师进行打分。

（1）所有社团成员请假须事先向所在部部长提出申请并说明缘由，每个月由部长统计并评分，交给人事部存档。

（2）各学院院队均配有一名经理，负责队员出勤、训练、比赛情况的记录，及辅助管理。各院队经理期末由校中华剑道社团人事部部长，根据各院队经理的考核办法进行评分。

（3）入队人员“十不要”原则，旨在筛选出那些真正热爱武术、愿意为团队贡献并且能够自我提升的成员。国术短兵俱乐部需要考虑成员的品德和行为习惯，以确保团队的和谐与进步。以下是“十不要”基本原则。

①不诚实守信。不招收那些不诚实、不守信用的成员，因为武术训练强调的是内在的正直和诚信。

②不尊重他人。不招收那些缺乏对师长、教练和同伴基本尊重的人。

③缺乏纪律性。不招收那些无法遵守训练规则和俱乐部规章制度的人。

④过度依赖手机。不招收那些在训练或集体活动中过度依赖手机，影响注意力和团队协作的人。

⑤懒惰懈怠。不招收那些缺乏自我驱动力，不愿意付出努力和时间来提高自己技能的人。

⑥缺乏意志力。不招收那些在面对挑战和困难时轻易放弃，没有坚持到底的决心的人。

⑦不团结协作。不招收那些不愿意与团队合作，只关心个人利益的人。

⑧不自重自爱。不招收那些缺乏自我约束，无法管理自己行为和情绪的人。

⑨为人不厚道。不招收那些在人际交往中不真诚、不厚道，缺乏同情心和同理心的人。

⑩巨婴心态。不招收那些缺乏独立性，总是期待别人照顾，不愿意承担责任和后果的人。

场馆管理细则

为加强中华剑道社团的管理，提高课堂环境与场地使用效率，更好地为我校师生服务，特制定以下注意事项。

（1）本馆优先保证学校中华剑道社团教学、训练、竞赛的需要，其他时段，在规定的时间内向全校师生员工开放。

（2）严禁在中华剑道社团训练期间开展其他体育活动。

（3）学生依课程表进入中华剑道社团场地。

（4）活动人员必须遵守活动时间，不得随意要求提前或延长，特殊情况另行安排。中华剑道社团非开放时间，请勿擅自入内。

（5）保持中华剑道社团活动场域内卫生，严禁在馆内吸烟、吐痰、吃带有皮核的食物和口香糖，严禁乱扔废弃物；禁止在墙面、椅面和桌面上刻画、涂写。

（6）严禁携带禽畜、易燃、易爆及油质物品进入场地。

（7）禁止大声喧哗、嬉戏吵闹、打架斗殴的行为。

（8）爱护中华剑道社团各种设备、设施和器材，未经允许不得随意挪动，如有损坏，照价赔偿。

（9）严禁穿皮鞋、高跟鞋、钉鞋等不适宜运动的鞋子进场，以防损坏场地，请在进场前将鞋换好。

（10）未经许可，不得在中华剑道社团内外悬挂、张贴宣传品，摆放及发放商业产品。

（11）个人物品请妥善保管并自行负责，不要随意放置，预防丢失。

（12）如有借用的器材，请在运动结束后主动归还，经工作人员检查后方可离开。

（13）使用中华剑道社团场地的单位或部门应对活动人员进行爱护课堂环境与场地设备设施的公德教育与安全教育，积极配合课堂环境与场地管理人员的工作，遵守各项规章制度。

（14）以上注意事项及未尽事宜，由体育馆课堂环境与场地中心负责解释。

安全制度

（1）未经许可不得携带非队内人员实战。

（2）新队员未经许可不得私自使用短兵实战。

（3）使用易造成安全隐患的短兵器材（如仿制木刀和长刀）时应在专业人员的指导下使用。

（4）为穿戴好护具禁止使用易造成安全隐患的短兵器材。

注：凡有意违反上述规定者，予以退队警告；造成严重安全隐患、安全事故者，直接作退队处理，并根据实际情况承担相应法律责任。

器材管理

（1）不得故意损坏公共器材。

（2）不得随意把玩、使用易造成安全隐患的短兵器材。

（3）未经批准、报备，不得擅自将器材带离训练场所。

注：凡有意违反上述规定者，予以退队警告；造成严重安全隐患、安全事故者，直接作退队处理，并根据实际情况承担相应法律责任。器材若出现损坏，违者照价赔偿。

八、请假制度

（1）请假须经批准且带有正规假条，不可口头请假，否则视为缺勤。请假者须在当周补训一次，病假者补训可顺延一周。

（2）如若特殊情况无法在规定日期完成训练，可接受调训，调训次数不得超过 5 次。

（3）参赛人员请假须经组长和教练员批准；无故缺勤者，作退队处理。

注：统一训练阶段，成员向训练组长请假；其他大型赛事及活动工作人员向项目总负责人请假。一学期内非必要请假不得超过 2 次，超过 2 次者做退队处理，处罚解释权归管

理层所有。

九、处罚规定

（一）课程规定

（1）严格课堂管理，如有社员连续三周无法完成训练中的规定任务内容学习，则依照相应制度进行扣分降级处理。　对缺课时数达到三分之一的社员，取消其参加社团考核的资格。

（2）学期考核成绩总评不满 60 分，作体育成绩不及格处理。经下学期补考仍不及格应重修。

（3）学生因故不能参加本学期某项考试，可根据我校《学分制学籍管理试行规定》相关规定，向任课老师和教务处提出缓考申请，于下学期第一周内参加缓考，如考试不及格，不得申请补考，应重修。

（4）遵守社团组织纪律，做到不迟到、不早退、不旷课（旷课扣 3 分；迟到、早退扣 1 分；病假、事假允许在两周内非考试时间于同一项目课程补课，未补课扣 2 分）。

（二）比赛罚则

（1）每出现一次技术犯规，劝告一次。运动员单场比赛内累计被劝告五次取消比赛资格，判对方为胜方。（可与警告累加）

（2）每出现一次侵人犯规，警告一次。运动员单场比赛内累计被警告三次取消比赛资格，判对方为胜方。（可与劝告累加）

（3）运动员故意伤人，取消比赛资格，判对方为胜方。

（4）运动员违规使用兴奋剂，取消比赛资格。

（5）消极竞赛、弄虚作假者取消所有比赛资格，并做退队处理。

处罚制度

（1）除特殊说明的制度外，违反规定者予以一次提醒，再犯者视情况经由主席团、管理层一致商讨后予以退队警告或做退队处理；个人累计两次退队警告即做退队处理。

（2）管理层可根据违规者的实际情况予以打扫场地、整理器材、停训等处罚。

注：若出现未说明情况，处罚解释权归管理层所有。

十、附则

（1）本社团管理规章制度（草拟）解释权归主席团、管理层所有。

（2）本社团管理规章制度（草拟）自颁布之日起正式施行。

第四章　训练提高篇

第一节　原理分析

中华剑道，是一种以速度、技巧和战术为核心要素的体育竞技项目，其比赛焦点在于选手如何灵活运用各类技艺与策略，触及对手有效部位以取得分数。

第一，在竞技中，技术精准度和反应速度成为决定胜负的关键因素。因此，选手须具备敏锐的观察能力、迅捷的反应速度和优秀的身体协调能力，以便在短暂的时间内击中对手的有效部位。观察对手的动作，依靠自身反应速度和技术精准度，选择恰当的时机进行进攻，同时避免被对手触及，这是中华剑道选手取得胜利的关键能力。

第二，除了速度和技巧外，战术组合亦至关重要。通过进攻、反攻、步伐转移、防御等基础技艺的有机结合，选手能够形成一套连贯的攻击或防御动作，并根据对手的动作和战术灵活调整自身的策略。在实战中，正确运用战术往往能化被动为主动，化劣势为优势。常见的战术包括进攻、防守、反击和变化等。

第三，在中华剑道中，良好的心理素质至关重要，不仅能在实战中战胜对手，还能在困境中保持冷静、沉着。树立必胜信念、发扬勇敢顽强的对抗作风，以及保持冷静沉着的心态，对于击败对手具有重要作用。因此，中华剑道的技艺训练不仅仅只局限于身体锻炼，还包括心理素质的提升。通过冥想、放松技巧和应对压力的训练，学生能够提升心理素质，更好地应对实战中的压力和挑战。实战心理素质的训练主要采用模拟实战的方式，通过反复练习，使训练人员能够熟练运用技术动作，克服恐惧心理，不断提升实战能力。

因此，中华剑道课程致力于学生的全面发展，包括身体素质、技艺和心理素质等方面。中华剑道的胜负关键在于选手通过触及对手有效部位来获得分数，所以技术准确性、速度、战术调整和反应能力是取得胜利的关键要素。在实战搏击中，标准化、精准化和灵活化的动作形式能够为获胜奠定基础。通过系统和全面的培训，学生可以不断提升搏击技艺，更好地适应实战环境。

第二节　规律探索

中华剑道成功的秘诀在于稳定性的构建、技术与心理的协调，以及战术的巧妙运用。

第一，在中华剑道训练与竞赛中，稳定性起着关键作用，涵盖技术动作稳定性和心理稳定性两个方面。通过反复练习劈、刺等技术动作，增强技术动作的稳定性，从而提升运动员在实战中的得分效率。同时，心理稳定性确保运动员在比赛中保持冷静，不受得失影响，以积极的态度应对各种情况。这两者相互促进，共同奠定稳定的竞技基础。

为提升技术动作稳定性，中华剑道训练强调反复练习，使运动员能够更精确地施展各项技术动作，在实际比赛中脱颖而出。心理稳定性的培养则要求运动员学会情绪控制，不被得失所左右，面对强弱对手都能保持积极主动的心态。这种心理素质的稳定是比赛胜利的基石。

第二，中华剑道比赛中节奏控制至关重要。运动员需精准掌握自身能力，如耐力、攻击力量、技术精准度和快速反应能力，并灵活运用各种战术，以成功掌控比赛进程。耐力有助于持续快速移动，应对对手各种技术动作；攻击力量、技术精准度和快速反应能力则为有效控制武器、压制对手、提高得分效率提供关键支持。

第三，在战术层面，中华剑道针对不同类型运动员制定不同应对策略。力量型运动员通过绝对力量优势压制对手，而技巧型运动员则需巧妙运用独特技术动作和组合，掌握比赛节奏。合理运用战术是比赛胜利的关键因素。

第三节　训练方法

中华剑道实战对抗的训练方法可以大致分为身体素质训练、实战技能训练、营养与健康三个方面。

第一，在《论语·雍也》中曾说："力不足者，中道而废。"身体素质训练是中华剑道实战的基础，身体素质训练又包括以下几个方面。①耐力训练至关重要，中华剑道注重腿部和手臂的耐力，建议腿部肌肉训练可以采用慢跑、深蹲、蛙跳等有氧运动，同时手臂肌肉可以通过进行持兵挥剑、劈砍等动作进行训练。②爆发力训练可以通过短程折返跑、50米冲刺、原地弹跳、左右横跳等高强度运动，进行间歇性训练，这样的训练可增强全身肌肉力量，特别是腿部肌肉，同时也能提高大脑反应速度和肌肉快速收缩的能力。③速度训练包括障碍跑、折返跑、高抬腿、两人马步、快速击掌等，通过这样的训练可以提高运动速度和反应速度，提升身体敏捷度，同时也能增强队员的动态反应能力。④综合身体训练则通过跳绳、单腿跳、交叉跳等运动，达到提高身体协调性和灵活性的目的。在剧烈运动前，采用如弓步压腿、动态拉伸等缓慢柔和的准备运动，使肌肉能得到放松，同时身体状态也能得到适当的调整。

第二，实战技能训练是中华剑道的关键。实战技能训练又包括基本功、组合练习、攻防配合、实战模拟、意念训练五个方面。①基本功包括步法训练，如滑步、盖步、大弓步等，以及上肢训练如横劈竖砍、云剑撩手等。对这些基本功的扎实训练旨在让队员形成肌肉记忆，使队员在实战中能够对其融会贯通。②组合练习强调多种技巧的组合使用，包括连续进攻组合、闪避反击组合等。通过组合练习，能够加强队员对组合技的理解，更重要的是能够让队员在实战中具备一定的基础能力。③攻防配合是一项进行攻防转换的训练，主要通过攻击和防守技巧的完美结合来完成，让队员形成基本肌肉记忆并做出对对手动作的预判。按《阵记》要求，即是"切去了走跳虚文"，是"用一打一揭棍法习之"，在单练基础上注重两人对打，对打必须"声重有力，不做等候相待之套"。④意念训练通过长跑、蹲马步等方式训练队员的耐性与韧性，让队员提高专注力、沉淀心性，以增强其心理素质和情绪控制能力。⑤实战模拟训练则通过模拟赛、循环赛等实际对抗环境和流程，来提高队员的实战技能和应对能力，同时记录实战过程与优秀剑道组合技，并对其进行拆分讲解。

第三，实战训练和营养与健康方面是中华剑道训练的综合考量。实战训练是对队员剑道技能的训练，而技能的高超不仅仅与实战训练有关，也与队员的营养健康密不可分。对于营养与健康方面，我们须知，中华剑道的训练是一个需要长期坚持的过程。队员应通过合理的营养补充：摄入优质蛋白质如牛肉、鸡蛋等；维生素如水果、蔬菜等；以及补充足够的水分，来促进身体恢复和肌肉生长。同时，在训练过程中务必注意安全，避免受伤或者过度疲劳，才能达到训练的最佳效果。

第四节　体能训练

提高武术运动员的身体素质和技能水平是武术训练过程中的必要环节，而身体素质的提升又与武术技能水平的提升相辅相成。从近代武术的发展来看，武术的健身价值在武术的发展中占有主导的地位，即使在主要以武术作为技击手段的古代，人们也没有忽略它的健身价值。所谓“博刺强士体”，一方面说明通过“博刺”这种人体运动形式可以“强士体”；另一方面也说明为了更好地“博刺”就必须更好地“强士体”，“博刺”和“强士体”是相互依存的。

身体素质同样是军队中的基本训练内容。正如戚继光所说：“凡人之血气，用则坚，怠惰则脆。劳其筋骨，饿其体肤，君相亦然，况于兵乎？但不宜过于太苦，是谓练兵之力。”“凡兵平时所用器械，轻重分量当重于交锋所用之器。重者既熟，则临阵用轻者，自然手捷，不为器所欺矣。是谓练手之力。”“凡平时，各兵须学趋跑，一气跑得一里不气喘才好。如古人足囊以沙，渐渐加之，临敌去沙，自然轻便。是谓练足之力。”“凡平时习战，人必重甲，荷以重物，勉强加之，庶临战身轻，进退自速。是谓练身之力。”从戚继光以上的记述中可以看出，他是为了使士卒能更好地“博刺”而“强士体”，为更好地“临阵”而让士卒“练手之力”、“练足之力”、“练身之力”，士卒通过这样的训练，也就能促进身体健壮。

同样地，中华剑道实战的体能训练方法也综合考虑了多个方面，以提高武术运动员的身体素质和技能水平。

第一，力量训练涵盖了上肢、下肢以及核心肌群，旨在增强队员的肌肉力量和提升队员的耐力，为中华剑道技能的学习和应用奠定坚实基础。

第二，耐力训练分为有氧和无氧训练，旨在提高队员对乳酸的耐受能力，能够在高强度训练或比赛中保持较长时间的肌肉活动。

长短兵器格斗皆呈现“力愈强，则斗力，搉力愈高”的特点，故而力量训练与耐力训练在中华剑道实战训练中尤为重要。

力量训练和耐力训练都可以采用戚继光所主张的“负重训练法”。

戚继光在他的《纪效新书》中系统地提出了练手、练足和练身之法。该书的《比较武艺赏罚篇》中有如下一段论述："凡兵平时所用器械，轻重分量，当重于交锋所用之器，重者既熟，则临阵用轻者，自然手捷，不为器所败矣，是谓练手之力；凡平时，各兵须学趋跑，一气跑得一里，不气喘才好。如古人足囊以沙，渐渐加之，临敌去沙，自然轻便，是练足之力；凡平时习战，人必重甲，荷以重物，勉强加之，庶临战身轻，进退自速，是谓身之力。"

显然，戚继光主张的以上训练方法，实际就是一种以"临敌"为出发点的负重训练法，以此来增加军士的肌肉力量和耐力。在训练中，有时需要"渐渐加之"，而有时则须"勉强加之"，反映了针对不同的要求而采用的不同训练方法方式的主张。

第三，速度和敏捷性训练着重训练队员的反应速度和动作速度，以提高其身体的反应能力，使武术运动员在中华剑道比赛中取得优势。

第四，柔韧性训练涉及全身各部位，目的在于提高队员的身体柔韧度，降低运动损伤风险。

第五，爆发力训练致力于提升全身爆发力，以便队员准确地运用中华剑道技能。

值得注意的是，在中华剑道实战技能训练中，队员切忌"花拳绣腿"，在古代，习武的主要目的就在于实战。戚继光就力排在实战中不适用的"花法"，这虽然与他身为将军，经常带兵作战的身份有关，但也说明了古代习武重实用的情况。他说他著《纪效新书》的目的是："乃集所练士卒条目，自选畎亩民丁，以至号令、战法、行营、武艺、守哨、水战，一一择其实用有效者，分别教练先后次第之，各为一卷，以诲诸三军俾习焉。"他在书中所选的内容，包括评价武艺的标准都只有一条，即"实用有效"。同样地，在现代，我们学习中华剑道实战技能也需实用有效，这样才能达到练习的真正效果。

这些综合的训练方法有助于运动员完成中华剑道技术动作组合，提高竞赛中攻防的表现。同时，良好的身体素质也是预防运动损伤的重要保障。因此，在进行这些训练时，应根据个人特点、训练阶段和目标进行科学、合理的设计，并在专业教练的指导下进行。这样的综合训练可以使参赛运动员在比赛中更具竞争力，提升整体技能水平。

一、有氧训练

（一）有氧训练（基础篇）

1. 开合跳

准备时成立正姿势，两脚尖朝前（图 4-4-1-1）。跳起后两脚向左右打开比肩稍宽，同时两手经体侧至头顶击掌（图 4-4-1-2）后还原至准备姿势为一次。

动作要求：身体正直，重心在两腿之间。

易犯错误：手臂摆动幅度不够。

建议次数：20~30 次 / 组。

图 4-4-1-1

图 4-4-1-2

2. 原地高抬腿

准备时成立正姿势，两脚尖朝前（图 4-4-1-3）。左腿抬起至大腿与地面水平，小腿自然下垂，两臂自然前后摆动（图 4-4-1-4），左腿下压成支撑脚同时右腿抬起，两臂自然摆动（图 4-4-1-5）为一次。

动作要求：身体微向前倾，两臂自然摆动。

易犯错误：身体后仰，抬腿高度不够。

建议次数：20~30 次 / 组。

图 4-4-1-3

图 4-4-1-4

图 4-4-1-5

3. 俯卧撑跳（波比跳）

准备时屈膝下蹲，身体前倾，脚后跟抬起，直臂手撑地于脚前与肩同宽图（4-4-1-6）。两脚蹬地向后成俯卧直臂支撑后大臂弯曲至水平（图 4-4-1-7），两脚蹬地收至准备姿势后向上跳起同时两手于头顶击掌（图 4-4-1-8）后还原为准备姿势。

动作要求：两脚蹬出与收回迅速，动作衔接连贯。

易犯错误：身体呈俯卧直臂支撑后手臂没有弯曲、动作不连贯。

建议次数：12~15 次 / 组。

图 4-4-1-6

图 4-4-1-7

图 4-4-1-8

4. 仰卧卷腹转体

准备时仰卧，两腿弯曲至双脚全脚掌着地，同时两臂交叉放于胸前，下巴贴于身体（图 4-4-1-9）。向上卷腹同时身体转向左侧（图 4-4-1-10）后回到准备姿势，重复卷腹动作同时向右转体（图 4-4-1-11）后回到准备姿势为一次。

动作要求：腰腹发力卷腹与转体。

易犯错误：下巴未能贴于胸前并参与发力。

建议次数：12~15 次 / 组。

图 4-4-1-9

图 4-4-1-10

图 4-4-1-11

5. 平板支撑

俯身，脚尖与手臂前臂支撑身体，身体成一条直线（图 4-4-1-12）。

动作要求：收腹，身体一条直线。

易犯错误：臀部抬起过高或过低。

建议次数：50~75 秒 / 组。

图 4-4-1-12

6. 收腹跳

准备时成立正姿势，两脚开立与肩同宽（图 4-4-1-13）。摆臂向上跳起，在最高点收腹，膝盖上顶，同时两手抱膝（图 4-4-1-14），落地后成准备姿势为一次。

动作要求：膝盖上顶，两手抱膝。

易犯错误：小腿后撩或提膝高度不够。

建议次数：8-10 次 / 组。

图 4-4-1-13

图 4-4-1-14

（二）有氧训练（提高篇）

1. 快速脚点地

准备时身体稍向前倾，手臂自然摆动，膝盖弯曲，脚后跟抬起（图 4-4-1-15）。两脚依次快速向前点地（图 4-4-1-16）后还原到准备动作为一次。

动作要求：脚后跟抬起，蹬地快速。

易犯错误：脚后跟着地。

建议次数：25~30 次 / 组。

图 4-4-1-15

图 4-4-1-16

2. 转体脚点地

准备时上身直立两手自然下垂，两脚开立与肩同宽。两手握拳抱于胸前，身体左转同时用左脚后跟和右脚尖支撑（图 4-4-1-17），转身向右用左脚尖和右脚后跟支撑（图 4-4-1-18）为一次。

动作要求：动作协调，转动快速。

易犯错误：身体晃动，全脚掌着地。

建议次数：12~15 次 / 组。

图 4-4-1-17

图 4-4-1-18

3. 横向移动脚点地

准备时两手抱拳于腰间，膝盖弯曲，站于绳梯左侧（图 4-4-1-19）。右脚横向移动跨入绳梯内（图 4-4-1-20）后左脚跟随跨入（图 4-4-1-21），右脚跨出至绳梯右侧（图 4-4-1-22）左脚跟随跨出（图 4-4-1-23）为一次。

动作要求：脚后跟抬起，移动快速。

易犯错误：全脚掌着地。

建议次数：12~15 次 / 组。

图 4-4-1-19

图 4-4-1-20

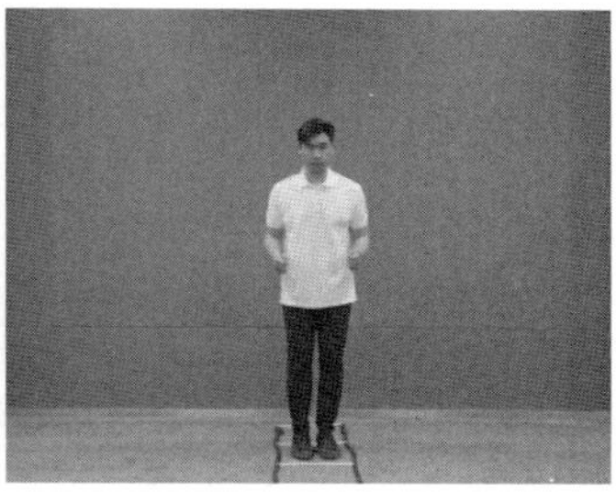

图 4-4-1-21

图 4-4-1-22

图 4-4-1-23

4. 绳梯开合跳

准备时两脚立于绳梯内，膝盖弯曲，两手握拳抱于腹前（图 4-4-1-24）。跳起分腿，两腿分别立于绳梯两侧（图 4-4-1-25）后跳回至准备姿势为一次。

动作要求：脚后跟抬起，移动快速。

易犯错误：跳起过高。

建议次数：30~35 次 / 组。

图 4-4-1-24

图 4-4-1-25

5. 弓步跳跃

准备时左脚在前右脚在后成弓步，后腿膝盖弯曲，两臂自然摆动（图 4-4-1-26）。蹬地用力向上跳起（图 4-4-1-27），在最高点后两脚在空中交换，落地后成右脚在前左脚在后（图 4-4-1-28），后腿膝盖弯曲为一次。

动作要求：摆臂自然，落地稳定。

易犯错误：落地不稳。

建议次数：12~15 次 / 组。

图 4-4-1-26

图 4-4-1-27

图 4-4-1-28

二、核心力量

1. 俄罗斯转体

臀部支撑，收腹上身与大腿成“V”字，膝盖弯曲，双脚离地，上身向左转动（图 4-4-2-1），向右转动（图 4-4-2-2）为一次。

动作要求：腹部收紧。

易犯错误：双脚着地支撑。

建议次数：15~20 次 / 组。

图 4-4-2-1

图 4-4-2-2

2. 臀桥

准备时仰卧，屈膝，两只脚全脚掌着地，两手放于身体两侧（图 4-4-2-3）。臀部向上顶至成一条直线（图 4-4-2-4）为一次。

动作要求：臀桥时成一条直线。

易犯错误：臀部上顶不到位。

建议次数：15~20 次 / 组。

图 4-4-2-3

图 4-4-2-4

3. 仰卧屈膝顶髋

准备时仰卧，两臂放于身体两侧，大腿抬起与地面垂直，小腿与地面平行（图 4-4-2-5）。肩膀支撑用力上顶至腰臀离开地面（图 4-4-2-6）后还原至准备动作为一次。

动作要求：腹部收紧上顶。

易犯错误：上顶幅度不够。

建议次数：12~15 次 / 组。

图 4-4-2-5

图 4-4-2-6

4. 仰卧交替触踝

仰卧勾头，屈膝两脚全脚掌着地，与肩同宽，身体向左左手触左脚踝（图 4-4-2-7）。向右右手触右脚踝为一次（图 4-4-2-8）。

动作要求：腹部收紧，背部微微抬起。

易犯错误：两脚离地。

建议次数：12~15 次 / 组。

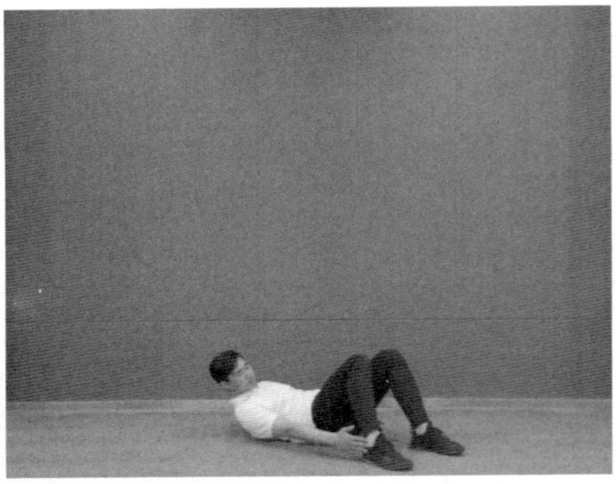

图 4-4-2-7

图 4-4-2-8

5. 坐姿仰卧剪刀腿

臀部支撑，双手按于身体两侧，直腿与上身成“V”字，两腿交叉，左腿在上右腿在下（图 4-4-2-9），两腿打开交叉至右腿在上左腿在下（图 4-4-2-10）为一次。

动作要求：腹部收紧，两腿伸直。

易犯错误：腿部弯曲。

建议次数：12~15 次 / 组。

图 4-4-2-9

图 4-4-2-10

三、速度灵敏

1. 前倾跨步

立正姿势准备，两脚尖朝前。身体前倾（图 4-4-3-1）至不能控制时向前跨步成弓步同时异侧摆臂（图 4-4-3-2）后还原为准备姿势，左、右脚跨出为一次。

动作要求：身体整体前倾。

易犯错误：跨出步幅过小。

建议次数：12~15 次 / 组。

图 4-4-3-1

图 4-4-3-2

2. 行进间双脚内八外八转换

向前慢跑，停下时单脚前跳变双脚落地同时两脚尖内扣成“内八字”（图 4-4-3-3），继续向前行进停下时动作相同成“外八字”（图 4-4-3-4）为一次。

动作要求：行进同时单脚前跳双脚落地。

易犯错误：双脚不能同时落地。

建议次数：8~10 次 / 组。

图 4-4-3-3

图 4-4-3-4

3. 原地跳箱

两脚平行开立与肩同宽，膝盖弯曲，两臂后摆准备（图 4-4-3-5）。摆臂、收腹、屈膝向前上跳起，落至跳箱上（图 4-4-3-6）为一次。

动作要求：屈膝缓冲，全脚掌着跳箱。

易犯错误：跳上时出现晃动。

建议次数：8~10 次 / 组。

图 4-4-3-5

图 4-4-3-6

4. 下斜单腿臀部上下移动

俯身双臂、单脚支撑，两臂与肩同宽，脚后跟高于肩膀（图 4-4-3-7）。腿带动臀部向上移动（图 4-4-3-8），向下还原为一次。

动作要求：臀部上下移动幅度要大。

易犯错误：膝盖弯曲。

建议次数：12~15 次 / 组。

图 4-4-3-7

图 4-4-3-8

5. 左右变向

左右两侧相同距离各放标志物（桶）一个，向左（图 4-4-3-9）、向右（图 4-4-3-10）移动手摸标志物为一次。

动作要求：屈膝下蹲，左右蹬地快速移动。

易犯错误：曲线位移。

建议次数：12~15 次 / 组。

图 4-4-3-9

图 4-4-3-10

四、身体平衡

1. 单脚支撑抱膝

单脚支撑，五趾抓地，另一条腿屈膝上提，两手抱于小腿前侧向胸前靠拢控制（图 4-4-4-1）。

动作要求：腰背挺直，支撑腿直，抱腿贴于胸口。

易犯错误：晃动。

建议次数：25~30 秒 / 组。

4-4-4-1

2. 单脚飞鸟

单脚支撑，另一条腿提膝过腰，小腿自然下垂，两臂与体侧做飞鸟状（图 4-4-4-2）。

动作要求：腰背挺直，支撑腿直，提膝高于腰。

易犯错误：晃动。

建议次数：25~30 秒 / 组。

4-4-4-2

3. 燕式平衡

单脚支撑，身体前倾，另一条腿伸直后撩，两臂于身体两侧（图 4-4-4-3）。

动作要求：腰背挺直，支撑腿直。

易犯错误：晃动。

建议次数：25~30 秒 / 组。

图 4-4-4-3

4. 单脚支撑画圆

右脚支撑，两手叉腰，左腿于右腿前交叉至于右脚右侧（图 4-4-4-4），顺时针向正前（图 4-4-4-5）画弧，移动至最左侧（图 4-4-4-6），向后画弧于右腿后方交叉至右脚右侧（图 4-4-4-7）后逆时针返回为一次。

动作要求：腰背挺直，支撑腿直。

易犯错误：晃动。

建议次数：8~10 次 / 组。

图 4-4-4-4

图 4-4-4-5

图 4-4-4-6

图 4-4-4-7

五、专项训练

（一）步法专项训练

1. 上步

第一步，学生手持短兵器，保持中华剑道基本站立姿势——右腿在前，左腿在后，保持重心在下。第二步，右腿上前一步，左腿紧跟，使身体位置前移，基本动作不变。注意，两脚在移动时步幅保持一致，保证身体重心稳定。

练习目的：调整与对手的距离，辅助进攻和防守。

2. 退步

第一步，学生手持短兵器，保持中华剑道基本站立姿势——右腿在前，左腿在后，保持重心在下。第二步，左腿后撤一步，右腿紧跟，使身体位置后移，基本动作不变。注意，两脚在移动时步幅保持一致，保证身体重心稳定。

3. 垫步——前垫步和后垫步

前垫步：第一步，学生手持短兵器，保持中华剑道基本站立姿势——右腿在前，左腿在后，保持重心在下。第二步，右腿先向前一步，左脚紧跟，贴上右脚后跟。第三步，右腿再上前一步，此时左腿保持位置不变，实现位移。

后垫步：第一步，学生手持短兵器，保持中华剑道基本站立姿势——右腿在前，左腿在后，保持重心在下。第二步，右脚迅速后撤至左脚位置，紧贴左脚脚弓。第三步，在右脚贴上脚弓时，左脚迅速向后撤一步，实现位移。

注意，步法衔接速度要快，身体重心起伏不可过大。

练习目的：达到稳定大幅增加进攻防守时的移动距离的目的。

4. 移步——左移步和右移步

左移步：第一步，学生手持短兵器，保持中华剑道基本站立姿势——右腿在前，左腿在后，保持重心在下。第二步，左脚先向左横跨一步。第三步，右脚也向左横跨一步，上半身保持平衡，实现位移。

右移步：第一步，学生手持短兵器，保持中华剑道基本站立姿势——右腿在前，左腿在后，保持重心在下。第二步，右脚向右横跨一步。第三步，左脚也向右横跨一步，上半身保持平衡，实现位移。

练习目的：左右移步时快速闪身避开对方进攻中线，充分运用移步的灵活性，调整与对手距离。

5. 交叉步——左交叉步和右交叉步

左交叉步：第一步，学生手持短兵器，保持中华剑道基本站立姿势——右腿在前，左腿在后，保持重心在下。第二步，右脚先向左移一步，然后左脚跟随右脚位移，注意步调幅度一致。

右交叉步：第一步，学生手持短兵器，保持中华剑道基本站立姿势——右腿在前，左腿在后，保持重心在下。第二步，左脚先向右移一步，然后右脚跟随左脚位移，注意步调幅度一致。注意，要区分交叉步与移步的区别，并在合适的时候灵活运用，交叉时避开对方进攻中线。

练习目的：配合组合攻击和防守，常用于格挡反击动作。

（二）防守反击型步法

1. 提步

第一步，学生手持短兵器，保持中华剑道基本站立姿势——右腿在前，左腿在后，保持重心在下。第二步，提步时腹部回收，前步迅速后踢，上身含胸前倾。

注意，提步时，动作要迅速。

练习目的：最大限度躲开对方攻击时为反击创造足够的空间。

2. 并步

第一步，学生手持短兵器，保持中华剑道基本站立姿势——右腿在前，左腿在后，保持重心在下。第二步，前脚迅速后撤向后脚靠拢。

练习的目的：更快地上步反击。

3. 跳步

第一步，学生手持短兵器，保持中华剑道基本站立姿势——右腿在前，左腿在后，保持重心在下。第二步，前后两脚依次向后起跳，注意速度要快，起跳时步伐轻盈，不追求高度，保持重心的稳定。

练习的目的：躲开对腹部和下肢的攻击，同时调整站位。

（三）进攻型步法——抢步

基础步法（羚羊跳步法、大滑步），抢步主要是把握进攻的时间和空间，上步、移步、大弓步以及后脚突然向前的跨步都称为抢步。

练习目的：抓住对方暴露点，完成出其不意的攻击，同时扰乱对手思维方式和行动，为组合击创造机会。

第五节　实战战术

一、实战教学的价值和目的

（一）实战教学的目的

自中国器械格斗摒弃“唯技击论”后，其发展已转向对概念内涵、外延及上位概念的深入探究与精确表述，呈现出更为严谨的特点。在战术实践上，应避免使用如“攻守进退”“斗智较力”等表述，以保持概念的精准与简练。中华剑道作为技艺，崇尚勇武，展现勇往直前之精神，这一点在武术用于军事的历史时期尤为显著。戚继光在《纪效新书·束伍篇》中特别强调：“谚曰‘艺高人胆大’，是艺高止可添壮有胆之人，非懦弱胆小之人苟熟一技而即胆大也。惟素负有胆之气，使其再加力大，丰伟、伶俐，而复习以武艺，此为锦上添花，又求之不可得者也。”他所倡导的“练胆”，旨在锤炼士卒无所畏惧、勇往直前的刚毅品质与积极作为的精神。即便是在古代，武术作为一项体育活动，其训练目标亦是如此。

因此，中华剑道课程教学的目标在于以下方面。

第一，通过系统化的训练与实践，提升学生在对抗中的技艺与勇气，增强其在实际对抗中的应变能力和对抗素质。课程强调将技术实战化，通过模拟真实对抗环境，使学生在压力下能够迅速、准确地作出反应，适应敌情变化。

第二，通过高频次的实践演练，学生能够获得直观且实际的对抗体验，进而培养出熟练的动作技巧和实用的对抗策略。在模拟的对抗训练中，学生面对各种对抗场景和对手，学会对抗、反击和防守，从而提升决策能力和反应速度。

第三，通过实战教学，学生能够提升灵活性和创新性。这两种实用特性的提升，让学生能够应对各种对抗情境或者压力环境。除了培养技巧和反应能力，学生还需掌握剑道技术，并将其应用于实际对抗中，同时也要与其他对抗技能相结合。要做到这些需要学生培养战术意识、制定对抗策略以及调整和配合战术动作。

第四，在中华剑道课程教学过程中，学生通过集体训练和对抗演练，增强集体荣誉感和团队意识，培养民族自信心和自豪感。

（二）实战教学的价值

中华剑道，作为一种以人的身体活动为核心的技艺，自古以来便兼具技击与健身的双重功能。在不同的历史背景下，这两种职能的侧重点或有所不同。然而，时至今日，武术的练习目的、训练内容和手段相较于古代已发生显著变化。当前，随着体育竞赛项目发展，所有的技术体系都经过提纯和优化，以竞技实战对抗为主要目标。这种转变不仅体现了武术器械格斗的现代化发展，也反映了人们对于身体锻炼和技能提升的综合需求。在中华剑道课程的实战教学中，学生的实战对抗能力、身体素质、责任感、文化传承以及美学修养等方面得到了全面提升。

第一，学生通过课程学习，能更好地掌握实战技能，制定正确的战术策略，并灵活运用技巧应对各级别竞赛，从而在实际对抗中提升自身能力。其次，中华剑道课程重视身体素质的提升，包括爆发力、速度、灵活性和耐力等多方面。有针对性的锻炼使学生能快速提升爆发力、加快速度、增强灵活性、培养耐力，使其在实战中更加灵活、敏捷，展现更高水平的剑道技巧，从而在实际对抗中发挥更为卓越的作用。

第二，集体训练和团队对抗演练有助于资源共享，同时也能促进学生之间技巧和经验的交流，促进团队间的互动、理解和支持，提高整个团队的对抗力和凝聚力，培养学生的集体荣誉感。这培养了协同作战的团队精神，为对抗中的团队合作提供强有力的支持。中华剑道课程还注重培养个体责任感和担当精神，要求学生在训练中挑战自我、超越自我，为实现个人和团队的共同目标而努力。这种责任感的培养体现在互相帮助团队成员学习剑道技法、制定战略方案以及对队内成员的照顾，这不仅体现在剑道训练中，也会在学生的生活和工作中得以延续。

第三，文化传承是中华剑道课程实战价值的又一重要方面。通过实战教学传承并保护中华剑道文化遗产，让更多人深入了解和感受其中的精髓。学生在交流切磋中相互启发、相互学习，推动剑道技术的发展和进步，培养出坚毅和谦虚的品格，体现出中国人独有的文化气质。心理素质的培养是中华剑道课程的另一关键点，通过持兵训练培养自律和坚韧的品质，增强自信心和毅力，从而更好地应对生活中的压力和困境。这种心理素质的增强不仅在剑道训练中发挥作用，也在个体的生活和工作中发挥着积极作用。

第四，注重培养自律和纪律性，要求学生遵守时间表、整理保养训练装备以及遵守道德规范和仪式礼仪。通过积极遵守这些要求，学生能够培养自律意识和纪律性，并将这种品质应用到生活的其他方面，形成一种积极向上的生活态度。同时，中华剑道课程也注重美学修养，强调剑道的美学价值，通过精准的动作、优美的技术和仪式化的仪态，培养学生对美的敏感度和审美眼光。这不仅使个体更具艺术修养，同时也有助于理解和欣赏中国传统文化的内涵与价值。

二、实战教学原则

（一）直观性的原则

中华剑道的直观性教学原则涉及多个方面，为实现教学目标，教师请自行采纳以下几项策略。

第一，讲解示范是基础。通过示范讲解，教师能直观地展示中华剑道的基本步伐、格挡及进攻技巧，显现这些动作在实际应用中的效果。此举不仅有助于学生更深入地掌握技术要领，同时也能在学生的脑海中构建所学动作的概念，从而更好地理解动作的结构与过程。

第二，信息化手段在教学过程中的重要作用。教师利用多媒体及视频等工具，详细解释和演示中华剑道技巧的内容与要点，使学生能够通过观察自身在视频中的表现来发现并修正错误，从而提高学习成效。

第三，教师在教学中注重理论与实践的有机结合。通过图表等手段对不同中华剑道技巧进行分类，构建完整的知识体系，使学生更好地理解各技巧特点及在实际运用中的巧妙之处。同时引导学生进行基本步法、格挡和进攻技术的反复练习，帮助学生掌握技术要领与技巧，提高整体技术水平，形成完整的动作体系，以便在实际战术中合理运用所学，积累宝贵的实战经验。

第四，教师在学生练习过程中需及时给予正向反馈。通过及时的反馈与指导，教师可指出学生存在的问题，帮助学生及时纠正错误，从而提高技术水平与训练效率。这种正向反馈既激发了学生的积极性，也使教学更有成效。

（二）启发性原则

中华剑道的启发性原则包括多个方面，旨在激发学生的兴趣、促使其自主思考、增进互动交流以及注重个性发展和实践性体验。

第一，激发学生的兴趣是中华剑道教学的基石。通过生动有趣的教学方式，如演示、讲解、示范等，教师能够吸引学生对中华剑道运动产生浓厚的兴趣。又如组织比赛、活动，这为学生提供了亲身体验中华剑道运动对抗性与技巧性的机会，增强了学生的实践能力，从而提高了学习的积极性和主动性，达到更好的教学效果。

第二，鼓励学生自主独立思考是培养学生思维深度和提升学习效果的重要环节。教师在中华剑道教学中应通过提问、引导等方式，培养学生独立思考动作的要点和难点的能力。这样的方法使学生在实践中发现和摸索正确答案，从而加深对所学知识的理解，同时也加深了对所学知识的记忆。

第三，与学生进行互动交流是提升教学效果的有效途径。教师应该积极与学生展开互动交流，了解学生对中华剑道运动的认识程度以及对当前课程的体验和学习需求。通过及时的互动，教师能够及时发现和纠正教学中存在的问题，从而提升整体课堂教学效果。

第四，注重学生的个性发展是能够考虑到每个学生独特需求的重要原则。在中华剑道教学中，教师应该根据学生的不同特点，采用差异化的教学模式和练习方法，以促进每位学生的个性发展。这种关注个性的教学方式有助于满足学生的个性需求，提高学习的个性化水平。

第五，重视学生的实践性体验是确保学生真正掌握中华剑道技能的重要手段。教师应该强调实践性，让学生在实践中学习、掌握、运用中华剑道技能。通过提供不同形式的比赛和训练机会，学生能够将所学技能付诸实践，进一步感受中华剑道运动带来的乐趣和成就感，从而更深刻地理解和应用所学知识。

因此，中华剑道的启发性原则通过激发兴趣、鼓励自主思考、互动交流和关注个性发展与实践性体验，为学生提供了一个更愉悦的学习环境，同时，学生在这样的环境中学习也更富有成效。这种教学方式有助于培养学生更加全面的能力，使学生在中华剑道的学习过程中更为主动和深入。

（三）循序渐进原则

《手臂录》中记载，如“且传一法，练未熟，不教第二，第二法未熟，不教第三，半载中所学不多”，古代兵器习练案例中，前人注重基础与规则的打磨，逐步精进技艺，达到熟练自如的境地。这种正宗、深厚、熟练的技能掌握，使技艺臻于完美，实现“由术至道”的至高境界，最终升华至“技进乎道”的卓越水平。中华剑道的循序渐进原则在教学过程中也起到了至关重要的作用，其核心思想是根据学生的实际情况，有序地展开学习内容，使学生能够逐步掌握每个技术要点，提高技能水平。这一原则的实现包括以下几个关键方面。

第一，基础动作训练。学生在开始阶段需要扎实地掌握中华剑道的基础动作，包括站立姿势、握剑方法、步法以及切换动作等。同时，掌握训练器械的正确使用方法也是基础训练中的重要内容，这为学生奠定坚实的基础，让后续的学习更为轻松。

第二，基本攻防技术训练。在基础动作的基础上，学生需要逐步学习中华剑道各项技术，包括攻击、防守和反击等。教师在这一阶段的任务是清晰讲解每个技术要点，引导学生先掌握单个技术动作，然后再学习组合动作。复杂的技术动作需要分解成多个简单的动作，通过逐一练习和组合，使学生逐渐学会完整的复杂技术动作。

第三，战术训练。在掌握了基础技术之后，学生需要学习如何根据对手的行为进行战术上的调整，包括反击、假动作、突破和控制等。在这个过程中，教师旨在培养学生的战术意识，使其明确战术目的，并能灵活运用技术来实现战术目标。

第四，实战训练。随着学生技能水平的提高，实战训练旨在检验学生的技能水平和战术应用能力。通过模拟不同对手情况，学生需要根据对手的特点制定相应的战术，并进行实际操作，锻炼战术动作的灵活性和应变能力。此外，也可以通过拓展训练范围、进行团队对抗和比赛训练，更全面地培养学生的对抗能力。

第五，综合训练。根据不同学生的身体状况进行有针对性的力量、耐力、协调性等方面的综合训练。这有助于学生更好地运用所学技术与战术，全面提高对抗能力。

总体而言，中华剑道教学的循序渐进原则是一种系统、科学的教学方法，能够确保学生在学习过程中全面而有序地提升自己的技能水平和对抗能力。

（四）理论联系实际原则

中国古代习练者追求“技进乎道”的并非个例。明人程宗猷所著的《耕余剩技》中，无论是少林棍，还是枪法、刀法，都不仅记述了有关的技术、理论，而且以相当完整的套路形式加以记录，书中图文并茂，是我们现在能看到的最早、最完整的对武术套路的记录，当时对此书即有高度评价。在《少林棍法阐宗・跋》中对程宗猷所传记的少林棍有如下的阐发：“夫事一也，有气理之殊。循理则批郄导窾，动奏玄机，而能以人制人。所谓得一毕万是也。”在此，我们讨论的“理”在兵器对抗中，指的是其内在的道理和法则，这与《辞海》中“理”字条的解释相符。跋者所言之道，实际上是一种规律性的认知，他以“批郄导窾”之语，巧妙地引用了庖丁解牛的典故。只有深入理解和遵循这些道理和法则，我们才能洞察更多的技巧，进而将其应用于实践之中，最终实现对这一理念的更深层次解读。中华剑道教学中的理论联系实践原则是为了确保理论知识与实践技能相辅相成，学生能够将书面知识转化为实际运用。实现这一原则的过程包括理论授课、实践操作和个性化教学等方面。

第一，理论授课是中华剑道教学的第一步。教师应详细讲解基本概念、工具使用规范、步法原理和战术策略等理论知识，使学生清晰了解中华剑道学习的基本要点。这有助于学生在课后进行自我复盘，提升对基础理论的熟悉程度。

第二，实践操作是理论联系实践原则的关键环节。在理论讲解过程中，教师应引导学生进行实战演练和操作练习，确保每个理论知识都有相应的实践对应。通过实际练习，学生能更准确地理解和运用所学理论知识，将其转化为实战竞技技巧。同时，在练习中，教师要及时发现学生操作中的错误，协助学生进行调整和改进。

第三，个性化教学要考虑到学生实战水平和偏好的差异。教师应根据学生的不同情况灵活调整教学方法，采用分组教学、学生相互指导和一对一教学等方式，确保每个学生都能在适应个性化实践过程中发现自身长处，让练习效果最大化，提升个体实力。

综上所述，理论联系实践原则在中华剑道课程中扮演着重要的角色。教师和学生共同注重理论知识和实践技能的重要性，让学生能够更有效地掌握搏击技能。只有理论和实践相结合，学生才能将书面知识成功应用于实际操作中，发掘个人潜力，提高专业技能和操作能力。通过这种结合，学生能够获得更深刻、全面的知识，也能更好地完成训练任务和积累经验。

（五）因材施教原则

中华剑道教学中的因材施教原则是一项重要的指导理念，旨在根据学生的个体差异制定差异化的教学计划，以达到最佳的教学效果。在实施这一原则时，教师需要考虑学生的身体素质和技能水平、学习目标和潜力、教学环境和资源以及个性和兴趣等方面。通过精心设计教学方案，可以更好地满足学生的学习需求，提高学习兴趣和动力，提升整体的教学效率。

第一，学生的身体素质和技能水平是因材施教原则的重要考量因素之一。教师应根据学生的身体素质和技能水平的强弱之差，制定个性化的教学计划。例如，对于身体相对较弱或移动速度较慢的学生，可以提出相应的修改方案，通过差异化的训练方式，学生能够扬长避短，实现更全面的提升。

第二，了解学生的学习目标和潜力对于因材施教至关重要。教师需要深入了解学生的基本情况，准确评估学生在技能和潜力方面的优劣。基于这些信息，教师可以为不同学生量身定制中华剑道训练目标和练习方法，精准地指导实战方式和技巧的学习，帮助学生充分发挥个体潜力，达到最佳的学习训练效果。

第三，在教学环境和资源方面，因材施教要求教师根据学生的差异，选择适当的教学设备和开放的教学环境。教师应当循序渐进，为能力强弱不同的学生匹配相应的学习工具，以提升学生的理解能力和知识应用能力。选用与中华剑道相适应的场所，如安静的公园、武术馆或剑道训练场，有助于创造良好的学习氛围，提高学生的学习兴趣。

第四，考虑学生的个性和兴趣有助于更好地贯彻因材施教原则。教师可以采用不同的教学策略和方式，以更好地满足学生的学习需求。这不仅可以提高学生成绩，还有利于激发学生对中华剑道课程的学习热情和兴趣，促进学生的自主学习和自我发展。

所以，因材施教原则是中华剑道课程教学中的关键原则之一。它要求教师正确对待学生的差异性，制定个性化的教学计划，满足学生的学习需求，使每位学生都能获得适合自己的教学内容和训练方法。这有助于培养学生的自主学习能力、创新能力以及实战能力，为学生未来的发展和成长奠定坚实的基础。

（六）合理安排运动量的原则

合理安排运动量的原则是体育锻炼的基本原则之一，它在中华剑道的日常训练中具有重要意义。这一原则主要包括以下方面。

第一，因人而异的个性化训练。在中华剑道训练中，个性化训练是确保训练者能够稳步提高实战水平、避免身体损伤和过度劳累的关键。首先，进行自我评估，了解关节功能、力量水平等身体状况，为后续训练提供基准。其次，制定阶段目标，根据自身需求设定每阶段的训练目标，以便有针对性地进行训练。最后，设置合理的训练内容，根据测试结果和阶段目标安排相应的训练动作、训练强度、训练量等，确保训练者在能力范围内获得最佳效果。

第二，循序渐进的分阶段安排。通过将训练划分为基础练习、技术提高、比赛备战等不同阶段，并逐步增加训练量和强度，中华剑道能够更好地适应训练和比赛的周期性。在赛前，通过不同强度的训练与休息，提升选手实战能力；在赛中，灵活运用招数与步法；在赛后，总结心得，为接下来的训练提供指导。分阶段安排有助于避免过度训练导致过度劳累或身体损伤，让训练事半功倍。

第三，劳逸结合的长期战略。劳逸结合的长期战略是确保中华剑道训练可持续发展的重要因素。明确训练目标，合理安排训练量和强度，使身体在休息和训练之间得以充分恢复。各种恢复方式，如拉伸、饮食补充、充足睡眠等，都应被纳入训练计划中。通过适当的休息与训练相结合，中华剑道训练者能够更好地提高体质，实现长期的训练与提升。

第四，机动调整的训练计划。中华剑道训练中，机动调整训练计划是确保训练者面对不同实际情况能够灵活应对的关键。训练强度应根据每个人的实际情况进行综合分析，确认是否需要提高训练要求以及确定提高的幅度大小。通过定期的自我感觉以及身体健康状况、项目成绩和生理指标的测定与综合评价，及时对训练计划进行调整，确保最高效的训练结果。这种灵活性有助于避免训练者出现劳累但水平未见提升，甚至受伤的情况，让中华剑道的赛事与训练效果事半功倍。

三、剑道法则

中华剑道，作为古代武术的瑰宝，其战术应用博大精深。历代武术大家皆有不同阴阳虚实的格斗理念与观点，共同铸就了中华剑道的独特风格。庄子所言阴阳是指双方“斗力”中的变化，而在越女的“手战之道”中，阴阳则是一种“道”的存在，并在“阴阳”概念的基础上推绎出了诸如开与闭、内与外、形与神等属于手战之道的一系列范畴。

故而，在剑术实战中，为了体现核心原则与特色技法，形成了九大对抗法则。这些法则不仅体现了信、廉、仁、勇等中华优秀品质，更是融入了戚继光等武学大家的智慧。中华剑道的战术应用，主要围绕进攻、防守、绕攻、连续攻击、突袭、诱导式和拖延战术等九个方面展开。

傅玄在《矛俞》中写道：“进退疾鹰鹞，龙战而豹起”，这是描述其挥舞矛的动作是相当矫健的；接着又说，“如乱不可乱，动作顺其理，离合有统纪”，这显然是作者对矛舞的评论———动作尽管离合多变，但必须符合其规范要求。傅玄在另一首《剑俞》中写道：“剑为短兵，其势险危。疾喻飞电，回旋应规。武节齐声，或合或离！”。该在实战中按照相应的规则进行竞赛。

同样地，在实际对抗中，学生需根据对手的特点和战斗环境，灵活选择相应的战术技巧，以达到最佳的实战效果。以下这九大法则不仅是对古代兵器格斗的继承和发展，更是对传统武术文化的传承与弘扬。

第一法则　战前准备：热身拉伸，稳中求细，沉心静气，随时应战。

第二法则　应战姿势：短兵相接，直面对手，剑锋相对，灵活应变。

第三法则　安全要义：出兵击刺，勿拼蛮力，薄弱环节，务必防护。

第四法则　实战策略：严守中线，攻防兼备，敏捷闪避，戒痴戒钝。

第五法则　追击秘诀：迅速逼近，果断出击，精准击刺，一击即中。

第六法则　剑道精神：敬重对手，心如止水。上风不骄，落后不馁。

第七法则　炼技修身：尊师重道，领悟师言，剑技于勤，不进则退。

第八法则　由战养心：知己知彼，敌我熟谙。傲者难成，反求诸己。

第九法则　胜负观念：实战对抗，享受过程，胜负无常，勿忧勿怨。

四、战术解析

战术，即中华剑道实战过程中的指导原则与方法，旨在为竞赛提供合理且有效的技术部署与指导。各种竞技体育项目均具有独特的战术体系，中华剑道亦然。在中华剑道实战中，战术选择具有举足轻重的地位，涉及进攻、防守等诸多方面。这对于提升竞技能力至关重要。如《庄子·说剑》篇中记，用剑之道当是“示之以虚，开之以利，后之以发，先之以至”。在战术训练过程中，需高度重视进攻战术、防守战术以及防守反击战术的应用。

这些战术观念和原则不仅适用于中华剑道，而且在拳击比赛和其他武术格斗体系中也有着显著成效。我国古代武学典籍中包含众多与武术相关的战术思想，为中华剑道实战提供了借鉴与指导。《吴越春秋》中那段越女关于“手战之道”的著名论述，她提出剑技之道“其道甚微而易，其意甚幽而深。道有门户，亦有阴阳。开门闭户，阴衰阳兴。凡手战之道，内实精神，外示安仪，见之似好妇，夺之似惧虎，布形候气，与神俱往，杳之若日，偏如腾兔，追形逐影，光若仿佛，呼吸往来，不及法禁，纵横逆顺，直复不闻”。该论提出了诸如开闭、内外、形神等一系列理论范畴，不少表述当是传统武术理论中的经典性名言，至今为人所称道。

《剑经》中推崇备至的“后人发，先人至”这一理念，实际上在先秦时期的《庄子·说剑》中已有体现：“示之以虚，开之以利，后之以发，先之以至”。这两者的思想是一脉相承的。此外，即便在当今的一些传统棍法中，我们依然可以发现它们融合了剑技特色的痕迹，如西北鞭杆。因此，在中华剑道实战中，以长攻短、诱敌深入、防守反击、连续作战、突袭技法皆是实战的关键战术。战术选择对进攻与防守等多方面具有重大影响，对提升竞技能力至关重要。进攻战术、防守战术以及防守反击等的训练与应用，对于提升战斗实力具有显著成效。这种思想对中国人对武术的理解产生了深远影响，使中国武术在技术上更加注重以“巧”制胜，即强调技巧的运用而非单纯的体力。例如，吴殳曾指出：“力斗，虚实全无，动即犯硬”“气力愤发，殆同牛斗”，这表现了他对单纯体力斗争的鄙视，他追求的不是体力斗争而是比试时的风度与技巧。由此可见，中国古人在技术上的追求远超过对体能的重视，这也进一步塑造了中国武术的独特技术特点。

（一）上虚下实

孙子兵法云：“兵者，诡道也。故能而示之不能，用而示之不用。”由此观之，技击之术亦融入兵法虚实之策。在中华剑道的实践中，“上虚下实”战术乃常见策略，与“声东击西”之手法相通，均为以假象惑敌，诱其误判，然后乘隙突击。此技击之理源于兵法，于剑道中则要求剑者先以动作吸引敌上半身，制造将发的态势，继而瞬间转移攻击至敌下盘。此过程尽显剑法的阴阳开合之变，如门户之启闭，需以身法灵动相配合。此战术以敌上半身虚实变幻为基，意在制造敌判断的纷扰，从而迅速以精准的攻击直指敌的下半身。孙子兵法中又论：“夫兵形象水，水之形，避高而趋下；兵之形，避实而击虚。”，“虚”就是“空”，与“实”相对，在《辞海》中对“虚实” 一词的解释的第一个义项就是“或虚或实，多指军情”。在中华剑道中运用“上惊下取”之战术，不仅体现了灵活机动的行动策略，更彰显了剑法的开合变化之妙，为夺取进攻之先机提供了独到的手段。

“上虚下实”战术的优势在于其能够迅速制造对手判断的混乱，通过上半身的虚实变化引导对方关注点，然后在瞬间转向对方下半身，实现有效的攻击。这种战术变化不仅需要剑法的灵活运用，还要求身法的敏捷和稳定，以确保战术能够高效实施。

战术训练的关键在于注重身法的灵活性，特别是上半身的虚实变化和快速攻击的技能。训练者需要熟练掌握“声东击西”的技巧，并通过反复演练在不同情境下灵活运用

"上虚下实"战术。《手臂录·审势篇》中说："两龙相当，先审其强弱虚实。施之以强，以观其弱；施之以弱，以观其强……法曰：'审敌之虚实而趋其危。'"故而，也需要培养训练者对敌情的敏感度，以便能够迅速做出正确的决策：第一，在开局时运用该战术能够出其不意地获取开局的优势，尤其是当大多数对手更注重上半身进攻而疏于下盘防守时。第二，在攻击前，迅速准确地定位对手下盘位置，并保持自身重心稳定，这是实施快速进攻的关键。同时，要时刻注意对方的突袭，保持高度的注意力集中。第三，在进攻过程中，除了将全身重心下移外，也可以保持直立状态，但需要将手臂伸直以便快速制敌。然而，在攻击后则需要迅速后撤，容易重心不稳而陷入被动，因此不建议在进攻时一直保持直立状态。

（二）闪惊巧取

明代抗倭寇英雄戚继光在《纪效新书·拳经捷要篇》中明确记录了这一战术："一霎步随机应变，左右腿冲敌连珠，凭伊势固手风雷，怎当我闪惊巧取。"同时，明代唐顺之在《武编·拳》中论述徒手格斗的要领时说："作势之时，有虚有实。所谓惊法者，虚；所谓'取'法者，实也。似惊而实取，似取而实惊。虚实之用，妙存乎人。""闪惊巧取"指的是以捉摸不定的招式惊动对手，使其做出错误的判断，从而达成易于得手的进攻目标。其要义在于"出其不意，攻其不备"，强调了中华传统武术中"唯快不破"的道理。这战术如同越女剑所讲："杳之若日，偏如腾兔；追形逐影，光若仿佛。"这表达了日光在恍惚间突然消失的境界，让人难以捕捉，仿佛新的一天即将开始。这景象可用于形容"闪"与移动的理念。变幻莫测的日光与奔跑的兔子，强调瞬息莫测，幻化万千的特点。

唐顺之所说的"惊"就是惊扰对方，做试探性的进攻，攻防两便；"取"则是强有力的打击。有虚有实，审时度势，根据情况变化而变化，若只虚不实，就难以取得实效；若只实不虚，也就难免因一时进攻的失败而变主动为被动，陷入困境。"闪惊巧取"战术的优势在于两个方面。其一，创造攻击空间。通过巧妙地闪身躲避敌手之攻击，可在瞬息之间制造出有利空间，使己方行动更为灵活多变，攻击更为犀利。此空间或为反击之良机，或为躲避之场所，或为制造更多攻击机会之关键。其二，扰乱敌方节奏。闪身躲避不仅能够规避敌手攻击，更可打乱敌方战斗节奏，使其失去平衡或短暂停顿。利用此机会，我方可迅速发动反击，或实施更为精准有效之攻击。

战术训练的首要任务就是通过假动作迷惑对手。佯装持续性进攻，使对手专注于防守假动作，同时观察其在消极防守时的破绽。在对手放松警惕时，出其不意攻击其破绽，进行有效攻击。其次，确保对方无法进行防守反击，需判断进攻时机，在对方无法防守时突然进攻。最后，在观察对方破绽时，有两要义：对技术动作百般练习，对战术胸有成竹，实践前需在脑中模拟，确保不会乱方寸；灵活应变，局势瞬息万变，需具备反应能力，不可僵硬套用战术，避免无法灵活应用。

（三）长刁冷抽

"长刁"指的是庄子所说"先之以至"的观点，在难以击中对手时，运用超长手法进行攻击；"冷抽"则是在对方恍惚之际，突然发动招式进行击打。这种战术的运用，能够先声夺人，吸引对方的注意，扰乱其意志，为组织有效进攻奠定基础。同时，"长刁冷抽"

战术既能够控制、威胁并封锁对手于圈外，又能够突破对方的防线，拆解其防守。在这种战术中，习练者的行动不受距离的限制，而是利用超长距离达到出其不意的效果。武术文化中，有时过于注重谦让，缺乏必要的激烈争斗与对抗。这主要体现在对点到为止的过分强调，以及对技巧而非力量的过度注重。该战术强调的是越女论剑中所言："呼吸往来，不及法禁。纵横逆顺，直复不闻。"这揭示了实战中要纵横、顺逆、往来无拘无束的战斗思想，这一理念在"长刁冷抽"战术中得到了充分体现。

《孙子兵法·军争篇》论述："军争之难者，以迂为直，以患为利。故迂其途，而诱之以利，后人发，先人至。此知迂直之计也。""以患为利"，就是化不利为有利；"诱之以利"，就是以虚假的小利来引诱对方，这样就能通过迂回曲折的途径达到近且直的目的。比对方后开始行动，却比对方先到达目的地。

"长刁冷抽"战术优势体现在以下三个方面：第一，出色的对手控制能力。长刁手法精妙，能够有效地限制对手的行动范围，使其难以实施反击或迅速转移。这种控制力为冷抽战术的实施创造了有利条件，从而提高了攻击的成功率。第二，强大的心理压制效果。长刁冷抽战术通过精准而果断的动作，先声夺人，使对手在心理上产生压力，从而破坏其战术节奏和信心。这种心理压制作用能够削弱对手的抵抗力，使其难以组织有效的反击。第三，战术组合灵活多变。长刁与冷抽两种战术的有机结合，使得整个战术体系更加灵活多变。这种灵活性使得战术能够适应不同的对抗环境和对手特点，从而发挥最大的战斗效能。

该战术训练要义明确提出了两种战术技巧——"长刁"与"冷抽"。"长刁"作为一种技术，其核心在于习练者对于身法和手法的深入掌握，以及在实战中保持清晰的头脑，精准地观察和计算攻击距离。其技术实施的关键在于，当对方发动进攻时，习练者需迅速做出反应，采取提步反击的策略。具体来说，就是要在对方攻击的瞬间，提起一脚，身体自然前倾，双手展开，巧妙地避开对方的攻击，同时迅速向对方的肩部或头部发起迅猛的剑击。为达到最佳的攻击效果，习练者需在日常训练中加强对平衡与柔韧度的锻炼。这样，在实战中，当习练者握剑柄在离末端三分之一处时，不仅可以延长攻击距离，还能更加迅速且精准地击中对方，确保每一次攻击都能命中目标。而"冷抽"则是一种更注重心理战术和时机把握的技巧。习练者需要精准地控制自身的精神状态，并时刻关注敌方的动态，以达到在实战中与敌人进行心理较量的目的。其核心策略在于与敌人进行持久的纠缠，等待对方在精神和心理上产生疲惫和松懈的瞬间，然后突然发动进攻，使对手措手不及。在实战中，习练者可以利用绕步、左右击刺等手法，使对手难以判断真实的攻击方向，从而扰乱其心理防线。此外，还可以通过突然向对方眼睛发起攻击，使其心神恍惚，然后迅速采取横劈竖斩等技术动作，实现进攻得分。在实施"冷抽"战术时，习练者需要时刻保持"笑里藏刀"的心态，这既是对敌方的一种心理压迫，也是对自身情绪控制的一种要求。因此，在日常训练中，训练赛的设置应尽可能还原实战环境，以便习练者能在接近实战的环境中磨炼意志，提升战术技巧的运用能力。

（四）见缝插针

"见缝插针"属于"刺"的范畴，指的是利用短兵器前端，在恰当的时机和缝隙进行直线攻击。刺击时，身体侧身前倾，手臂伸直，快速有力地给对方造成打击。在短兵器格斗中，选手需要熟练运用关键要素，如腕力、移动、距离感、反应能力、命中率等，并将它们巧妙地综合运用于实战之中。其中，“见缝插针”策略要求选手能够准确捕捉对手的漏洞并迅速发动进攻，这意味着他们必须充分利用一切可利用的空间和时间，也就是我们常说的节奏。在短兵器领域，这一理念体现为一旦发现对手的防守空隙，立即采取果断进攻。这种战术被认为是最为有效且难以防范的进攻手段之一，这种战术不是主张“以硬犯硬”的牛斗，而是如《剑经》中所说的要讲究阴阳之变，“顺人之势，借人之力”。正如俞大猷在他的棍术理论中提出的“旧力略过，新力未发”及“刚在他力前，柔乘他力后，彼忙我静待，知拍任君斗”的“拍位”理论。

“见缝插针”战术的优势在于，它专注于攻击对方破绽，并借助速度和力量进行攻击，因此是最难防守的战术之一。若能在掌握该战术动作要领的基础上，再搭配“闪惊巧取”战术，在快速攻击中不断进攻对方破绽，将能在很大程度上取得优势，使自己处于上风。

在“见缝插针”战术训练中，应注意以下要点。①掌握正确的攻击距离。过近或过远的攻击距离都无法达到预期效果，因此，在日常训练中需要注意对距离感的把握练习。选择合适的攻击距离是该战术的基础。②严格运用正确的攻击招式。在确保攻击距离的前提下，必须准确地抓住时机，迅速实施刺击，才能充分发挥该战术的效力。因此，需要特别注重体能的储备，确保在激烈的战斗中，技术动作不会因为体能消耗过大而变形。③注意掌握击打力度的练习。无论是过轻还是过重的击打力度都无法将该战术发挥到最佳水平。④重视步伐移动的训练。灵活迅速地调整步伐，随时进退自如，是确保在进攻的同时进行快速防守的重要手段。

（五）强攻硬取

“强攻硬取”涵盖多种进攻技巧，包括组合扫、劈、撩、格挡等手段。通过发挥自身优势来攻击对手的弱点，进而以快速强力的动作攻击对手，获得突破的攻击方式，并在突破防线后进行连续而猛烈的进攻。强攻硬取并非简单的蛮干，这是一种干脆利落、有效得分的竞技技巧，但依然需要高度的观察力和洞察力来对付对手的防守。通过迅速发动强攻，使对手难以抵挡，从而取得优势。

采用强攻硬取战术时，能以极快的速度和精准的技巧执行扫、劈、撩等动作，使对手难以预测和规避，从而迫使对手失分。这种战术的优势在于其突然性和高效性，能够在短时间内迅速得分，提升比赛胜率。

在进行战术训练时，强攻硬取是一项至关重要的技能。要想成功运用此战术，平时的耐力训练至关重要。只有在体能储备超越对手、身体素质出众的基础上，才能发动猛烈攻击，使对手措手不及。同时，灵活运用各种招式组合也是关键。强攻硬取的战术手段多样，可以单独使用某一技能，也可以将多种招式组合起来运用。只要能够有效突破对方的防御，并全力发动进攻，便能够取得理想的效果。需要注意的是，强攻硬取并非简单的直线冲击，它要求进攻者具备敏锐的观察力，能够捕捉到防守者的破绽，并在其无法有效抵挡时迅速发动进攻。此外，强攻硬取战术的运用并非适用于所有情况，需要根据对手的特点进行灵活调整。当对手近战能力较弱、耐力不足、技术全面但比赛经验不足，或心理素质较差时，运用强攻硬取战术往往会更加有效。因此，在进行战术训练时，我们需要全面考虑各种因素，不断提升自己的体能和技能水平，才能在比赛中灵活运用强攻硬取战术，取得优异的成绩。

（六）移步换形

“移步换形”对于步法有着特定的要求。步法需要轻巧、自然、灵活，并能在战术和突发情况下迅速作出调整。这种步法应具备节奏变化和欺骗性，同时，对步幅和距离感的掌握也至关重要，以便能够迅速、准确地避让和发动进攻。在越女论剑中，剑法的应用被赋予了极高的自由度。无论在任何场合，剑法都应能灵活应对，充分发挥习练者的潜能。攻防、进退的转换必须能够随敌方的变化而变化。防守时，必须随时准备由防守转为进攻，因为过度的防守会错失许多有利的进攻机会。同样，进攻时也应随时准备转为防守，因为只攻不守可能因对方的变化而在瞬间由主动转为被动。其中，“移步换形”主要体现在步法和身法的灵活转变上。而“致人而不致于人”则强调通过灵活的步法调动，实现全方位的快速移动以发起攻击。在中华剑道中，步法不仅是训练的基础，更是攻防技术的核心要素和纽带。

移步换形战术的优势在于其多样性和不可预测性。通过变换步法，击剑手可以迅速适应对手的动作，制造出对手难以预测的攻击机会。步法的欺骗性变化降低了对手判断的准确度，同时有助于保持合适的距离，更好地掌握比赛节奏。

在“移步换形”战术训练中，需要注重步法的轻盈、自然，动作的迅速转换，以及节奏的多变和欺骗性。同时，需要培养对距离的敏感度和反应速度。在实际对抗中，应用移步换形战术，不断深化对战术应用的理解。步法训练可分为以下几类：①主动意识的步法行为，利用前后移动转换干扰对手思路，并突然发动进攻；②化被动为主动的步法行为，主动拉开与对手的距离，再迎上对手进行有效的防守或截击；③后发先至的步法行为，扼制对方的进攻，迅速发动攻击，具有隐蔽性和欺骗性；④有效防守的步法行为，结合灵活的步法，使防守更合理，能够在避免对手进攻的同时进行反击；⑤距离控制的步法行为，根据距离的不同进行前后移动，迷惑对手，要求快速、灵活的移动，配合手上动作。

（七）无中生有

在中华剑道中，无中生有的战术理念被视为运用假象以迷惑对手。这并非完全虚构，而是通过使对手将虚幻视为现实来实现。在短兵战术中，这一理念体现在对上述战术的娴熟运用。通过组合和变换，达到一生二、二生三的效果，在实战中实现组合和灵活应变。

该战术呈现出多样化的形式，包括基础招式的进攻以及上述战术的组合。主要目的在于充分发挥参与者的身体优势，从各个角度和方向全面捕捉战机进行进攻。战术的灵活多变性使对手难以预测我方的攻击方式，通过控制动作的力量和攻击时机，实现无中生有的战术，增加对手的困扰。总体而言，这种多样且灵活的战术适用于比赛的全程，但前提是对基本战术有深入的理解和实战应用。

该战术的优势在于以下两方面。①全方位发动攻击战术允许参与者充分发挥身体优势，实现全方位、多角度的攻击，使对手难以应对。这种优势在于能够从各个方向捕捉战机，增加获胜的可能性。②增加对手预测难度。对手难以准确预测我方的攻击方式，因为战术的灵活多变性使对手在实战中难以提前了解我方的下一步动作，从而形成对我方有利的局面。

在训练过程中，首先应注重内外关系与精神统一。借鉴越女论剑的观点，战术应注重内外关系，精神与肉体的统一。精神内实，外表安仪。形、气、神三者需协调，以神为统帅。只有在精神与肉体高度统一的情况下，人剑合一，招式灵动如龙。其次是各种战术的综合运用。在练习过程中，需将各种战术相结合，注重进攻时招式的变化与组合。只有如此，才能在实战中达到人剑合一的境界，最终达到庄子论剑所描述的最高境界："直之无前，举之无上，案之无下，运之无旁。上决浮云，下绝地纪。"

第六节　心理训练

中华剑道竞赛实战的心理训练是一个多层次、复杂且至关重要的过程。为确保运动员在竞技场上发挥最佳水平，需经历一系列心理训练环节。中华剑道竞赛与实战心理训练涵盖正确竞赛意识建立、积极面对恐惧与压力、竞赛计划制定、积极自我形象培养以及放松与呼吸练习等多环节。有机结合这些环节，将有助于运动员在竞技场上充分发挥实战水平。实际操作中，建议根据运动员实际情况和需求灵活调整。

第一，树立正确的竞赛意识至关重要。运动员需认识到竞赛不仅是一种竞技，更是提升自身能力的大好时机。将竞争视为机会而非敌意，有助于培养积极竞赛心态。在此过程中，以尊重他人努力与成就为基础，通过与其他参与者竞争，激发运动员更好的表现。

第二，运动员需积极应对竞赛中的恐惧与压力。理解恐惧情绪的正常性，并将压力视为提升动力与专注力的机会，是培养健康竞赛心态的关键。建议运动员通过模拟竞赛场景，训练在高压环境下保持冷静、调整呼吸以及作出有效决策的能力，从而锻炼应对压力的技巧。

第三，竞赛计划的制定也是不可或缺的一环。包括选择参加何种竞赛、如何准备竞赛以及在比赛期间如何调整心理状态等。充分准备，包括技术、战术及体能训练，使运动员更有信心迎接比赛，降低焦虑与压力感。设定实际可达的竞赛目标，并将大目标分解为小目标，有助于逐步实现成功。

第四，培养积极自我形象同样重要。运动员应相信自己能战胜对手，同时认识到竞赛结果并非唯一重要因素。关注并享受过程与个人成长，而非过度关注结果，有助于建立更积极的竞赛心态。接受失败并从中学习，将失败视为学习与成长机会，有助于持续改进表现。

第五，放松与呼吸练习是应对竞赛压力的重要方法。深呼吸、渐进性肌肉松弛、冥想、颓然放松法以及呼吸计数法等，均有助于运动员在紧张竞赛环境中保持冷静与专注。这些练习目的在于教会运动员控制情绪，提高抗压能力。

第七节 训练计划

一、周期划分

中华剑道的训练周期是根据训练目标、运动员个人状况以及赛事特点来规划的。这一划分并非固定不变，而是需根据运动员的实际状况和训练进度进行适时调整与优化。同时，训练周期的设立也需与其他训练计划和手段相互协调，构建成一个完整的训练体系。制定个性化训练计划至关重要，唯有因材施教，方能最大限度发挥运动员潜力，助力学生在赛场上实现梦想，崭露头角。

第一阶段，初级训练周期。中华剑道初级训练周期通常为6个月至1年，适用于初次接触该领域的运动员。训练目标为奠定基本功和提升身体素质。在此阶段，运动员将学习如短兵礼仪、基本步法、大弓步直刺等基本动作，并开展体能训练，如匀速跑、俯卧撑和仰卧起坐等。这将为实现坚实技术基础和身体素质奠定基础。

第二阶段，中级训练周期。中级训练周期一般为1年至2年，适用于已具备一定中华剑道训练基础的运动员。此阶段重点在于提升技术水平，需加强专项体能训练，练习组合招式，并开展实战练习。通过组合招式练习和实战演练，运动员逐渐形成独特打法，为更高水平比赛做好准备。

第三阶段，高级训练周期。高级训练周期通常为2年以上，适用于已在中华剑道领域具备一定训练基础和实战经验的运动员。本阶段主要目标是进一步提升技术水平，并培养运动员的战术意识。除保持高强度体能训练外，还需加强战术训练和实战训练，为个人水平提升奠定坚实基础，备战未来比赛。

第四阶段，参赛前训练周期。比赛前训练周期通常为比赛前2个月左右，适用于参加中华剑道比赛的运动员。此阶段主要通过专项技术、体能和战术训练，针对比赛和对手进行有针对性的准备。实战模拟演练将更加密集，旨在帮助运动员更好地应对对手。除技术和战术训练外，提升心理素质亦为关键，包括增强自信心、集中注意力和提高赛场应变能力等，确保运动员在赛场上发挥最佳状态。

二、计划制订

中华剑道课程教学的周期性训练计划应依据学生实际状况与目标来制订。以下为主要步骤。

第一，确定目标。确定短期和长期的训练目标，短期先要培养必要的兴趣，了解中华剑道的精神与文化内涵，掌握其基础动作；长期目标提高基本身体素质，尤其是身体的抗击打能力，身体运动的一般力量、速度与灵活性等。随着中华剑道技术的深入练习，掌握其中的动作要领，身体位置、手足举动都要合乎要求，提高力量、速度、耐力等。

第二，分析现有能力。此环节是中华剑道课程训练计划制定中至关重要的一步，通过对队员的实战技术和体能进行全面评估，可以确定其现有能力的强项和改进空间。评估的内容可以包括技术水平的测试、身体素质的测量和综合性能的评估等。在评估技术水平时，可以通过观察队员在实战中的表现以及参与专业测试来确定其技术水平。这可以包括技巧、战术意识、身体协调性等方面的评估。

第三，制订训练计划。根据实战测试的结果，制订针对性的训练计划。确保在实施训练计划时，按照预定的时间表和内容进行训练，并充分考虑训练的适应性和可持续性。在安排中华剑道的训练内容时，要结合队员的实际情况和训练目标，关注队员的训练效果和身体状况，合理安排训练强度、容量和频率，并及时调整训练方案。此外，还需要注意训练的科学性和变化性，逐步提升训练难度和复杂度。

表格 1　训练目标

表格 2　训练内容

第四，实施训练计划。按照训练计划进行训练，确保训练的质量和数量都达到要求。对于训练或实战中出现的问题和困惑，要积极与教师进行交流和沟通，及时解决和调整。通过严格执行训练计划，我们要确保队员得到科学、系统、有效的训练，提高学生的竞技水平和综合素质。

第一周（表格）……第十六周

第五，监测进展。

定期评估队员的进展，根据需要进行调整和改进。这是一个重要的步骤，以确保队员能够达到最佳水平。技术评估和对抗赛成绩等。通过监测进展，教师可以了解队员在训练中的表现，并及时作出相应的调整和改进。

队员训练效果以及问题（表格）如何整改？

第六，中华剑道的训练恢复。

在中华剑道的训练过程中，要合理安排恢复和休息时间，避免过度训练和受伤。恢复和休息是训练过程中非常重要的因素。适当安排恢复时间和休息时间，保证充足的睡眠、补充营养补给、按摩放松等，可以帮助身体消除疲劳，预防和减少运动损伤的发生。

第七，评估和反馈。

在中华剑道课程教学中及时反馈在实战中遇到的问题，不断改进和优化训练计划。评估和反馈在队员训练中起着重要的作用。定期评估训练计划的效果，可以帮助教师和队员了解学生的技术水平情况。根据评估结果，可以及时调整和优化训练计划，以确保其达到预期的效果。需要注意的是，中华剑道课程教学的周期性训练计划应该因人而异，不能一成不变。同时，训练计划应该合理安排，确保训练的质量和效果，同时也应该注意队员的身心健康。

在评估方面，可以通过定期进行体能测试、技术测试以及实战模拟等方式来评估训练计划的效果。通过这些评估，可以及时了解队员的训练进展情况，并发现存在的问题。

在反馈方面，教师应该向运动员提供积极的反馈，包括对学生取得的进步和达到的目标给予肯定，同时也要指出存在的问题并提供改进意见。这种及时的反馈可以帮助运动员更好地调整学生的训练方法和技术，以取得更好的效果。

在优化训练计划方面，教师可以根据评估结果和反馈意见，不断改进和调整训练计划。比如，如果发现某个训练项目效果不明显，可以考虑替换或者调整训练内容。同时，还应该关注队员的身心健康，确保训练计划安排合理，不会对运动员造成过大压力或者伤害。

评估和反馈是中华剑道课程训练计划中必不可少的环节。通过定期评估训练计划的效果、及时反馈队员的进展和问题，并根据评估和反馈结果不断优化训练计划，可以帮助队员取得更好的训练效果和成绩。

三、集训示例

（一）训练理念与目标

中华剑道训练计划旨在全方位增强运动员的综合能力，涵盖力量、速度、敏捷性、柔韧性、爆发力和耐力等多个方面。通过科学系统的训练方法，使运动员在剑道技能和身体素质上得到实质性提升，以更好地应对实战中的各种挑战。

（二）训练计划详细说明

1. 星期一：力量训练日

（1）热身环节：运动员需进行 15 分钟的热身活动，可选择跑步或跳绳等有氧运动方式。

（2）上肢力量锻炼：进行卧推和引体向上训练，共 3 组，每组 8~12 次，以增强上肢肌肉力量。

（3）下肢力量锻炼：通过深蹲和弓步蹲训练，共 4 组，每组 10~15 次，以提升下肢肌肉力量。

（4）核心肌群锻炼：进行仰卧起坐和平板支撑训练，共 3 组，每组 15~20 次，以强化核心肌群稳定性。

（5）有氧训练：在椭圆机或踏步机上进行 20 分钟的有氧训练，以提高心肺功能和耐力。

（6）技术训练：专注于中华剑道步法的训练，包括进步、退步、左闪步、右闪步、跳步以及步法组合，并在实战中应用所学技巧。

（7）拉伸环节：进行全身拉伸训练，持续 10 分钟，以帮助肌肉恢复和放松。

2. 星期二：速度与敏捷性锻炼

（1）准备活动：以慢跑或快步行进行热身，持续 10 分钟。

（2）有氧运动：进行慢跑或快走，共计 40 分钟。

（3）反应速度锻炼：使用反应训练器，进行三组视觉与动作快速反应练习，每组 10 次。

（4）动作速度锻炼：实施快速脚步与剑术动作训练，共四组，每组持续 20 秒。

（5）技术训练：专注于中华剑道基本动作与组合的演练。涵盖进攻技术，如点、刺、横劈、竖劈等，并进行两两对抗与演练。同时，学习并实践格挡与防守技术，以及实战应用。

（6）柔韧性训练：进行腿部与臀部拉伸，共计 10 分钟；随后进行 15 分钟的瑜伽动作。

3. 星期三：实战模拟对抗或低强度活动

（1）热身：平板支撑或腹肌激活动作，5 分钟。

（2）有氧训练：进行仰卧起坐、俯卧撑、俄罗斯转体等核心训练动作，每个动作进行 3~4 组，每组 15 次，以提高心肺功能和核心力量。

（3）无氧训练：仰卧卷腹四组，每组 20 次；仰卧举腿四组，每组 20 次。

（4）技术训练：进行个人实战模拟演练，重点练习格挡反击基本技术，包括上格挡反击和左格挡反击。此外，还将进行车轮战对抗，以提高实战应对能力。

（5）低强度活动：进行轻松的技术动作练习，如十字八道的技术轨迹练习、进攻防守单体技术复习等，以巩固技能。

（6）拉伸环节：进行 10 分钟的核心部位拉伸，帮助肌肉恢复，防止训练后的肌肉酸痛。

4. 星期四：爆发力训练

（1）热身：进行 15 分钟的热身活动，可以选择慢跑或快走，以确保身体逐渐进入运动状态。

（2）垂直跳跃训练：主要通过深蹲跳跃来完成。请进行 4 组，每组 8 次，以逐渐提高腿部和核心肌群的爆发力。

（3）爆发力训练：此环节将涉及快速的剑术组合和冲刺练习。请完成 3 组，每组持续 15~20 秒，以挑战身体的极限并提高反应速度。

（4）技术训练：将复习和强化高爆发力的技术动作，如下格挡反击动作、中路防守反击等。同时，还将加强实战战术的训练，包括上惊下取、闪惊巧取和长刁冷抽等。训练结束后，将进行实战对抗，以检验所学技术的实战应用。

（5）有氧训练：椭圆机或踏步机，20 分钟，以提高心肺功能和耐力。

（6）拉伸：进行 10 分钟的全身拉伸，以帮助肌肉恢复和放松，防止运动伤害。全身拉伸，10 分钟。

5. 星期五：耐力训练

（1）热身：跑步，10 分钟。

（2）有氧耐力训练：长时间的慢跑或快走，30~40 分钟。

（3）无氧耐力训练：高强度间歇训练，冲刺和恢复的交替，4 组，每组 30 秒；硬拉五组，每组 15 次，高位下拉四组，每组 15 次。

（4）技术训练：进行中等强度的剑道技术训练，包括一对二和一对三实战对抗。这一环节旨在强化参与者的耐力和反应能力。

（5）柔韧性训练：拉伸和瑜伽动作，15 分钟。

6. 星期六：综合训练

（1）热身：全身热身，15 分钟。

（2）综合训练：结合速度、力量、爆发力和耐力的中等强度训练，包括剑道技术和整体身体素质的练习，60 分钟。

（3）技术训练：重点强化特定的中华剑道技术和战术。特别是抢攻技术动作反撩抢攻与移动训练，并安排小组实战对抗，以提高技术应用和战术理解能力。

（4）无氧训练：深蹲和俯卧撑，每个动作 3 组，每组 10 次；悬空举腿四组，每组

20次。

（5）有氧训练：户外徒步或骑行，45分钟。

（6）放松运动：全身拉伸，10分钟。

7.星期天：休息或低强度活动

在每周日的体能恢复与休闲活动中，运动员得以充分调整身心，储备力量，为接下来一周的严格训练奠定坚实基础。同时，应记录每次训练内容、强度和进展，与专业教练保持定期沟通，接受专业指导，对训练计划进行适时调整，以确保训练效果达到最佳状态。此外，观看对抗视频，自我反思，深入研究中华剑道理论，包括其功能与特点，以及基础素质、专项素质和心理素质训练方法等，从而全面提升个人技能与竞技水平。

在训练过程中，务必保持专注与耐心，循序渐进地增强自身运动能力。本周集训示例涵盖力量、速度、敏捷性、柔韧性、爆发力及耐力等多方面，旨在全面提升中华剑道运动员的综合素质，强化剑道技艺与实战能力。在实施训练时，需充分考虑个体差异与反馈机制，防止过度训练，确保运动员身心健康与技能提升。此外，建议定期与专业教练沟通交流，获取针对性指导，并根据实际情况调整训练计划。

第八节　恢复策略

一、赛前体能储备与调整

为确保运动员在比赛中发挥出最佳水平，需在赛前一周逐步调整训练强度，确保运动员有充足的休息时间，促进身体全面恢复。在比赛前夕，引入轻度有氧运动，如慢跑、游泳等，促进血液循环，提升肌肉弹性。同时，进行针对性的拉伸与步法练习，预防运动损伤，确保运动员以最佳状态迎接比赛。

二、赛中体能维持与补水营养

在激烈的比赛过程中，补水与营养摄入至关重要。运动员应定时饮水或运动饮料，维持体内水分与电解质平衡。赛后，及时摄入富含纤维素、维生素的蔬果等碱性食物，调节体内酸碱平衡，促进乳酸排出。利用比赛间隙进行轻度恢复性训练，如低强度步法移动、核心力量训练等，促进血液循环，缓解肌肉疲劳。同时，结合按摩与理疗手段，加速肌肉恢复，预防肌肉酸痛。

三、赛后体能恢复与调整

比赛结束后，保障运动员获得充足的休息与睡眠是体能恢复的关键。睡前放松思想，有助于提升睡眠质量。次日，进行轻度活动，如散步、低强度有氧运动等，促进血液循环，加速肌肉恢复。在比赛后的一周内，制定个性化的恢复性训练计划，包括有氧运动、核心力量训练及柔韧性训练，全面提升身体状态，预防肌肉僵硬。此外，提供均衡营养的饮食，确保碳水化合物、蔬菜、水果等摄入充足，同时增加高蛋白、低脂肪的肉类摄入，如牛肉、鸡肉、鱼肉等，满足运动员的能量与营养需求。

四、技术训练与提升

比赛结束后，及时回放比赛录像，全面评估运动员表现，识别技术上的不足与短板。根据评估结果，制定针对性的技术训练计划，强化关键技术与战术演练。按照训练计划进行系统的技术训练，包括基本动作练习、技巧提升及战术模拟等，全面提升运动员的技术水平与比赛能力。需要注意的是，上述方案应根据运动员个人体质差异与比赛需求进行灵活调整与优化，确保运动员在比赛中始终保持最佳状态。

第五章　竞赛实践篇

第一节　组织实施

一、管理机构

中华剑道赛事的组织管理机构承担全面赛事职责，以确保比赛的公正、公平、公开及安全，同时提升比赛的专业水平和观赏性。主要职责包括以下几个方面。

第一，在规则制定方面，赛事组委会组建规则制定小组，由资深教练、裁判及法律顾问构成，发布征求意见稿，组织专家研讨会，确保规则的科学性和合理性。

第二，在赛事组织和协调方面，赛事组委会成立赛事策划小组，与场馆方、安保公司、医疗单位等沟通协调，保障赛事顺利进行。

第三，管理机构负责运动员的报名与管理，设立报名官网，制定报名流程，审核选手资格，并建立选手信息库。同时，承担裁判员的培训与管理任务，赛事组委会设立裁判员选拔标准，定期举办裁判员培训班，并构建裁判员考核制度及信息库。

第四，赛事的宣传和报道亦为赛事组委会工作的重要环节，组委会制定宣传计划，制作赛事宣传片，邀请媒体进行现场报道，以扩大赛事影响力。为确保赛事的持续优化，组委会设立赛事评估小组，收集选手、观众和裁判员的反馈，不断优化赛事组织和管理工作。

二、裁判职责

裁判工作对比赛的顺利进行具有至关重要的作用。赛事组委会不仅组织裁判员进行规则培训，确保他们对规则的理解达成一致，还在比赛现场由主裁判向选手和观众宣布比赛规则及流程。赛事组委会组建专家团队制定详尽的评分标准和动作指导，并对裁判员进行标准培训。

在比赛中，裁判员依据比赛规则和评分标准进行判罚和计分，主裁判负责作出最终判决。为确保每场比赛在规定时间内完成，裁判员需严格遵守比赛时间。此外，他们还需负责记录比赛过程中的得分、判罚等信息，并在比赛结束后撰写比赛报告。

同时，裁判员之间的协作与沟通至关重要。赛事组委会在比赛前组织裁判员会议，讨论比赛规则及协作细节，确保在比赛中保持良好的沟通。裁判员还需具备应急处理能力，遇到选手受伤或其他突发情况时，能迅速采取措施，确保选手安全。

（一）总裁判长

（1）领导裁判人员学习竞赛规则、规程，讲解裁判法。

（2）负责裁判组的分工。

（3）根据比赛规程和规则的精神，解决竞赛中的有关问题，但无权修改竞赛的规程和规则。

（4）比赛中指导裁判组的工作，有权调动裁判员的工作。在裁判工作中有争议时，有权协同仲裁委员会作出最后决定。

（5）赛前组织裁判长检查落实场地、器材和有关裁判用具。

（二）裁判长

（1）组织裁判组的业务学习，落实有关事宜。

（2）检查比赛用具，审核签署记分表。

（3）比赛中，主裁判员与边裁判员的意见不一致时，可作最后决定。

（4）比赛中，对裁判员的工作进行监督检查，发现问题时，有权暂停比赛并进行处理。

（三）场上主裁判

（1）严格执行规则，公正裁判。

（2）检查场上运动员的护具和短兵，保证安全比赛。

（3）用口令和手势指挥运动员进行比赛。

（4）在出现击中情况时，无论击中是否有效，均须用口令和手势暂停比赛，作出判定后，宣布比赛继续。

（5）判定倒地、出界、犯规、消极、强制读秒、临场治疗等相关事宜。

（四）场上边裁判员

（1）比赛中出现击中情况时，用旗势协助场上主裁判员做出得分判定。

（2）协助主裁判员的工作，出现错判和漏判时，及时用旗势和手势向主裁判员示意。

（五）记录员

（1）根据场上主裁判员的裁决，准确的记录双方运动员的得分、罚分、犯规等事宜。

（2）一局比赛内犯规达 3 次者，取消比赛资格；一场比赛中总犯规次数累积达 5 次者，判负。出现以上情况，记录员应立即通知裁判长。

（3）比赛结束后，应及时整理比赛成绩，报告裁判长。

（六）示分员

根据场上主裁判员的裁决，及时、准确地操作记分设备，显示双方运动员的得分和罚分。

（七）计时员

准确掌握比赛时间，操作计时设备。

（八）编排记录组

（1）审核报名表，编排秩序册。

（2）负责各级别的运动员抽签，编排每场比赛秩序表。

（3）准备竞赛所需要的各种表格。

（4）登记和公布各场比赛成绩，排列竞赛名次。

（九）检录组

（1）比赛前20分钟开始点名，按规则要求检查运动员服装等事宜。

（2）负责称量运动员的体重。

（3）处理运动员赛前临时事宜，如有弃权者应及时报告裁判长及有关人员。

三、仲裁工作

中华剑道比赛的仲裁工作须秉持独立性与公正性原则，需高效处理争议，确保比赛顺利进行。其目的在于保障竞赛的公平、公正、透明，维护竞赛纪律和道德规范，保护运动员的合法权益，促进体育事业的健康发展。这包括比赛规则的制定和解释、比赛争议的裁决、处罚措施的实施、竞赛纪律和道德规范的维护、参赛资格的审核以及保障运动员权益等方面。

第一，仲裁机构负责制定和解释中华剑道比赛的规则，以确保比赛在公平、公正、透明的环境下进行。这需要规则的客观、公正，使各方能够遵循，并在比赛中充分发挥各自优势。

第二，仲裁机构在比赛过程中处理争议事件，迅速、公正地进行调查和核实，并根据事实和相关规定作出具有权威性和终局性的裁决。这样的裁决应受到各方的尊重和执行。

第三，仲裁机构还负责对违反比赛规则、纪律的行为制定和实施相应的处罚措施，包括警告、罚款、取消比赛成绩、禁赛等，以维护比赛的公平性和纪律性。

四、赛事文件

中华剑道对抗比赛的赛事文件主要包括以下几个方面。

第一，赛事名称和主办方信息，其中包括赛事名称、举办地点、时间等基本信息，以及主办方的联系方式，确保参赛者和观众能够准确获取赛事相关信息。

第二，参赛资格和报名要求，这部分明确参赛选手的资格限制、报名方式、报名截止时间等相关要求，以确保参赛选手符合资格并按时完成报名。接下来是比赛规则和裁判制度，详细阐述了比赛的规则、积分制度、裁判评分标准及裁判组成等内容，以确保比赛公平公正进行。

第三，比赛项目和分组安排，明确比赛的各个项目及参赛选手分组情况，确保比赛有序进行。

第四，比赛场地和装备要求，阐述比赛场地的布置要求、安全措施，以及参赛选手的装备要求，保障比赛顺利进行。

第五，奖项设置和颁奖方式，介绍比赛的奖项设置、奖金情况，以及颁奖时间和方式，以激励参赛选手并提升比赛吸引力。

此外，赛事文件还可能包括其他注意事项，如比赛当天的注意事项、紧急情况处理方式等，以确保比赛顺利进行。

五、报名工作

中华剑道赛事报名工作与其他体育赛事基本相同，主要分为组织填写报名表格、提供健康证明或体检报告、缴纳参赛费用和签署参赛声明几个步骤。

第一，需要组织填写报名表格并提供参赛运动员个人相关资料。表格中应包括参赛者的基本信息，如姓名、性别、年龄和联系方式等。此外，还需详细填写个人的中华剑道训练经历，如参加过的比赛和获得的奖项等。在表格中，参赛者需选择欲参加的项目，如单手组、双手组、演练组等（报名表格单独进行附件插入）。

第二，为确保参赛者的身体健康状况，需要参赛运动员提供健康证明或体检报告。鉴于中华剑道赛事中存在较为激烈的肢体冲突和器材碰撞，患有先天性心脏病、风湿性心脏病、高血压、脑血管疾病、心肌炎、严重心律失常、血糖不稳定的糖尿病患者等不得报名。

第三，通知参赛者缴纳参赛费用。这些费用将用于比赛的组织和运营，以确保比赛的顺利进行。

第四，告知参赛者需要签署参赛声明和承诺。在声明中，参赛者承诺遵守比赛规则和纪律，确保比赛公平、公正、有序进行。同时，参赛者还需承诺在比赛中尊重对手、裁判和观众，展现出良好的体育精神和道德风貌。

六、竞赛安排

关于中华剑道竞赛的安排及工作内容如下。

第一，在比赛正式开始前，将进行一系列准备工作。工作人员将组织参赛选手进行现场抽签，以确定比赛分组及对阵情况，保证比赛公平公正。抽签现场，选手将随机抽取签号，决定比赛分组。抽签过程公开透明，确保每位选手都享有公平机会。抽签结束后，选手根据所抽取签号进行初赛。

第二，初赛阶段，各小组内选手进行单循环赛，每位选手与其他选手进行一场比赛。小组内比赛依据积分高低决定晋级名额。初赛结束后，各小组积分最高选手晋级半决赛。或发放手卡，记录成绩、胜负场数等信息（期间负者将手卡交回编排长），凭手卡晋级至半决赛。

第三，半决赛选手面临更为激烈竞争，采用交叉对阵赛制，使每位选手都能展现实力。半决赛结束后，每个小组产生两名胜出选手，晋级决赛，争夺中华剑道比赛冠军。

第四，比赛过程中，如选手对流程或结果有异议，应在下一项活动开始前向裁判提出。若错过时机，将不再接受申诉。赛事组委会保留对竞赛规则的解释权，确保比赛公平顺利进行。

七、器材准备

中华剑道赛事工作人员提前就各项器材准备进行详细安排，并通知参赛运动员相关事宜，以确保比赛的顺利进行。参赛选手须遵循规定，使用经审定的比赛器材及个人装备，保障比赛品质及选手安全。以下是关于器材准备的详尽解读。

第一，比赛器材方面，选手应使用符合标准的剑道专用器材，包括剑、护具、靶子等。比赛专用剑要求安全性高、轻便、耐用，便于选手在比赛过程中充分发挥剑术技巧。同时，中华剑道比赛对剑的长度、重量等亦有严格规定，选手需按照规定选用适宜的兵器。

第二，个人装备方面，参赛选手需自备适合比赛的服装，以展现中华剑道传统文化及整体形象。服装包括武术服、统一的队服等。此外，选手须穿戴比赛指定品牌的全套护具，包括护头、护甲、护裆（护裙）、护手臂、护腿、护手等，以保障选手在比赛过程中的安全。

第三，还需准备辅助器材。裁判器材包括执裁旗帜、电子计时计分系统、电子显示屏、录像设备等，有助于确保比赛的公平、公正和高效。医疗器材方面，急救药箱、担架等设备为选手提供安全保障，确保在发生意外时能够迅速得到救治。

八、场地设置

中华剑道竞赛场地的保障与设置关乎比赛的安全、公平及观赏性。

第一，鉴于技术体系源自明代武学典籍，故选用“中字形”场地，以正方形为主，并兼容长方形，尺寸则根据长兵、短兵以及时空环境来确定。蓝色区域代表长兵竞赛场地，边长为 10 米；短兵场地则以红色边线标识，边长为 8 米。场地应选择宽敞、平整、无碍物的地点，并根据比赛规模及参赛人数进行适度调整，以满足比赛需求。

第二，妥善的场地布局有助于提升比赛的安全性和公平性，同时便于观众及裁判员观赏与判断。安全区域设定在比赛场地的 2 米范围内，颜色与比赛区主色调有所区别，起到醒目提示作用，确保运动员在比赛过程中避免因意外事故受伤。裁判区域位于比赛场地前侧正中央，裁判席面向两位选手，确保所有裁判员能清晰观察运动员动作，准确判断比赛状况。边裁区域则呈三角形分布在场地外安全区内，协助主裁判断比赛情况，以保证比赛的公平公正。教练员区域设在各运动员一侧的安全区外，为运动员提供必要的指导与鼓励。

九、奖励办法

中华剑道比赛的奖励制度全面贯彻公平、公正、公开的原则，旨在表彰优秀选手，激发竞技热情，提升赛事品质。通过多元化的奖项、奖金、奖品及荣誉体系，参赛者在奋斗拼搏之际，也能收获荣誉与实际利益。同时，赛事主办方不断深化与企业合作，为选手和赛事发展提供更广阔的平台。

第一，奖项设置根据比赛级别和规模，设立多元化的奖项，包括冠军、亚军、季军及优秀奖等，以表彰参赛者在中华剑道比赛中的杰出表现。同时颁发精美的奖杯和证书，彰显他们在比赛中的卓越成就。增设优秀组织奖、最佳表现奖、体育道德风尚奖、优秀裁判奖等特别奖项，以表彰为比赛作出突出贡献的个人和团队。所有获奖者都将获得媒体宣传和荣誉展示的机会，进一步提升个人和团队的知名度。

第二，奖金设置作为激发选手竞争力的激励机制，有助于提高比赛的观赏性和选手的参与度，使比赛更加激烈和精彩。社会性比赛部分大型中华剑道比赛设有奖金池，根据选手的比赛成绩和表现进行奖金分配。按照冠军、亚军和季军、优秀奖分配一定的奖金奖励，以激发选手的竞技热情。

第三，奖品奖励采取多样化的奖励措施，除奖金外，比赛还设有实物奖品，如奖杯、奖牌、纪念品、证书等，以表彰获奖选手的辛勤付出和卓越表现。实物奖品不仅具有纪念意义，还能进一步提升获奖选手的荣誉感。部分比赛还会为获奖选手提供额外的福利，如赞助商品、装备、培训课程等，让选手在比赛之余，还能收获更多实际利益。

荣誉称号则用于表彰杰出表现的特殊荣誉，高校类中华剑道比赛设有荣誉称号，如最佳技术奖、最佳表现奖等，以表彰选手在比赛中的优异表现。荣誉称号不仅是对选手的表彰，也是对他们努力拼搏的肯定。获得荣誉称号的选手还可能获得高级赛事级别的运动员等级评定资格和项目段位等级认定，为他们的职业生涯增添光彩。

第四，奖品赞助方面，赞助商可能会提供特定的奖品或福利，如赞助商品、装备、培训课程等，作为比赛奖励的一部分。奖品赞助有助于提升比赛的吸引力和影响力，扩大赛事品牌知名度。赛事主办方与赞助商的合作，也能为参赛者带来更多优质资源和优惠待遇，进一步丰富比赛的价值。

注：竞赛组织实施流程图扫描二维码附件即可。

第二节　竞赛规则

中华剑道竞赛规则延用《健公中国短兵竞赛规则》附件一“2018 年中国短兵竞赛规则”。该竞赛规则修订是基于在广州健公书院举行的三届“健公中国短兵规则研讨会”上所取得的共识，2023 年上海对外经贸大学国术短兵俱乐部根据竞赛技术体系单一、对规则细节与裁判法进一步明确如下。

（1）单手组禁止双手持握短兵。

（2）有效格挡反击，对方得 2 分。

（3）竞赛过程中必须完成击打、刺、格挡反击技术体系，无法完成者每缺一个减少 2 分，扣完为止。

（4）一局比赛中，采取五剑制，打满五剑，分数高者，为本局胜方。

备注：在双手短兵器对抗规则中，须明确场域的限制与技术使用规范。场地内允许使用单手进行对抗，只要参与者身体任何部位未处于红色区域或红色线内，即可运用双手进行攻防。

第三节　段位等级

中华剑道项目晋级升段方法，是根据申请者的年龄、从事时间、技术水平、实战能力、学术理论、推广贡献、道德水平等方面进行考核，对于符合要求，并通过考核者，得以晋级或升段。

一、段位等级设置

中华剑道晋级升段方法将中华剑道设置为九级九段。九级（段前级），从低往高依次为：九级、八级、七级、六级、五级、四级、三级、二级、一级；九段，从低往高依次为：一段、二段、三段、四段、五段、六段、七段、八段、九段，其中一段至三段为初级段位，四段至六段为中级段位，七段至九段为高级段位。

段前级别由市级团体或俱乐部组织考核，一段至三段由省级团体组织考核，四段至六段由全国统一组织考核，七段至九段由全国专门机构统一组织考核。

段前级别，每年 2 月、4 月、6 月、8 月、10 月、12 月进行考核；一段至三段每半年组织一次考核，四段至六段每年组织一次考核，七段至九段，每两年组织一次考核。

各级别和段位对应的标识和区分方法。

<table>
<tr><td>级别</td><td>九级</td><td>八级</td><td>七级</td><td>六级</td><td>五级</td><td>四级</td><td>三级</td><td>二级</td><td>一级</td></tr>
<tr><td>标识</td><td>白</td><td>白</td><td>白</td><td>紫</td><td>紫</td><td>紫</td><td>黄</td><td>黄</td><td>黄</td></tr>
<tr><td colspan="10">对应的服装和标识</td></tr>
<tr><td>段位</td><td>一段</td><td>二段</td><td>三段</td><td>四段</td><td>五段</td><td>六段</td><td>七段</td><td>八段</td><td>九段</td></tr>
<tr><td>标识</td><td>金色
一段</td><td>金色
二段</td><td>金色
三段</td><td>金色
四段</td><td>金色
五段</td><td>金色
六段</td><td>金色
七段</td><td>金色
八段</td><td>金色
九段</td></tr>
<tr><td colspan="10">对应的服装和标识</td></tr>
<tr><td>教练</td><td>三级助教</td><td>二级助教</td><td>一级助教</td><td>三级教员</td><td>二级教员</td><td>一级教员</td><td>三级教授</td><td>二级教授</td><td>一级教授</td></tr>
<tr><td>标识</td><td>金色</td><td>金色</td><td>金色</td><td>金色</td><td>金色</td><td>金色</td><td>金色</td><td>金色</td><td>金色</td></tr>
<tr><td colspan="10">对应的服装和标识</td></tr>
</table>

二、段前级晋级方法

中华剑道项目晋级设置（含功力测试）				
晋级设置	晋级级别	技术要求	身体素质要求	备注
段前级	九级	1. 基本礼节规范 （持兵与礼仪） 2. 四个基本步法 3. 短兵构造与基本握法讲解	1. 开合跳 20 秒 40 次 2. 弓步跳 10 秒 20 次 3. 10 米 ×4 折返跑 18 秒内	须修习 ≥10 课时
	八级	1. 基本礼节规范 2. 四个战术性步法 3. 刺法、劈击、点击、撩击 4. 防守方法：躲闪、格挡	1. 定点弓步击靶 18 次 /30 秒 2. 定点抡劈 20 次 /30 秒 3. 10 米 ×4 折返跑 17 秒内	须修习 ≥20 课时
	七级	1. 组合步法 2. 模拟实战 3. 防守方法：躲闪、格挡组合	1. 移动弓步击靶 20 次 /30 秒 2. 移动抡劈 20 次 /30 秒 3. 10 米 ×4 折返跑 15 秒内	须修习 ≥40 课时
	六级	1. 理论诵读（经典诗词文献） 2. 实战 3. 边裁实践 4. 健勇十六势演示	1. 定点大弓步刺 15 次 /30 秒 2. 人形靶（或脚靶）左右斜劈 20 次 /30 秒 3. 60 秒跳绳 120 次	须修习 ≥60 课时
	五级	1. 理论背诵（经典诗词文献） 2. 实战 3. 场裁实践 4. 健勇十六势简单讲解	1. 移动击靶 18 次 /30 秒 2. 波比跳 15 次 /30 秒 3. 60 秒跳绳 130 次	须修习 ≥80 课时
	四级	1. 理论讲解（经典诗词文献） 2. 战术应用讲解与示范 3. 防守反击方法 4. 修习感悟 500 字	1. 人形靶（或脚靶）左右斜劈 20 次 /30 秒 2. 人形靶（或脚靶）移动大弓步刺 18 次 /30 秒 3. 60 秒跳绳 140 次	须修习 ≥100 课时
	三级	1. 获得 1 次国术短兵竞赛前三名 2. 提交 1 个教学录像 3. 教学或竞赛感悟 500 字 4. 60 秒组合动作展示	1. 移动飞盘（或者其他安全器材）击中 15 次 /30 次合格 2. 蛙跳 15 次 /30 秒 3. 60 秒跳绳 150 次	须修习 ≥120 课时
	二级	1. 整体技术 2. 实战运用 3. 实战对抗 4. 短兵套路 3 选 2 5. 获得 2 次国术短兵竞赛前三名 6. 面试（线上或线下）	1. 人形靶（或脚靶）左右斜劈 25 次 /30 秒 2. 开合跳 25 次 /30 秒 3. 深蹲跳起 15 次 /30 秒	须修习 ≥140 课时

续表

	一级	1. 整体技术 2. 短兵套路 3 选 2 3. 实战应用 4. 实战对抗 5. 获得 3 次国术短兵竞赛前三名 6. 面试（线上或线下）	1. 大弓步刺 20 次 /30 秒 2. 后垫步反击 20 次 /30 秒 3. 左右格挡反击 20 次 /30 秒	须修习 ≥160 课时
注：青少儿年满 6 岁可以参加晋级考试，每次晋级考试时间间隔大于两个月。年满 16 周岁可以直接参加一级的考核。				

备注：考虑到技术较好，身体肥胖或超重情况，可按照体能与技能分数统一制作参考数值，分数总和达到 80 分即可升级。

中华剑道项目段前级晋级设置图示

第四节　附件预览

略（详见二维码）

附件一：学术拓展阅读资料

附件二：《健公中国短兵竞赛规则》

附件三：中华剑道教案范例

附件四：中华剑道教学方案

附件五：中华剑道题库

附件六：国术大赛（短兵类）竞赛组织流程

视频一：破锋八刀

视频二：剑锋九势

视频三：健勇十六势

参考文献

著作类

[1] 周晓．体育大百科 [M]. 呼和浩特：内蒙古人民出版社，2007.

[2] 周伟良．中国武术史 [M]. 北京：高等教育出版社，2003.

[3] 殷伟．图说中国剑 [M]. 合肥：安徽文艺出版社，2012.

[4] 刘秉果，赵明奇．汉代武术 [M]. 北京：文化艺术出版社，2018.

[5] 《中国军事史》编写组．中国军事史：第一卷兵器 [M]. 北京：解放军出版社，1983.

[6] 路遥．义和拳运动起源探索 [M]. 济南：山东大学出版社，1990.

[7] 吴殳．手臂录 [M]. 北京：北京师范大学出版社，1988.

[8] 马明达．说剑丛稿 [M]. 兰州：兰州大学出版社，2000.

[9] 戚继光．纪效新书 [M]. 北京：人民体育出版社，1988.

[10] 马贤达．中国短兵：教学•训练•竞技 [M]. 西安：三秦出版社，2003.

论文类

[1] 张硕．"全国首届武术兵道（短兵）锦标赛"男子运动员技术运用研究 [D]. 武汉：武汉体育学院，2023.

[2] 孙岳，姜存喜．马氏通备武学家族与近代中国短兵运动关系研究 [J]. 武术研究，2022，7（10）：20-23.

[3] 刘家妤．竞赛规则演变视域下武术短兵发展趋势研究 [D]. 武汉：武汉体育学院，2022.

[4] 张美娟．中国武术兵道（短兵）的历史演进与实践推进要素研究 [D]. 武汉：武汉体育学院，2023.

[5] 丁盼．"武术兵道"新概念视域下短兵项目推广的再研究 [D]. 武汉：武汉体育学院，2022.

[6] 冯香红，杨建营．中华剑艺的体系化传承、创造性转化、创新性发展研究：以世界剑技的历史演进为背景 [J]. 北京体育大学学报，2022，45（2）：145-156.

[7] 李东洋，陈嘉豪．中国兵器技击的演变特征解析 [J]. 武术研究，2022，7（1）：51-53.

[8] 刘志豪．中国武术兵道历史形成的理论诠释 [J]. 武术研究，2021，6（11）：34-38.

[9] 姜存喜，鲁仕翩，陈海东．试论中国短兵运动中的基本步法及实战应用 [J]. 武术研究，2021，6（7）：63-65.

[10] 李传扬．武术"鞭"的历史源流考 [D]. 上海：上海体育学院，2021.

[11] 曾杨．短兵运动与史实欧洲武技运动的比较研究 [D]. 上海：上海体育学院，2021.

[12] 李培金，马廉祯．中国短兵运动主体性困境与策略研探 [J]. 浙江体育科学，2018，40

（4）：104-107.

[13] 谭腾飞，张继生 . 符号学视域下武术短兵运动的困境与发展对策 [J]. 河北体育学院学报，2018，32（2）：91-96.

[14] 赵建波，武冬 . 中日韩三国剑术（道）技术特征分析 [J]. 北京体育大学学报，2017，40（7）：132-138，145.

[15] 谭腾飞，张继生，周惠新 . 功能主义视角下，对“刀”作为短兵运动“兵器”的探讨 [J]. 中华武术（研究），2017，6（4）：6-11.

[16] 戴小平，周金彪，陈亚斌 . 短兵比赛礼仪标准化的研究 [J]. 中华武术（研究），2015，4（6）：6-13.

[17] 黄鹤，张延庆，赵志忠 . 中国短兵与日本剑道的比较研究 [J]. 北京体育大学学报，2007（8）：1 126-1 128.

[18] 蔡中，蔡智忠，毛海燕 . 影响武术短兵运动发展的因素分析 [J]. 天水师范学院学报，2011，31（5）：77.

[19] 蔡智忠 . 中国短兵探源 [J]. 天水师范学院学报，2007（2）：97-99.

[20] 杨震 . 文化自信背景下广东省高校武术短兵运动开展研究 [D]. 广州：广州体育学院，2024.

[21] 徐亚奎，杨建营 . 太极拳技击实战比赛的进阶模式设计 [J]. 体育科学，2022，42（12）：68-76，85.